“十四五”职业教育国家规划教材配套辅导用书

商业银行综合柜台业务(第4版)实训与练习

主编　杨则文　吴娜

中国财经出版传媒集团
中国财政经济出版社

图书在版编目（CIP）数据

商业银行综合柜台业务（第4版）实训与练习 / 杨则文，吴娜主编. --2版. --北京：中国财政经济出版社，2023.8

“十四五”职业教育国家规划教材配套辅导用书

ISBN 978-7-5223-1791-5

Ⅰ.①商…　Ⅱ.①杨…②吴…　Ⅲ.①商业银行-银行业务-职业教育-教学参考资料　Ⅳ.①F830.33

中国版本图书馆CIP数据核字（2022）第236363号

责任编辑：李　缓　　　　责任校对：张　凡

封面设计：陈宇琰　　　　责任印制：史大鹏

中国财政经济出版社 出版

URL：http：//www.cfeph.cn

E-mail：cfeph@cfeph.cn

社址：北京市海淀区阜成路甲28号　邮政编码：100142

营销中心电话：010-88190653

天猫网店：中国财政经济出版社旗舰店

网址：https：//zgczjjcbs.tmall.com

北京中兴印刷有限公司印刷　　各地新华书店经销

成品尺寸：185mm×260mm　16开　13.5印张　310 000字

2023年8月第4版　2023年8月北京第1次印刷

定价：34.00元

ISBN 978-7-5223-1791-5

（图书出现印装问题，本社负责调换，电话：010-88190548）

本社质量投诉电话：010-88190744

打击盗版举报热线：010-88191661　QQ：2242791300

编写说明

《商业银行综合柜台业务实训与练习》是金融类专业核心课程“商业银行综合柜台业务”主教材《商业银行综合柜台业务》（第4版）的同步实训教材。本书的特点如下：

一是实现了模拟项目的全仿真。我们根据柜员岗位储蓄柜面业务、对公存款柜面业务、贷款柜面业务、银行卡业务、支付结算业务、代理业务等日间业务的实际工作流程，编制近百张来自于当前银行业务一线的图表和凭证，让学生快速识别凭证、完成业务办理，使仿真实训更贴近实务。

二是可以支撑课堂教学，实现“理实一体化”。本教材是“商业银行综合柜台业务”课程的配套训练教材，学生在学习商业银行综合柜台业务课程八个项目29个模块的同时，能随时切换到“习题”学习巩固知识点，切换到“实训”练习巩固技能点，真正实现边学边做。

三是实现了教材、学材和数字化资源的立体化，可以为学校开设线上线下混合教学提供支撑。

本书由杨则文、吴娜主编。何伟、杨丽、邹吉艳、邹韵、陈虹、刘毓涛为参编（参编排名不分先后）。具体分工如下：何伟负责编写项目一；杨丽负责编写项目二和项目八；邹吉艳负责编写项目三；吴娜负责编写项目四及统稿总纂；邹韵负责编写项目五；陈虹负责编写项目六；刘毓涛负责编写项目七。杨则文负责教材的总体设计，确定编写大纲和教材体例，落实组织分工及最后把关。

由于金融企业的业务日新月异，限于编者的水平，本书难免有不足与错误之处，恳请读者不吝赐教，以进一步修改和完善，联系邮箱：yangzw@gzpyp.edu.cn。

编者

2023年7月

目 录

项目一　岗前准备工作实训与练习 …… 1

项目二　人民币储蓄柜面业务实训与练习 …… 6

项目三　对公存款柜面业务实训与练习 …… 21

项目四　贷款柜面业务实训与练习 …… 44

项目五　银行卡业务实训与练习 …… 75

项目六　支付结算业务实训与练习 …… 92

项目七　柜面代理业务实训与练习 …… 114

项目八　日终处理实训与练习 …… 124

参考答案 …… 128

　项目一　岗前准备工作实训与练习参考答案 …… 128

　项目二　人民币储蓄柜面业务实训与练习参考答案 …… 130

　项目三　对公存款柜面业务实训与练习参考答案 …… 137

　项目四　贷款柜面业务实训与练习参考答案 …… 156

　项目五　银行卡业务实训与练习参考答案 …… 169

　项目六　支付结算业务实训与练习参考答案 …… 179

　项目七　柜面代理业务实训与练习参考答案 …… 194

　项目八　日终处理实训与练习参考答案 …… 207

项目一
岗前准备工作实训与练习

【学习目标】

通过本项目学习，了解商业银行综合柜台制、商业银行营业部岗位设置及职责，熟悉商业银行客户服务原则及客户服务理念。熟悉日初处理的基本程序、现金业务规程、重要空白凭证管理业务规程、印章管理业务规程、账户管理业务规程等。

【标志性成果】

能现场展示良好的服务规范，能完成日初处理，并对银行网点突发事件进行应急处理。

【重点难点】

重点：商业银行客户服务规范、日初处理、现金及重要空白凭证等业务规程。
难点：银行网点突发事件应急处理。

【主要业务】

知识点/技能点	主要内容	处理方法
1. 综合柜员制	1.1 定义	综合柜员制是指在严格授权管理下，以完善的内部控制制度和较高的人员素质为基础，实行单人临柜处理会计、出纳、储蓄、中间代收业务等面向客户的全部业务的劳动组合形式
	1.2 岗位设置	营业部是商业银行最基层的业务部门，存款、贷款、现金收付、支付结算业务等都可通过营业部办理和核算。各商业银行营业部应按规定和需求设置相应岗位，通常有营业部经理、柜长、综合柜员等

续表

知识点/技能点	主要内容	处理方法
2. 银行客户服务规范	2.1 服务原则	银行客户服务原则是“以客户为中心”
	2.2 客户服务理念	客户永远是对的；我们永远不说“不”；“100－1＝0”；“1＝353”
	2.3 银行员工服务规范	（1）职业道德规范：“客户至上、服务立行、行兴我荣” （2）服务态度规范：“六声”“六要”“六一样”
	2.4 仪表及仪态规范	（1）银行员工仪表要求：统一身着工装，整洁得体，佩戴工号牌；头发梳理整齐、色泽自然，不染彩发，不留怪发型；注意个人卫生，保持面部、口腔清洁，身上无异味，不留长指甲等 （2）银行员工仪态要求：工作时应精神饱满，端庄素朴，举止、谈吐大方、优雅、自然，体现出良好的个人修养和素质
	2.5 柜员语言规范	服务用语基本要求、临柜服务文明用语
3. 柜员业务基本操作规程	3.1 日初处理基本程序	做好营业前的准备工作，完成柜员签到手续
	3.2 现金业务规程	主要包括：库箱开启与封装业务规程、柜员领解现金业务规程、现金收付业务规程、人民币挑剔整点业务规程、假币收缴业务规程、残损人民币兑换业务规程
	3.3 重要空白凭证管理业务规程	（1）重要空白凭证指无面额的经银行或单位填写金额并签章后即具有支付效力的空白凭证。包括存单、支票、银行汇票、商业汇票、不定额银行本票及其他重要空白凭证等 （2）重要空白凭证的管理原则：“证、印分管，证、机分管，证、账分管” （3）重要空白凭证的核算、使用、出售、保管、签发与注销
	3.4 印章管理业务规程	（1）印章的种类：储蓄印章、会计印章 （2）印章的使用和保管：坚持“谁保管谁使用谁负责”的原则，做到“人在章在，人走章收，严禁托人代管”
	3.5 账户管理业务规程	主要包括：账户管理的基本规定；有权查询、冻结、扣划单位、个人存款的执法机关
4. 网点突发事件应急处理	柜面服务特殊情况处理	（1）会处理如下情景：办理业务中客户缺少证件的处理、电脑发生故障的处理、碰到情绪及行为特殊客户的处理 （2）会处理如下情景：接待老年人、凭证填写不规范、大额取款未预约、假币收缴、密码挂失（本人来不了）、兑换零钱等

【习题】

一、单选题

1.（　　）是柜员制发展的初始形式，一般应用于储蓄业务领域。

A. 双人临柜制　　B. 综合柜员制
C. 单柜员制　　D. 多柜制

2. 下列有关综合柜员岗位职责的说法中，正确的是（　　）。
A. 建立业务考核制度
B. 优先办理 VIP 叫号的客户业务
C. 本网点人员的岗位分工、柜员权限管理等工作
D. 负责网点内部的会计监督、检查及会计辅导

3. 在银行日常工作服务中受到客户正确批评时的做法中，正确的是（　　）。
A. 不予理会，不采取任何措施
B. “这不是我的责任，有意见找领导去！”
C. “你去告吧，告到哪儿都不怕！”
D. 虚心接受和认真解决

4. 在银行日常工作中用语规范，语言清楚，语调适中，语气平和，提倡讲（　　）。
A. 普通话　　B. 英语
C. 方言　　D. 双语

5. 银行员工仪表及仪态规范要求男士应做到（　　）。
A. 头发长短适宜　　B. 不蓄胡须
C. 不佩戴饰物　　D. 以上三者

6. 柜员在办理现金业务过程中发现有假币时（　　）。
A. 立即没收　　B. 立即换人复核
C. 让客户更换　　D. 不予理会

7. 重要空白凭证是指无面额的经银行或单位填写金额并签章后即具有支付效力的（　　）。
A. 空白凭证　　B. 有效凭证
C. 重要凭证　　D. 具有法律效率的凭证

8. 对假外币和假硬币，应当着持有人的面用“金融机构收缴假币专用封装袋”封装，并在封口处加盖（　　）戳记。
A. 个人印章　　B. 业务公章
C. 假币　　D. 以上均不正确

9. 冻结客户存款，必须由县级或县级以上司法部门向银行出具正式冻结通知，冻结期限不得超过（　　）个月，否则应重新办理冻结手续。
A. 1　　B. 6
C. 3　　D. 4

10. 办理现金业务中，客户如对假币收缴程序有异议的，可在（　　）个工作日内向人民银行当地分支机构申请行政复议或依法提起行政诉讼。
A. 30　　B. 15
C. 7　　D. 60

二、多选题

1. 银行客户服务原则是“以客户为中心”，一般体现在（　　）。
A. 根据客户的需求开发服务产品、创新服务功能
B. 从满足客户需要出发创新经营管理体制、完善业务管理制度
C. 对于客户的批评不予理会
D. 以让客户满意为宗旨建立服务文化
E. 满足客户的所有需求
2. 以下事项属于柜长岗位工作职责的是（　　）。
A. 办理对公业务
B. 负责每天早上系统开机及日终工作
C. 负责每天对前台柜员尾箱的现金和重要空白凭证核打
D. 按规定对权限内的业务进行授权复核
E. 负责本网点人员的岗位分工、权限管理等工作
3. 网点柜台人员每日营业前应提前到达网点，并做好以下工作（　　）。
A. 打扫营业柜台内的卫生；清洁 ATM 及各种电脑、机器设备
B. 检查并开启各类机器设备，并摆放整齐，保证设备正常运行
C. 检查自身着装并挂好工号牌，做到整洁、庄重、规范
D. 检查印章是否齐全，并摆放有序
E. 整理营业厅及柜台摆放的资料
4. 在日常工作处理中，柜台服务人员禁止使用以下用语（　　）。
A. “还没上班，出去等着”　　B. “电脑坏了，今天不办业务。”
C. “写错了，重填!”　　D. “请问您需要什么帮助?”
E. “对不起，让您久等了!”
5. 柜员上解现金业务时，管库员使用上解现金交易处理，输入（　　）等要素，柜员确认。
A. 币种　　B. 券别
C. 领用柜员号　　D. 金额
E. 上解柜员号
6. 以下有权查询、冻结、划扣单位存款与个人存款的执法机关有（　　）。
A. 公安机关　　B. 国家安全机关
C. 海关　　D. 人民法院
E. 税务机关

三、判断题

1. 国家安全机关有权查询、冻结与划扣单位存款及个人的存款。（　　）
2. 一次性发现当事人 10 张以上（含 10 张）假人民币，应立即报告当地公安机关。（　　）
3. 应避免在客户面前打哈欠、咳嗽、打喷嚏。当难以控制时，应适当遮掩。（　　）

4. 柜员发现假币并收缴后，假币持有人如对被没收的货币真伪有异议的，可在 7 个工作日内向中国人民银行当地分支机构或人民银行授权的鉴定机构申请鉴定。（　）

5. 能辨别面额，票面剩余四分之三及以上，其图案、文字能按原样连接的残缺、污损人民币应按原面额一半兑换。（　）

6. 银行汇票、银行本票、印鉴卡等银行内部使用的重要空白凭证可以出售。（　）

7. 重要空白凭证要专人管理，实行“证、印分管，证、机分管，证、账分管”的原则。（　）

8. 非营业室工作人员，不得随意进入营业室内。因公需进入营业室的，必须经过批准并登记后方可进入。（　）

【实训】

1. 柜员完成日初现金出库。

2. 柜员完成日初重要空白凭证出库，包括存折、存单、开户证实书、支票、银行汇票、商业汇票等。

项目二
人民币储蓄柜面业务实训与练习

【学习目标】

通过本项目学习，掌握活期储蓄存款、整存整取、零存整取、存本取息、教育储蓄、定活两便、通知存款等储蓄存款的特点和业务处理流程；掌握网上银行业务开通、修改、撤销的业务流程；熟悉办理储蓄存款的开户、续存、取款、销户过程的风险点；了解国家储蓄存款的政策、基本原则、储蓄的种类。能快速准确办理人民币活期储蓄存款、整存整取、零存整取、存本取息、教育储蓄、定活两便、通知存款的开户、存款、取款、挂失、销户等业务。

【标志性成果】

办理有关活期、整存整取、零存整取、整存零取、存本取息、教育储蓄、定活两便、通知存款开户、存款、取款、挂失、销户等柜面服务工作以及办理有关网上银行的开通、信息修改、撤销等柜面服务而开立的账户及凭证。

【重点难点】

重点：有关活期、整存整取、零存整取、整存零取、存本取息、教育储蓄、定活两便、通知存款开户、存款、取款、挂失、存折补登、销户等系统操作。

难点：挂失业务的处理。

【主要业务】

知识点/技能点	主要内容	处理方法	
1. 个人活期储蓄柜面业务综合知识	1.1 定义	个人活期储蓄存款是一种不限存期，凭银行卡或存折及预留密码可在银行营业时间内通过柜面或银行自助设备随时存取现金的服务	
	1.2 特点	通存通兑、资金灵活（人民币活期存款1元起存，客户可随用随取，资金流动性强）、缴费方便	
	1.3 业务流程	业务类别	业务流程
		开户	接过并审核客户填写的个人“开户及综合服务申请表”、有效身份证件；若为现金存款，清点现金，若为转账存款，审核相关账户的正确性；系统操作；打印“存款凭条”，交客户签字确认；打印存折，签章；收拾和整理凭证和现金
		续存	接过身份证件、现金和存折交柜员；点收现金，并进行口头核对；系统操作，录入业务信息；打印存款凭条、存折，客户签字确认；柜员盖章；送交存折，送别客户；收拾和整理凭证和现金
		取款	客户将存折交柜员，说出取款金额；核实存折，进行系统操作；打印取款凭条、存折，请客户签字确认；柜员盖章；配款支付，将现金、存折、身份证件交还客户；整理取款凭条
		挂失	接过并审核客户身份证和挂失申请书；现场核对挂失信息；系统操作；收取挂失业务手续费，请客户在手续费收款凭证上签字；在挂失申请书上加盖业务公章和名章，将一联挂失申请书和手续费收款凭证交客户并送别客户；整理归档凭证
		销户	接过存折、客户身份证、个人账户销户申请书；系统操作（进入系统查询存折余额，打印取款凭条、存折和利息清单，将取款凭条交给客户签字确认）；在取款凭条、利息清单上盖章；配款支付；将剪掉一角后的存折内页、现金、身份证件和销户回单联交客户，送别客户；整理凭证
2. 其他储蓄柜面业务	2.1 定义	储种	定义
		整存整取	整存整取定期储蓄开户时本金一次存入，由储蓄机构发给存单（折），到期凭存单（折）支取本息，存期内按存入时同档次定期利率计息，到期未支取，超过存期部分按支取日公布的活期利率计息。也可根据储户意愿，办理定期存款到期约定自动转存，存款到期转存，按转存日挂牌公告的利率计息
		零存整取	零存整取是在开户时事先约定每次存入的金额，逐月按约定的固定的金额存入，到期支取本息的定期储蓄
		存本取息	存本取息是一种一次存入本金，存期内按约定时间分次支取利息，到期归还本金的定期储蓄存款

续表

<table>
<tr><th>知识点/
技能点</th><th>主要内容</th><th colspan="4">处理方法</th></tr>
<tr><td rowspan="15">2. 其他储蓄柜面业务</td><td rowspan="4">2.1 定义</td><td>储种</td><td colspan="3">定义</td></tr>
<tr><td>教育储蓄</td><td colspan="3">教育储蓄是居民个人为其子女接受非义务教育（九年义务教育之外的全日制高中，大中专、大学本科、硕士和博士研究生）而每月存入固定金额，到期支取本息的一种零存整取定期储蓄</td></tr>
<tr><td>定活两便储蓄</td><td colspan="3">定活两便储蓄是指客户存款时不确定存期，可随时到银行提取，以实际存期和规定的利率档次计息，支取时一次还本付息，兼有定期和活期两种性质的一种储蓄存款</td></tr>
<tr><td>通知存款储蓄</td><td colspan="3">通知存款是存入款项时不约定存期，但约定支取存款的通知期限，支取时按约定期限提前通知银行，约定支取存款的日期和金额的一种储蓄方式</td></tr>
<tr><td rowspan="9">2.2 相关规定</td><td>储种</td><td>存期</td><td>金额限制</td><td>存取方式</td></tr>
<tr><td>活期储蓄</td><td>不定期</td><td>1元起存</td><td>随时</td></tr>
<tr><td>整存整取</td><td>3、6个月，1、2、3、5年</td><td>50元起存</td><td>一次存入，到期一次支取</td></tr>
<tr><td>零存整取</td><td>1、3、5年</td><td>5元起存</td><td>逐月存入，到期一次支取</td></tr>
<tr><td>整存零取</td><td>1、3、5年</td><td>1,000元起存</td><td>一次存入，分次支取本金，到期支取利息</td></tr>
<tr><td>存本取息</td><td>1、3、5年</td><td>5,000元起存</td><td>一次存入，分次支取利息，到期支取本金</td></tr>
<tr><td>定活两便</td><td>不定存期</td><td>50元起存</td><td>一次存入，随时支取</td></tr>
<tr><td>通知存款</td><td>不定存期，支取前1天或7天通知</td><td>50,000元起存</td><td>一次存入，一次或分次支取</td></tr>
<tr><td>教育储蓄</td><td>1、3、6年</td><td>50元起存，最高20,000元</td><td>分次存入，一次支取</td></tr>
<tr><td rowspan="2">2.3 业务流程</td><td>业务类别</td><td colspan="3">业务流程</td></tr>
<tr><td>开户</td><td colspan="3">（1）接过客户填写的整存整取开户申请表、有效身份证件和现金
（2）审核并鉴别身份证件。如为代理人开户，同时审核代理人的身份证件
（3）按照现金收款程序进行现金鉴别、清点
（4）系统操作，将业务信息录入系统
（5）请客户留存密码或其他支取方式等信息
（6）打印“存款凭条”、存折或存单
（7）请客户核对存款回单，签章。在“存款凭条”上加盖现金收讫章或清讫章，存折/存单上加盖储蓄业务专用章
（8）将开户和存款收入传票作为银行会计原始凭证，将存折、身份证件、存款回单交还客户并送别客户，结束该笔业务</td></tr>
</table>

续表

知识点/技能点	主要内容	处理方法	
		业务类别	业务流程
2. 其他储蓄柜面业务	2.3 业务流程	提前支取	（1）接过客户提交的存单（折）、有效身份证件 （2）审核存单，核实证件和持证人身份；如为代理人，同时审核代理人的身份证件 （3）请客户在存单或取款凭条背面签字 （4）系统操作，将业务信息录入系统 （5）请客户输入密码或其他支取方式信息 （6）打印存款凭条、新存单、利息清单 （7）请客户在利息清单银行留存联签字后收回 （8）按照付款程序配款 （9）在存单、取款凭条、利息清单、新存单盖章 （10）将旧存单、利息清单、取款凭条银行留存联作收入传票 （11）按照现金付款流程付款，并将利息清单、客户身份证件、新存单或未缴销定期一本通交还客户，结束该笔业务

【习题】

一、单选题

1. 根据《个人存款账户实名制规定》，下列身份证件不属于实名证件的是（　　）。

A. 居住在境内的中国公民，为居民身份证或者临时居民身份证

B. 居住在境内的16周岁以下的中国公民，为户口簿

C. 暂时未领居民身份证的中国人民解放军军人，为军人身份证件

D. 香港、澳门居民，为护照

2. （　　）周岁以下未成年人，应由监护人代为办理业务。

A. 20　　B. 16

C. 17　　D. 18

3. 办理存款业务坚持先（　　）后（　　）。

A. 收款、记账　　B. 记账、收款

C. 记账、付款　　D. 付款、记账

4. （　　）是商业银行为客户提供24小时自助服务的营业场所。

A. 自助银行　　B. 网上银行

C. 电话银行　　D. 手机银行

5. 非凭密码支取的个人存款账户办理结清/销户，须在（　　）网点办理，并审核相关存款凭证和约定的支取方式（如凭印鉴）。

A. 任意一个联网网点　　B. 原开户网点

C. 电话银行　　D. 以上均可

6. 人民币整存整取定期储蓄存款起存金额为（　　）元。

A. 100　　B. 50

C. 1,000　　D. 10,000

7. 定期提前支取时，提前支取部分按（　　）利率计。

A. 支取日当天的定期存款利率　　B. 支取日当天的活期存款利率

C. 开户日当天的定期存款利率　　D. 开户日当天的活期存款利率

8. 人民币零存整取定期储蓄存款是存款时约定存期，按（　　）定额存储，到期一次支取本息的业务。

A. 半年　　B. 季度

C. 月　　D. 年

9. 人民币教育储蓄本金不能超过（　　）元。

A. 10,000　　B. 20,000

C. 30,000　　D. 50,000

10. 存本取息定期储蓄起存金额为（　　）元。

A. 100　　B. 1,000

C. 2,000　　D. 5,000

11. 定活两便储蓄存款存期不足三个月的和打六折后低于活期利率的，按（　　）计息。

A. 活期利率　　B. 按支取日整存整取储蓄存款三个月利率打六折

C. 按一年期定期利率打六折　　D. 按支取日定期整存整取三个月利率打五折

12. 通知存款支取按（　　）挂牌公告的相应利率水平和实际存期计息，利随本清。

A. 支取日　　B. 开户日

C. 通知日　　D. 到期支取按开户日，提前或逾期按支取日

二、多选题

1. 个人结算账户和活期储蓄账户的共同点是（　　）。

A. 都可以存取现金

B. 存款都可获得利息收入

C. 本人名下的个人结算账户和活期储蓄账户之间可以相互转账

D. 都可以办理对他人或单位转账

2. Ⅰ类账户的特点是（　　）。

A. 安全性要求高　　B. 资金量大

C. 适用于大额支付　　D. 便捷性突出

3. 柜员办理取款业务的流程包括（　　）。

A. 询问取款金额　　B. 核实证件和凭证

C. 电脑操作　　D. 客户签字

E. 配款支付

4. 以下办理挂失业务说法正确的是（　　）。

A. 申请人必须为存款账户本人

B. 确认该笔款项确未被支取

C. 代理人和被代理人的实名有效身份证件真实齐全

D. 申请书上的要素与系统数据一致

5. 挂失需审核的资料有（　　）。

A. 申请人出示本人有效身份证件

B. 代办挂失申请业务，代理人须同时提供本人和账户人双方有效身份证件

C. 账户人死亡，财产继承人需要办理挂失的，继承人应持本人的有效收付证件、有效的财产继承证明文件正本（公证机构依法出具的继承权证明书或相关法院的判决书、裁定书、调解书）办理挂失

D. 对账户所有人为限制民事行为能力、无民事行为能力的，此类客户应由其监护人代办挂失。监护人应出具监护人和账户所有人有效身份证件，以及户口簿、出生证等证明文件证明其监护关系

E. 账户所有人行动不便、神志不清，或因故在外经沟通确需代办挂失等特殊情况，银行上门双人上门服务和确认

6. 柜员办理网银个人客户注册应审核（　　）。

A. 客户申请表信息填写的完整性

B. 系统回显信息与客户提交的证件、申请表中的信息是否相符

C. 登录联网核查系统和“黑名单”检索系统检查该客户是否在“黑名单”之列，检索后打印检索结果随传票装订保存

D. 如果他人代办应留存代办人的身份证复印件后方可办理网银业务

7. 以下特殊业务需要提供客户及代理人有效身份证件并进行有效身份证件验证核查的是（　　）。

A. 开户　　B. 挂失

C. 提前支取　　D. 存折清户

8. 整存整取定期储蓄存期分为（　　）、二年、三年和五年。

A. 三个月　　B. 九个月

C. 半年　　D. 一年

9. 人民币零存整取定期储蓄存款存期分为（　　）。

A. 一年　　B. 三年

C. 五年　　D. 六年

10. 教育储蓄享受免征利息税优惠政策的对象必须是正在接受非义务教育的在校学生，其在就读全日制（　　）时，三个学习阶段可分别享受一次2万元教育储蓄的免税优惠。

A. 初中　　B. 高中（中专）

C. 大专和大学本科　　D. 硕士和博士研究生

11. 以存单为凭证的产品有（　　）。

A. 整存整取　　B. 通知存款

C. 普通活期存款　　D. 定活两便存款账户

12. 通知存款支取金额必须符合以下规定（　　）。

A. 个人支取金额人民币不得低于5万元

B. 单位支取金额人民币不得低于10万元

C. 单位外币不得低于等值10万元人民币的外币

D. 单位通知存款留存金额不得低于50万元

三、判断题

1. 每个客户在同一银行可以有多个客户号。（　　）

2. 在为非居民办理业务时，应对其有效证件进行核实，确保证件的真实性及有效性。但不必进行反洗钱制裁名单检索。（　　）

3. 在对私个人存款业务中，不得办理无存款凭证支取现金业务。（　　）

4. 取款业务办理完毕，不需要客户签字确认。（　　）

5. 由他人代理存款凭证（存单、折）挂失的，须凭代理人和被代理人有效身份证件办理。（　　）

6. 申请注册网上银行个人服务只能使用借记卡。（　　）

7. 柜员须认真审核申请表信息填写的完整性，核对系统回显信息与客户提交的证件、申请表中的信息是否相符。验证客户身份证件的有效性，如对客户的身份证进行联网核查；对于核查信息不符的或过期的身份证件，不能办理业务。为履行反洗钱义务，柜员对客户须进行“黑名单”检索核查。（　　）

8. 活期存折户销户不需要提供原开户的存折即可办理。（　　）

9. 销户业务办理完毕，柜员将原存折、现金、身份证件和销户回单联交客户即可。（　　）

10. 储户支取未到期的定期储蓄存款，必须持（存单和本人居民身份证明）办理。代他人支取未到期定期存款的，代支取人还必须出具其居民身份证明。（　　）

11. 零存整取定期储蓄存款是指开户时约定存期，本金分次存入，到期一次支取本息的储蓄存款方式。逐月存储，每月存入的金额不固定。（　　）

12. 教育储蓄提前支取时，必须全额支取，不能部分提前支取。（　　）

13. 存本取息是指一种一次存入本金，分次支取利息，到期归还本金的存款方式。（　　）

14. 定活两便账户可以部分提前支取。（　　）

15. 通知存款是不固定期限，但存款人必须预先通知银行方能提取的存款。通知期限大致分1天、3天、7天、10天等数种。（　　）

【实训】

【实训1】个人客户曹启泰先生，持有效身份证（见图2－1）来银行办理普通活期存折开户业务（开户申请书见表2－1）。

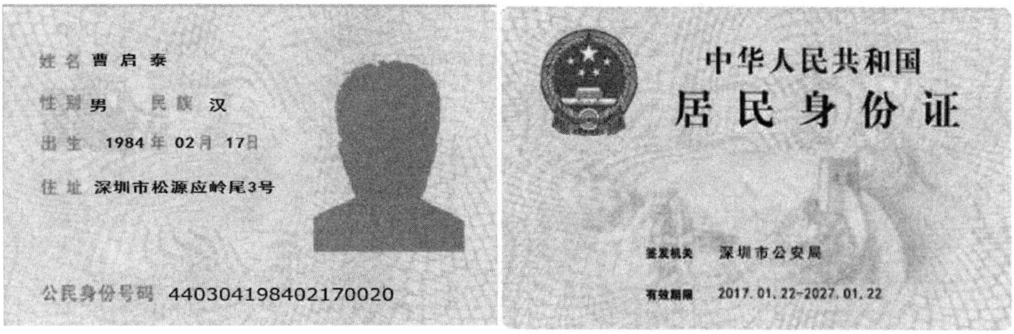

图 2－1 身份证

【实训 2】客户曹启泰持有效身份证、普通活期存折和 50,000 元现金来银行办理续存业务。

【实训 3】曹启泰先生要求支取现金 2,000 元。

【实训 4】个人客户曹启泰先生持有效身份证，前来柜台办理普通活期存折挂失业务（挂失申请书见表 2－2）。

【实训 5】个人客户曹启泰先生持有效身份证和挂失回单，前来柜台办理普通活期存折解挂并更换新存折业务（挂失申请书见表 2－3）。

【实训 6】个人客户曹启泰先生持有效身份证和普通活期存折，前来柜台要求开通网银业务（申请书见表 2－4）。

【实训 7】个人客户曹启泰先生持有效身份证和普通活期存折，前来柜台办理普通活期存折销户业务（销户申请书见表 2－5）。

【实训 8】客户曹启泰持本人身份证和 1 万元人民币来到营业网点，要求柜员将 1 万元存为 3 个月的整存整取存款（开户申请书见表 2－6）。

【实训 9】客户曹启泰要求从其 1 万元整存整取账户提前支取 5,000 元。

【实训 10】客户曹启泰要求将整存整取账户做销户处理（销户申请书见表 2－7）。

表 2－1

个人开户及综合服务申请表

客户信息

＊姓名：曹启泰　性别：☑男　□女　＊国籍：☑中国　□其他
＊证件类型：☑居民身份证　□护照　□其他
＊证件号码：440304198402170020
＊发证机关：深圳市公安局　证件到期日：2027 年 1 月 22 日　□永久有效
＊家庭地址：广东（省/自治区/直辖市）深圳（市/区/县）松源应岭尾 3 号
＊邮政编码：518000　＊职业：医生　收入：6,000 元
资金来源：______　资金用途：______　开户用途：______
家庭电话：07554747583　手机号码：13801234567　E－mail：______
＊代理人姓名：______　＊联系电话：______
＊证件类型：______　＊证件号码：______
＊通讯地址：______　代办理由：______
注：注明“＊”的栏位为必填项，其他的为选填项。

借记卡、储蓄产品

□普通借记卡　□理财贵宾卡　□其他：______
□活期对账簿　□定期对账簿　□开立附属卡
□活期一本通　□定期一本通　□整存整取　☑普通活期　□定活两便
□通知存款（1 天、7 天，7 天约定转存）　□教育储蓄　□零存整取
□凭证式国债　□存本取息　□其他：______
币别：______　金额：______　存期：______
转存方式：自动转存　□是　□否　支取方式：□凭密码支取　□其他：______
利息支取方式：□转入其他账户　账号：______
□信用卡产品（请补充提交以下信息）
姓名拼音（请在姓和名之前以空格隔开，并与护照名一致）

信用卡常用地区（省/自治区/直辖市）
交易卡号/账号：______
（存量客户如需开通我行产品或综合服务功能，请填写卡号）

功能管理

渠道服务

网上银行	□开通	□查询版 □理财版	认证工具选择 □ E－TOKEN＋手机交易码（手机交易码将发到客户资料中的手机号码中） □ USBKEY 证书
家居银行	□开通	□贵宾版	
手机银行	□开通	□升级到理财版 □升级到贵宾版	
	□开通手机银行号码登录，签约手机号码：______ □开通手机银行用户登录		
短信通知（另请签约服务协议）	□开通　签约号码：______		
E－mail 通知	□开通　E－mail：______		

电话银行

□开通　□代客交易　□指定交易
转出账户______账号 1 ______账号 2 ______
交易限额______单笔______每月______交易电话______
转出账户　账号 1 ______收款人姓名______开户行______
　　　　　账号 2 ______收款人姓名______开户行______

关联账户

	网银/手机银行	电话银行	短信平台	借记卡
账号 1 ______	□	□	□	□
账号 2 ______	□	□	□	□
账号 3 ______	□	□	□	□
账号 4 ______	□	□	□	□

投资理财

理财客户	□签约（另请签订服务协议）签约账号　□同交易卡号/账号　□其他		
基金代销	□开通（另请签订服务协议）	储蓄式 记账式 国债	□储蓄式国债开通 资金账号______ □同交易卡号/账号 □记账式国债开通 □其他______
第三方存管/B 股银证转账	□开通（另请签订服务协议）		
银期转账	□开通资金账号　□同交易卡号/账号　□其他______		

本人承诺上述所提供的开户资料真实、有效，如有伪造、欺诈，自愿承担法律责任。
本人已阅读并了解本申请表中“个人账户开户及综合服务协议书”的有关条款，保证遵照该协议的有关规定，客户须知，服务协议和银行最新的业务章程、业务规则、业务规定办理相关业务。
申请人（代办人）签字：曹启泰　2022 年 9 月 5 日　银行签章：______　经办人：______

表 2－2　　**个人客户挂失申请书**

<table>
<tr><td>银行填写</td><td colspan="6"></td></tr>
<tr><td colspan="7">申　请　挂　失</td></tr>
<tr><td rowspan="9">客户填写</td><td>客户姓名：</td><td colspan="2">曹启泰</td><td colspan="3">账号/卡号：7000000666300008042</td></tr>
<tr><td>开户日期：</td><td>2022－9－05</td><td colspan="2">挂失方式：正式☑　临时☐</td><td colspan="2">是否冻结账户：是☐　否☑</td></tr>
<tr><td>遗失日期：</td><td>2022－9－17</td><td colspan="4">存单（折）号码：07000003</td></tr>
<tr><td>挂失内容：</td><td colspan="5">存单☐　存折☑　凭证式国债☐　借记卡☐　支票☐
密码☐　预留印鉴☐</td></tr>
<tr><td>申请挂失人</td><td>曹启泰</td><td>证件名称
及签发单位</td><td>身份证
广州市公安
局东山分局</td><td>证件号码</td><td>440304198402170020</td></tr>
<tr><td>代理挂失人</td><td></td><td>证件名称
及签发单位</td><td></td><td>证件号码</td><td></td></tr>
<tr><td>申请人地址</td><td colspan="3">广东省深圳市松源应岭尾 3 号</td><td>联系电话</td><td>13801234567</td></tr>
<tr><td>代理人地址</td><td colspan="3"></td><td>联系电话</td><td></td></tr>
<tr><td colspan="3">本人已认真阅读背面“客户须知”，请根据上述内容挂失/挂失冻结，如发生任何纠纷，概有挂失人负责。

客户（代理人）签名：曹启泰

凭印鉴支取者印鉴：

2022 年 10 月 05 日</td><td colspan="3">模拟银行番职支行
业务专用章
银行签章
2022 年 10 月 05 日</td></tr>
<tr><td colspan="7">处　理　情　况</td></tr>
<tr><td colspan="4">☐ 挂失换发存折/单/卡
☐ 号码：＿＿＿＿＿＿＿＿
☐ 挂失销户
☐ 挂失撤销
☐ 重置密码
本人确认上述处理结果准确无误。

客户签名：
年　月　日</td><td colspan="3">

银行签章
年　月　日</td></tr>
</table>

表 2－3

个人客户挂失申请书

<table>
<tr><td>银行填写</td><td colspan="6"></td></tr>
<tr><td colspan="7">申　　请　　挂　　失</td></tr>
<tr><td rowspan="8">客户填写</td><td>客户姓名：</td><td colspan="2">曹启泰</td><td colspan="3">账号/卡号：7000000666300008042</td></tr>
<tr><td>开户日期：</td><td>2022－09－05</td><td colspan="2">挂失方式：正式☑　临时 □</td><td colspan="2">是否冻结账户：是 □　否☑</td></tr>
<tr><td>遗失日期：</td><td>2022－09－17</td><td colspan="4">存单（折）号码：07000003</td></tr>
<tr><td>挂失内容：</td><td colspan="5">存单□　存折☑　凭证式国债□　借记卡□　支票□
密码□　预留印鉴□</td></tr>
<tr><td>申请挂失人</td><td>曹启泰</td><td>证件名称
及签发单位</td><td>身份证
广州市公安
局东山分局</td><td>证件号码</td><td>440304198402170020</td></tr>
<tr><td>代理挂失人</td><td></td><td>证件名称
及签发单位</td><td></td><td>证件号码</td><td></td></tr>
<tr><td>申请人地址</td><td colspan="3">广东省深圳市松源应岭尾 3 号</td><td>联系电话</td><td>13801234567</td></tr>
<tr><td>代理人地址</td><td colspan="3"></td><td>联系电话</td><td></td></tr>
<tr><td colspan="4">本人已认真阅读背面“客户须知”，请根据上述内容挂失/挂失冻结，如发生任何纠纷，概有挂失人负责。

客户（代理人）签名：曹启泰

凭印鉴支取者印鉴：

2022 年 10 月 05 日</td><td colspan="3">模拟银行番职支行
★
业务专用章
银行签章
2022 年 10 月 05 日</td></tr>
<tr><td colspan="7">处　　理　　情　　况</td></tr>
<tr><td colspan="4">☑ 挂失换发存折/单/卡
□ 号码：07000005
□ 挂失销户
□ 挂失撤销
□ 重置密码
本人确认上述处理结果准确无误。

客户签名：曹启泰
2022 年 10 月 05 日</td><td colspan="3">模拟银行番职支行
★
业务专用章
银行签章
2022 年 10 月 05 日</td></tr>
</table>

表 2-4

个人开户及综合服务申请表

客户信息

*姓名：曹启泰　性别：☑男　☐女　*国籍：☑中国　☐其他

*证件类型：☑居民身份证　☐护照　☐其他

*证件号码：440304198402170020

*发证机关：深圳市公安局　证件到期日：2027 年 01 月 22 日　☐永久有效

*家庭地址：广东（省/自治区/直辖市）深圳（市/区/县）松源应岭尾 3 号（街道/小区）

*邮政编码：518000　*职业：医生　收入：6,000

资金来源：________　资金用途：________　开户用途：________

家庭电话：07554747583　手机号码：13801234567　E-mail：________

*代理人姓名：________　*联系电话：________

*证件类型：________　*证件号码：________

*通讯地址：________　代办理由：________

注：注明"*"的栏位为必填项，其他的为选填项。

借记卡、储蓄产品

☐中银长城借记卡　☐中级理财贵宾卡　☐其他：________

☐活期对账簿　☐定期对账簿　☐开立附属卡

☐活期一本通　☐定期一本通　☐整存整取　☑普通活期　☐定活两便

☐通知存款（1 天、7 天，7 天约定转存）☐教育储蓄　☐零存整取

☐凭证式国债　☐存本取息　☐其他：________

币别：________　金额：________　存期：________

转存方式：自动转存　☐是　☐否　支取方式：☐凭密码支取　☐其他：________

利息支取方式：☐转入其他账户　账号：________

☐ 中国银行信用卡产品（请补充提交以下信息）

姓名拼音（请在姓和名之前以空格隔开，并与护照名一致）

信用卡常用地区（省/自治区/直辖市）

交易卡号/账号：________

（存量客户如需开通我行产品或综合服务功能，请填写卡号）

功能管理

渠道服务

渠道	开通	版本	认证工具选择
网上银行	☑开通	☐查询版 ☑理财版 ☐贵宾版 ☐升级到理财版 ☐升级到贵宾版	☐ E-TOKEN + 手机交易码（手机交易码将发到客户资料中的手机号码中） ☐ USBKEY 证书
家居银行	☐开通		
手机银行	☐开通		

手机银行：☐开通手机银行号码登录，签约手机号码：13801234567
☐开通手机银行用户登录

项目	开通	
短信通知（另请签约服务协议）	☐开通	签约号码：________
E-mail 通知	☐开通	E-mail：________

电话银行：☐开通　☐代客交易　☐指定交易

转出账户________账号 1________账号 2________

交易限额________单笔________每月________交易电话________

转出账户　账号 1________收款人姓名________开户行________

账号 2________收款人姓名________开户行________

关联账户

	网银/手机银行	电话银行	短信平台	借记卡
账号 1 ________	☐	☐	☐	☐
账号 2 ________	☐	☐	☐	☐
账号 3 ________	☐	☐	☐	☐
账号 4 ________	☐	☐	☐	☐

投资理财

理财客户	☐签约（另请签订服务协议）签约账号　☐同交易卡号/账号　☐其他		
基金代销	☐开通（另请签订服务协议）	储蓄式 记账式 国债	☐储蓄式国债开通 资金账号________ ☐同交易卡号/账号 ☐记账式国债开通 ☐其他________
第三方存管/B 股银证转账	☐开通（另请签订服务协议）		
银期转账	☐开通资金账号　☐同交易卡号/账号　☐其他________		

本人承诺上述所提供的开户资料真实、有效，如有伪造、欺诈，自愿承担法律责任。本人已阅读并了解本申请表中"中国银行股份有限公司个人账户开户及综合服务协议书"的有关条款，保证遵照该协议的有关规定，客户须知，服务协议和银行最新的业务章程、业务规则、业务规定办理相关业务。

申请人（代办人）签字：曹启泰　2022 年 10 月 05 日　银行签章：________　经办人：________

表 2－5

个人账户销户申请书

客户姓名：曹启泰　联系电话/手机：13801234567　账号/卡号/客户号：7000000666300008042　证件类型：身份证　证件号码：440304198402170020

账户信息变更 Changes of Customer/Account Information

密码 Password
□申请密码 Apply Password □修改密码 Change Password
□注销密码 Cancel Password
支取方式 Withdrawal Methods
原支取方式：______
Original
新支取方式：______
New
产品变更 Change of Product
原产品：______
Original
新产品：______
New
开户行变更 Change of Opening Bank
原开户行：______
Original
新开户行：______
New
利息支付方式 Interest Payment Methods
转其他账户：______
Transfer to other Account
销借记卡/销户/解锁 Cancel Debit Card/Cancel Account/Unlock
账号/卡号（主卡）：曹启泰
Account/Card No.(Master Card)
账号/卡号（附属卡）：______
Account/Card No.(Supplementary Card)
销户原因：不再使用
Reason for Cancel Account

电子银行业务变更 Changes of Electronic Banking

□网上银行 Online-Banking □手机银行 Mobile-Banking
□家居银行 Home-Banking
□查询/打印关联账户清单 Inquiry/Print Linked Accounts
□同步用户证件信息 Synchronize Online-banking User Information
□重置密码 Reset Password
□关闭渠道 Close one Channel
□注销电子渠道 Cancel Online-banking and Mobile Banking
□找回用户名 Find User Name
□个人用户解锁 Personal Account Unlock
□个人用户挂失 Report Personal Account Loss
□个人用户解除挂失 Relieve Personal Account Loss Report
认证工具 Certification Tool　□动态口令牌+手机交易码 E-Token + SMS transaction code　□USBKEY 证书 USBKEY
□解锁 Unlock Certification Tool　□补发 Reissue a new tool
□更新认证工具 Renew Certification Tool
□更新参考号授权码 Renew Authentication code for USBKEY
□更换认证工具 Change Certification Tool
□挂失 Report Loss　□解挂 Relieve Loss Report
□同步 Synchronize Certification Tool
□修改信息 Information Renewal　□查询 Search
□注销 Cancel　□吊销 Cancel USBKEY
电话银行 Phone-Banking
□重置电话银行密码 Reset Phone Banking Password
□注销电话银行 Phone Banking Revocation
□变更主登录卡 Alternate Main landing Card
□签约信息修改 Signed Information Alternate
□密码重置/修改 Password Reset/Alternate
□变更缴费账户 Alternate Account for Fees
□变更交易限额　(□指定转账　□代客转账)
Change Translation Limit(□Designated Transfer □Transfer on behalf of Customers)
□关闭指定转账 Close Designated Transferring Account
□关闭代客转账 Close Transferring Account Deputy
卡号/账号/限额：______
Card No./Account No./Limit

其他业务变更 Changes of Other Business

第三方存管关联账户变更 Related Account of Third Party Custody
证券公司名称：______
Name of Securities company
证券资金账号：______
Security Capital Account
新关联卡号/账号：______
New Related Card/Account No.
□撤销币种：　□港元 HKD　□美元 USD
Currency Type of Revocation
银期转账服务撤销 Bank-Futures Transfer
期货公司名称：______
Name of Futures company
期货保证金账号：______
Futures Margin company
变更国债关联账号 Account Revocation of T-Bond
□储蓄/记账式国债关联账号
Related Account of Savings T-Bond/Book-entry T-Bond
新关联卡号/账号：______
New Related Card/Account No.
终止借记卡自动转账支付授权 Debit card auto-transfer payment Termination
□电话费 Phone Charge　□手机费 Mobile Phone Charge　□其他 Others
号码 Phone No.：______
用户编号 User Code：______

手机号码 Mobile No.	开通手机银行的原手机号码：______ Old Phone Number for Mobile Banking 开通手机银行的新手机号码：______ New Phone Number for Mobile Banking

第一联 银行留存联

申请人声明：本人承诺上述提供的资料真实、有效，如有伪造、欺诈，自愿承担法律责任。本人自愿按银行相关规定申请办理上述业务。

申请人签字：曹启泰　2022年10月05日　银行签章 Bank Seat：______银行经办人员 Handled by：____银行复核人员 Checked by：____

表 2-6

个人账户开户申请书

客户信息

* 姓名：曹启泰　性别：☑男　□女　* 国籍：☑中国　□其他
* 证件类型：☑居民身份证　□护照　□其他
* 证件号码：440304198402170020
* 发证机关：深圳市公安局　证件到期日：2027 年 1 月 22 日　□永久有效
* 家庭地址：广东（省/自治区/直辖市）深圳（市/区/县）松源应岭尾 3 号
* 邮政编码：518000　* 职业：医生　收入：6,000
资金来源：＿＿＿　资金用途：＿＿＿　开户用途：＿＿＿
家庭电话：07554747583　手机号码：13801234567　E-mail：＿＿＿
* 代理人姓名：＿＿＿　* 联系电话：＿＿＿
* 证件类型：＿＿＿　* 证件号码：＿＿＿
* 通讯地址：＿＿＿　代办理由：＿＿＿
注：注明“*”的栏位为必填项，其他的为选填项。

借记卡、储蓄产品

□普通借记卡　□理财贵宾卡　□其他：＿＿＿
□活期对账簿　□定期对账簿　□开立附属卡
□活期一本通　□定期一本通　☑整存整取　□普通活期　□定活两便
□通知存款（1 天、7 天，7 天约定转存）□教育储蓄　□零存整取
□凭证式国债　□存本取息　□其他：＿＿＿
币别：＿＿＿　金额：＿＿＿　存期：＿＿＿
转存方式：自动转存 □是 □否　支取方式：□凭密码支取　□其他：＿＿＿
利息支取方式：□转入其他账户　账号：＿＿＿
□信用卡产品（请补充提交以下信息）
姓名拼音（请在姓和名之前以空格隔开，并与护照名一致）

信用卡常用地区（省/自治区/直辖市）
交易卡号/账号：＿＿＿
（存量客户如需开通我行产品或综合服务功能，请填写卡号）

功能管理

渠道服务

网上银行	□开通	□查询版 □理财版 □贵宾版 □升级到理财版 □升级到贵宾版	认证工具选择 □ E-TOKEN + 手机交易码（手机交易码将发到客户资料中的手机号码中） □ USBKEY 证书
家居银行	□开通		
手机银行	□开通		
	□开通手机银行号码登录，签约手机号码：＿＿＿ □开通手机银行用户登录		
短信通知（另请签约服务协议）	□开通　签约号码：＿＿＿		
E-mail 通知	□开通　E-mail：＿＿＿		

电话银行

□开通　□代客交易　□指定交易
转出账户＿＿＿账号 1＿＿＿账号 2＿＿＿
交易限额＿＿＿单笔＿＿＿每月＿＿＿交易电话＿＿＿
转出账户　账号 1＿＿＿收款人姓名＿＿＿开户行＿＿＿
　　　　　账号 2＿＿＿收款人姓名＿＿＿开户行＿＿＿

关联账户

	网银/手机银行	电话银行	短信平台	借记卡
账号 1＿＿＿	□	□	□	□
账号 2＿＿＿	□	□	□	□
账号 3＿＿＿	□	□	□	□
账号 4＿＿＿	□	□	□	□

投资理财

理财客户	□签约（另请签订服务协议）签约账号　□同交易卡号/账号　□其他		
基金代销	□开通（另请签订服务协议）	储蓄式记账式国债	□储蓄式国债开通 资金账号＿＿＿ □同交易卡号/账号 □记账式国债开通 □其他＿＿＿
第三方存管/B 股银证转账	□开通（另请签订服务协议）		
银期转账	□开通资金账号　□同交易卡号/账号　□其他＿＿＿		

本人承诺上述所提供的开户资料真实、有效，如有伪造、欺诈，自愿承担法律责任。
本人已阅读并了解本申请表中“个人账户开户及综合服务协议书”的有关条款，保证遵照该协议的有关规定，客户须知，服务协议和银行最新的业务章程、业务规则、业务规定办理相关业务。
申请人（代办人）签字：曹启泰　2022 年 10 月 05 日　银行签章：＿＿＿　经办人：＿＿＿

表 2－7

个人账户销户申请书

客户姓名：曹启泰 联系电话/手机：13801234567 账号/卡号/客户号：7000000666300008042 证件类型：身份证 证件号码：440304198402170020

账户信息变更 Changes of Customer/Account Information	电子银行业务变更 Changes of Electronic Banking	其他业务变更 Changes of Other Business
密码 Password □申请密码 Apply Password □修改密码 Change Password □注销密码 Cancel Password 支取方式 Withdrawal Methods 原支取方式：______ Original 新支取方式：______ New 产品变更 Change of Product 原产品：______ Original 新产品：______ New 开户行变更 Change of Opening Bank 原开户行：______ Original 新开户行：______ New 利息支付方式 Interest Payment Methods 转其他账户：______ Transfer to other Account 销借记卡/销户/解锁 Cancel Debit Card/Cancel Account/ Unlock 账号/卡号（主卡）：曹启泰 Account/Card No.(Master Card) 账号/卡号（附属卡）：______ Account/Card No.(Supplementary Card) 销户原因：不再使用 Reason for Cancel Account	**□网上银行 Online-Banking □手机银行 Mobile-Banking** **□家居银行 Home-Banking** □查询/打印关联账户清单 Inquiry/Print Linked Accounts □同步用户证件信息 Synchronize Online-banking User Information □重置密码 Reset Password □关闭渠道 Close one Channel □注销电子渠道 Cancel Online-banking and Mobile Banking □找回用户名 Find User Name □个人用户解锁 Personal Account Unlock □个人用户挂失 Report Personal Account Loss □个人用户解除挂失 Relieve Personal Account Loss Report **认证工具 □动态口令牌+手机交易码 □USBKEY 证书** **Certification Tool E-Token + SMS transaction code USBKEY** □解锁 Unlock Certification Tool □补发 Reissue a new tool □更新认证工具 Renew Certification Tool □更新参考号授权码 Renew Authentication code for USBKEY □更换认证工具 Change Certification Tool □挂失 Report Loss □解挂 Relieve Loss Report □同步 Synchronize Certification Tool □修改信息 Information Renewal □查询 Search □注销 Cancel □吊销 Cancel USBKEY **电话银行 Phone-Banking** □重置电话银行密码 Reset Phone Banking Password □注销电话银行 Phone Banking Revocation □变更主登录卡 Alternate Main landing Card □签约信息修改 Signed Information Alternate □密码重置/修改 Password Reset/Alternate □变更缴费账户 Alternate Account for Fees □变更交易限额 (□指定转账 □代客转账) Change Translation Limit(□Designated Transfer □Transfer on behalf of Customers) □关闭指定转账 Close Designated Transferring Account □关闭代客转账 Close Transferring Account Deputy 卡号/账号/限额：______ Card No./Account No./Limit	第三方存管关联账户变更 Related Account of Third Party Custody 证券公司名称：______ Name of Securities company 证券资金账号：______ Security Capital Account 新关联卡号/账号：______ New Related Card/Account No. □撤销币种： □港元 □美元 Currency Type of Revocation HKD USD 银期转账服务撤销 Bank-Futures Transfer 期货公司名称：______ Name of Futures company 期货保证金账号：______ Futures Margin company 变更国债关联账号 Account Revocation of T-Bond □储蓄/记账式国债关联账号 Related Account of Savings T-Bond/Book-entry T-Bond 新关联卡号/账号：______ New Related Card/Account No. 终止借记卡自动转账支付授权 Debit card auto-transfer payment Termination □电话费 □手机费 □其他 Phone Charge Mobile Phone Charge Others 号码 Phone No.:______ 用户编号 User Code:______ **手机号码 Mobile No.** 开通手机银行的原手机号码：______ Old Phone Number for Mobile Banking 开通手机银行的新手机号码：______ New Phone Number for Mobile Banking

第一联 银行留存联

申请人声明：本人承诺上述提供的资料真实、有效，如有伪造、欺诈，自愿承担法律责任。本人自愿按银行相关规定申请办理上述业务。

申请人签字：曹启泰 2022 年 10 月 05 日 银行签章 Bank Seat:______ 银行经办人员 Handled by:____ 银行复核人员 Checked by:____

项目三
对公存款柜面业务实训与练习

【学习目标】

通过本项目的学习，掌握单位活期存款、单位定期存款、单位通知存款、单位协定存款、单位保证金存款及单位电子银行业务的特点和业务处理流程；能快速准确办理单位活期存款、单位定期存款、单位通知存款、单位协定存款、单位保证金存款开户、存取、转账及销户等业务操作；能快速准确办理单位网上银行的开户、修改及撤销等业务操作。

【标志性成果】

办理单位活期存款、单位定期存款、单位通知存款、单位协定存款、单位保证金存款及单位网上银行业务等开户、存款、取款、挂失、存折补登、销户等业务而开立的账户及重要凭证单据。

【重点难点】

重点：单位活期存款、单位定期存款、单位通知存款、单位协定存款、单位保证金存款及单位电子银行业务系统操作。

难点：单位活期存款、单位定期存款、单位通知存款、单位协定存款、单位保证金存款开户及销户的处理；单位网上银行修改处理。

【主要业务】

知识点/技能点	主要内容	处理方法
1. 单位存款综合知识	1.1 定义	单位存款（对公存款）是指企业、事业、机关、部队和社会团体等单位在金融机构办理的存款
	1.2 分类	按照存款的币种不同，单位存款可分为人民币单位存款和单位外汇存款。单位存款具有数额大、成本低、流动性强等特点
2. 单位活期存款综合知识	2.1 定义	单位活期存款是一种随时可以存取、按结息期计算利息的存款，其存取主要通过现金或转账办理
	2.2 分类	主要包括：基本存款账户、一般存款账户、临时存款账户及专用存款账户等
	2.3 申请材料清单	包括营业执照“机构信用代码申请表”“机构税收居民身份声明文件”、法定代表人或单位负责人身份证件（原件）、若授权他人前往银行办理的还应出具法定代表人或单位负责人的授权书（原件，须盖公章和法定代表人签章）以及被授权人的身份证件（原件）、开户申请书及协议，盖好的预留银行印鉴卡等
	2.4 业务流程	提出申请、初审、建立开户信息、开立账户、预留印鉴、取款、转账、注销等后续事宜
3. 单位活期存款业务柜面操作	3.1 单位活期存款的开户	（1）收齐客户资料。重要凭证：客户账户开立申请书、营业执照等证明文件原件及复印件 （2）为客户开立客户号。重要凭证：开户申请书等 （3）预开账户。账户账号生成后，使用账户管理系统进行备案。重要凭证：印鉴卡等 （4）账户激活。采用现金存入或转账的方式向账户存入资金，激活账户 （5）支票出售。重要凭证：现金支票、转账支票等 （6）送别客户。打印存款凭条加盖现金收讫章，保存相关证明材料，送别客户
	3.2 现金续存	（1）填写现金缴款单 （2）按“三先三后”程序点收现金 （3）系统操作 （4）凭证处理。柜员在现金缴款单上加盖“受理凭证专用章”，个人名章，第一联退还客户，第二联作为记账依据 （5）企业账户系统备案。业务次日（节假日顺延），网点通过企业账户备案系统，通过系统提示进行账户销户备案
	3.3 支取	（1）审查凭证。受理客户提交的现金支票，认真审查凭证要素是否齐全、准确 （2）系统操作。进入单位活期存款现金取款交易界面，输入账号、金额、现金支票号码等信息 （3）配款。根据凭证金额按照从大到小的顺序配款，并依次按实物券别录入，无误后方可对外支付 （4）打印信息并付款。在现金支票的背面打印取款信息，款项付清后，在现金支票上加盖业务清讫章，送别客户

续表

知识点/技能点	主要内容	处理方法
3. 单位活期存款业务柜面操作	3.4 转账	（1）审查凭证。受理客户提交的转账支票和进账单，认真审查凭证要素是否齐全、准确 （2）系统操作 （3）打印盖章。在第二联进账单背面打印记账信息，记账后在全部支票和进账单上加盖业务清讫章和经办柜员个人名章 （4）将相关凭证递交客户。进账单回单联或收账通知分别交出票人和持票人，提请客户拿好相关凭证，送别客户
	3.5 销户	（1）审查凭证。审核客户提交的销户申请书，要求单位客户填制“客户交回未用空白重要凭证清单”并交回所有未用空白重要凭证，并对交回凭证当面切角或打洞作废 （2）结清账户。结清该账户的余额和往来利息，在电脑系统“账户结清”操作界面结清客户账户 （3）系统操作销户。开户行确认该账户无余额、无积数、无欠息、无欠费后，填制两联“调整账户信息通知书”，交业务主管审批后，凭此办理销户，进入账户销户界面填写完整 （4）将相关资料归还给客户。进行销户后，该账户剩余支票将全部核销，关闭账户，办完业务后，提请客户拿好相关凭证，送别客户
4. 单位定期存款综合知识	4.1 定义	单位定期存款是由存款单位约定期限，到期支付本息的一种存款
	4.2 特点	单位定期存款的存期分为三个月、半年、一年三个档次，利率按存入日挂牌公告的相应档次利率计息，遇利率调整不分段计息。单位定期存款账户不能用于结算和提现，只能以转账方式存入其基本存款账户
	4.3 申请材料清单	开立单位银行结算账户申请书、法人、经办人有效身份证件、企业法人执照或营业执照正本、税务登记证、其他证明文件
	4.4 单位定期存款管理的基本规定	对单位定期存款的管理主要包括存期、起存金额、支取、开立条件、计息方式及挂失等方面
	4.5 业务流程	提出申请、审核资料、开立账户、转账注销等后续事宜
5. 单位定期存款柜面操作	5.1 开户	（1）查询客户信息。柜员根据企业填写的客户基本情况表，进入“开对公账号”界面建立客户基本信息，并产生客户编号 （2）审查开户申请书 （3）办理预留银行印鉴手续。印鉴应包括单位财务专用章、单位法定代表人章或主要负责人印章、财会人员章 （4）预开单位定期存款账户。进入“对公业务—对公账户管理—开对公存款账号”界面输入相关信息，开立账户 （5）激活账户。采用转账方式或现金存款方式存入资金到定期存款账户，激活账户 （6）打印单位存款证实书。提请客户收好相关凭证，送别客户

续表

知识点/技能点	主要内容	处理方法
5. 单位定期存款柜面操作	5.2 部分支取	（1）审核凭证 （2）系统操作。进入“单位定期存款——部分提取转账”交易界面，输入各要素 （3）打印新的“单位存款证实书”。提请客户收好相关凭证，送别客户
	5.3 销户	（1）柜员审核凭证。存款单位填写“单位定期存款支取凭证”，柜员审核证实书确属本行签发、内容齐全、无涂改、存款已到期，凭证填写正确、金额相符，并审核加盖的印鉴是否与预留印鉴一致 （2）计算利息。银行按规定利率计算利息，开具利息清单 （3）办理转账销户业务。进入“单位定期存款——销户转账”交易界面完成销户。收回证实书，打印回单签章，提请客户收好相关凭证，送别客户
6. 单位通知存款业务综合知识	6.1 定义	单位通知存款是指存款单位在存入时不约定存期，支取日需提前通知开户行，约定支取存款日期和金额方能支取，并按规定计息的存款
	6.2 分类	单位通知存款按存款单位通知的期限分为1天通知存款和7天通知存款。1天通知存款须提前1天通知约定支取存款，7天通知存款须提前7天通知约定支取存款
	6.3 特点	单位通知存款的最低起存金额为50万元，最低支取金额为10万元，须一次存入，一次或分次支取
7. 单位通知存款柜面操作	7.1 开户	（1）审核客户资料。存款单位提交开户申请书、营业执照正本，并预留印鉴，柜员审核存款单位提交的资料和存款凭条，审核户名、日期、金额、地址及品种等要素 （2）为客户开立通知存款账户。进入“开立对公存款账号”界面为客户开立通知存款账户，并采用现金存款或转账存款的方式存入资金至账户，激活账户 （3）开具证实书。审核相关证明文件无误后，开具“通知存款开户证实书”，业务操作完成后，提请客户注意收好凭证及资料，送别客户
	7.2 单位通知存款部分提取/销户	（1）建立通知交易。取款人按照存款品种提前1天或7天通知拟取款营业网点，并提交“通知存款取款通知书” （2）支取。存款单位支取单位通知存款，须提交证实书和预留印鉴，开户行须将本息转入其单位银行结算账户，柜员审核证实书以及“通知存款取款通知单”后为客户办理支取资金 （3）送别客户。存款单位一次全部支取单位通知存款时，由开户行收回其存款证实书，办理销户手续。柜员打印证实书、利息及代扣税款清单，分别退客户和留存
8. 单位协定存款综合知识	8.1 定义	单位协定存款是指存款单位与商业银行协议约定，在人民币结算账户之上，开立协定存款账户，并约定基本存款额度，由开户行对超出基本额度的协定户存款按协定存款利率单独计息的存款，若结算账户销户，协定存款账户也须同时销户
	8.2 单位协定存款的管理	对单位协定存款的管理主要包括存期、账户额度、支取、计息方式及销户等方面

续表

知识点/技能点	主要内容	处理方法
9. 单位协定存款柜面操作	9.1 开户	（1）签订协议。存款单位和开户行签订协定存款合同 （2）审核资料。审核协定存款合同签章是否齐全，协议金额和期限是否符合规定，判断是否满足开立条件 （3）录入系统。录入活期结算账号、协定存款协议到期日期、金额、协定利率等要素，协定存款协议数据录入系统中
	9.2 销户	（1）审核客户资料。对客户提交的协定存款销户通知书进行审核 （2）系统操作销户。结清账户本息，注销账户
10. 单位保证金存款综合知识	10.1 定义	保证金存款是商业银行为客户出具具有结算功能的信用工具，或提供资金融通后，按约履行相关义务，而与其约定将一定数量的资金存入特定账户所形成的存款类别
	10.2 分类	按照保证金担保的对象不同，可分为银行承兑汇票保证金、信用证保证金、黄金交易保证金、远期结售汇保证金四类
	10.3 单位保证金存款的管理	对单位协定存款的管理主要是在：使用权限与范围、保证金账户的开立、支取、退回、销户、保证金比率、缴存额及期限等方面
11. 单位保证金存款柜面操作	11.1 保证金的开户及存入	（1）审核客户资料。重要凭证：保证金账户开户申请书、保证金账户开立/存入通知书、转账支票、进账单 （2）开立账户。录入客户信息，开立保证金账户 （3）激活账户。采用现金存款或账户转账等方式转入资金至账户，激活账户，打印回执 （4）送别客户。在进账单与转账支票上签章，提请客户收好资料，送别客户
	11.2 保证金支取 / 销户	（1）审核客户资料。审核凭证内容是否规范，签章是否齐全，支取是否符合规定 （2）账户转账。将保证金存款转入单位在本行开立的单位结算账户 （3）送别客户。打印银行保证金账户划款支付/退回回执，送别客户
12. 单位电子银行综合知识	单位电子银行	（1）单位电子银行业务是指银行通过互联网络、电信网络等开放型公众网络以及计算机、手机、移动终端和电话等电子设备，由客户通过自助方式、自主完成操作的银行金融交易服务业务 （2）电子银行可分为网上银行、移动银行、电话银行、短信银行何微信银行
13. 企业网上银行柜面操作	13.1 企业网银签约	（1）审核资料。柜员审核有效证件及开户申请书 （2）签约网银。在电脑系统中录入客户信息 （3）关联网银账户。进入“企业网银签约/网银关联账户”操作界面为客户关联网银账户 （4）绑定操作员。进入“企业网银签约/企业网银操作员设置”操作界面添加操作员 （5）绑定证书。录入 USBkey、单笔限额及累计限额等信息，绑定证书 （6）送别客户。打印回单，交由客户签字，加盖业务章，递交回单，送别客户

续表

知识点/技能点	主要内容	处理方法
13. 企业网上银行柜面操作	13.2 企业网银修改	（1）审核资料。审核有效证件、签约账户和维护申请书 （2）修改注册信息。进入电脑系统更改注册信息 （3）更换操作员。在系统中先删除原操作员，再录入新操作员相关信息 （4）修改证书。进入“网银签约/企业网银修改/操作员管理”界面，录入相关信息，修改证书 （5）送别客户。打印回单，交由客户签字，加盖业务章。递交回单，送别客户
	13.3 取消企业网银服务	（1）撤销网银。柜员审核资料后，进入“网银签约/企业网银撤销”页面，输入客户号，点击执行，网银客户撤销 （2）送别客户。打印回单，交由客户签字，加盖业务章。递交回单，送别客户

【习题】

一、单选题

1. 存款人的工资、奖金等现金支取，只能通过（　　）办理。

A. 基本存款账户　　B. 一般存款账户

C. 临时存款账户　　D. 专用存款账户

2. 临时存款账户的有效期最长不超过（　　）年。

A. 1　　B. 2　　C. 3　　D. 5

3. 支票的提示付款期是自出票日起（　　）日，中间遇节假日不顺延，到期日遇节假日可顺延。

A. 3　　B. 5　　C. 10　　D. 15

4. 单位开立一般存款账户、专用账户和临时账户的，应自开户之日起（　　）个工作日内以书面通知基本存款账户开户银行。

A. 1　　B. 2　　C. 3　　D. 5

5. 单位定期存款的最低约定额度为人民币（　　）。

A. 50万元　　B. 10万元　　C. 5万元　　D. 1万元

6. “单位存款开户证实书”遗失后可办理挂失，开户行受理挂失（　　）日后，可补办证实书。

A. 1　　B. 3　　C. 5　　D. 7

7. 单位定期存款提前支取时，提前支取部分按（　　）利率计。

A. 支取日当天的定期存款利率　　B. 支取日当天的活期存款利率

C. 开户日当天的定期存款利率　　D. 开户日当天的活期存款利率

8. 单位通知存款的最低起存金额和最低支取金额分别为（　　）。

A. 10万元、5万元　　B. 20万元、10万元

C. 50万元、10万元　　D. 50万元、5万元

9. 单位协定存款的最低约定额度为人民币（　　）。

A. 1 万元　　B. 5 万元　　C. 10 万元　　D. 50 万元

10. 单位协定存款期限，最长不超过（　　），到期时如果任何一方没有提出终止或修改，即视为自动延期；合同期满，如不延期，协定账户做销户处理。

A. 半年　　B. 1 年　　C. 2 年　　D. 3 年

二、多选题

1. 单位存款按存款的币种不同可分为（　　）。

A. 人民币单位存款　　B. 双币种单位存款

C. 人民币单位活期存款　　D. 单位外汇存款

E. 外币单位活期存款

2. 人民币单位活期存款账户主要分为以下几种类型（　　）。

A. 基本存款账户　　B. 一般存款账户

C. 临时存款账户　　D. 专用存款账户

E. 通知存款账户

3. 单位活期开户时，需客户提供（　　）。

A. 营业执照正本或复印件　　B. 开户申请书及协议

C. 机构税收居民身份声明文件　　D. 法定代表人身份证

E. 机构信用代码申请表

4. 单位客户发生下列情形之一的，存款人向开户银行提出撤销单位银行结算账户的申请（　　）。

A. 被撤并、解散、宣告破产或关闭的　B. 注销、被吊销营业执照的

C. 因迁址需要变更开户银行的　　D. 存款人尚未清偿开户银行债务的

E. 其他原因需要撤销银行结算账户的

5. 单位定期存款的存期分为（　　）几个档次。

A. 3 个月　　B. 半年期

C. 1 年期　　D. 2 年期

E. 3 年期

6. 单位通知存款根据存款单位通知的期限可分为（　　）。

A. 1 天通知存款　　B. 3 天通知存款

C. 7 天通知存款　　D. 10 天通知存款

E. 15 天通知存款

7. 下面关于通知存款描述正确的是（　　）。

A. 存款单位支取单位通知存款时，需同时提交证实书和预留印鉴

B. 存款单位支取单位通知存款时，只需提交证实书不需提交预留印鉴

C. 单位通知存款账户部分提取时，留存部分高于最低起存金额的，开户行须出具新的证实书

D. 单位通知存款账户部分提取时，留存部分低于最低起存金额的，开户行须出具新的证实书

E. 通知存款部分提取只能在原开户行办理

8. 保证金存款按照保证金担保的对象不同，可分为（　　）。

A. 证券交易保证金　　B. 银行承兑汇票保证金

C. 信用证保证金　　D. 黄金交易保证金

E. 远期结售汇保证金

9. 根据客户办理业务使用的电子渠道种类，单位电子银行业务分为（　　）。

A. 网上银行　　B. 移动银行

C. 电话银行　　D. 短信银行

E. 微信银行

10. 单位电子银行客户按权限等级分为三大类（　　）。

A. 非注册客户　　B. 自助注册客户

C. 认证签约客户　　D. 大众版客户

E. 专业版银行

三、判断题

1. 通知存款是一种随时可以存取、按结息期计算利息的存款，其存取主要通过现金或转账办理。（　　）

2. 一个单位可以在多家银行开立多个基本存款账户。（　　）

3. 单位一般存款账户可以办理转账结算、现金缴存及现金支取业务。（　　）

4. 临时存款账户的存款人可以通过本账户办理转账结算和根据国家现金管理的规定办理现金收付。（　　）

5. 单位预留印鉴不得使用原子印章（万次印），对坚持使用原子印章（万次印）的，应与其签订协议，明确因使用原子印章产生的一切后果由单位自行承担。（　　）

6. 单位定期存款账户可以用于结算和提现。（　　）

7. “单位定期存款开户证实书”仅对存款单位开户证实，不得作为质押的权利凭证。（　　）

8. 单位定期存款可以全部或部分提前支取，可以提前支取多次。（　　）

9. 单位定期存款到期不取，逾期部分按原存入日挂牌公告的定期存款利率计付利息，不计复利。（　　）

10. 单位通知存款账户允许多次部分支取，但支取后的留存金额不得低于单位通知存款的最低开户金额。（　　）

11. 存款单位部分支取单位通知存款时，支取金额不足最低部分支取金额的按原约定的利率计息。（　　）

12. 每个通知存款账户每天可以建立多个通知。（　　）

13. 单位协定存款账户不是一个独立存款账户，协定存款账户禁止对外办理支付业务。（　　）

14. 单位协定存款的结算户存款按照单位活期存款计息规则计息；协定户存款按中国人民银行公布的协定存款利率计息，遇利率调整不分段计息。（　　）

15. 对协定存款账户销户的，假如不在结息日销户，超过基本存款额度的存款按协定存款利率计息。（　　）

16. 保证金存款支取 / 销户时可以转账方式和现金方式两种方式处理。　(　　)
17. 单位电子银行自助注册客户可办理对应电子渠道的全部业务功能。　(　　)
18. 单位电子银行非注册客户可使用账号密码办理部分极低风险业务。　(　　)

【实训】

【实训 1】客户广州吉利鞋业有限公司财务人员携营业执照等资料到银行，要求银行为其办理相关业务。

（1）根据表 3－1“开立单位银行结算账户申请书”，柜员为客户建立客户信息，开立商业存款基本户。

（2）广州吉利鞋业有限公司现有一笔 100 万元的现金货款入账，公司财务为了安全起见，将这笔现金货款一次性存入公司的基本户。

（3）根据表 3－2 为广州吉利鞋业有限公司开立对公定期存款账户一个，账号标识为一般户。

（4）根据图 3－1 为客户办理从基本存款账户转账至定期存款账户业务。

（5）根据图 3－2 为广州吉利鞋业有限公司办理现金提取业务。

（6）根据表 3－3 为广州吉利鞋业有限公司办理销户业务。

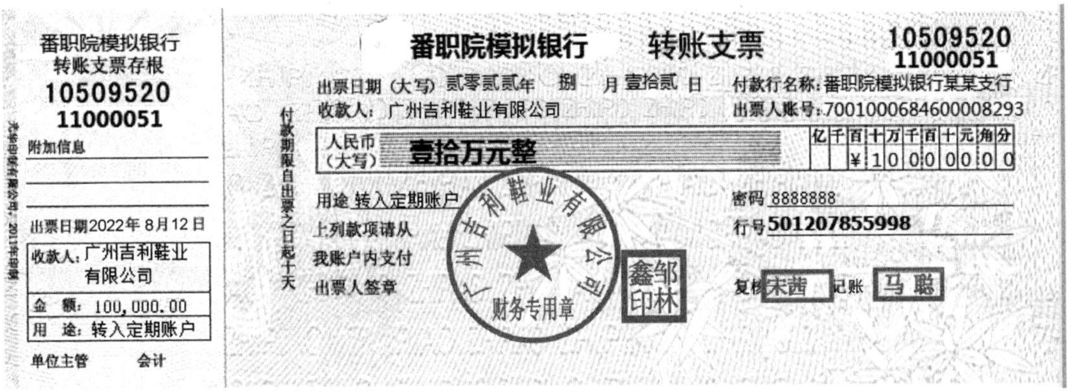
番职院模拟银行
转账支票存根
10509520
11000051
附加信息
出票日期 2022年 8月 12日
收款人：广州吉利鞋业有限公司
金　额：100,000.00
用　途：转入定期账户
单位主管　会计

番职院模拟银行　转账支票　10509520 11000051
出票日期（大写）贰零贰贰年 捌 月 壹拾贰 日　付款行名称：番职院模拟银行某某支行
收款人：广州吉利鞋业有限公司　出票人账号：7001000684600008293
付款期限自出票之日起十天
人民币（大写）壹拾万元整　¥10000000
用途 转入定期账户　密码 8888888
上列款项请从我账户内支付　行号 501207855998
出票人签章
广州吉利鞋业有限公司 财务专用章　鑫邹印林
复核 宋茜　记账 马聪

图 3－1　转账支票

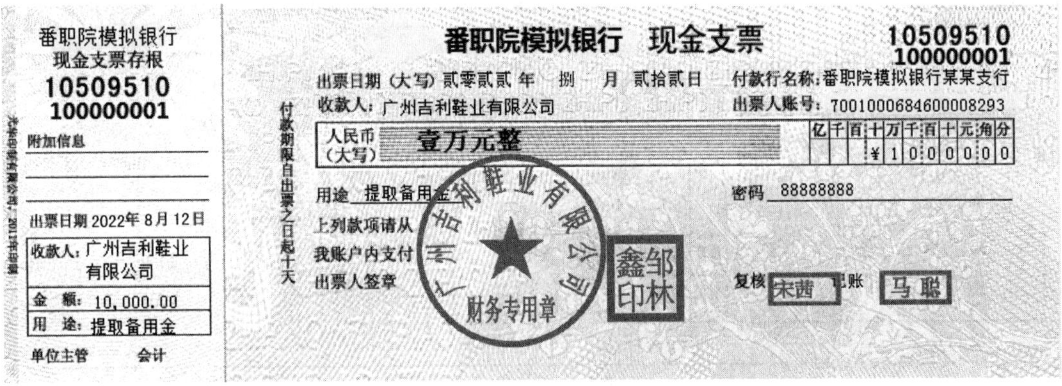
番职院模拟银行
现金支票存根
10509510
100000001
附加信息
出票日期 2022年 8月 12日
收款人：广州吉利鞋业有限公司
金　额：10,000.00
用　途：提取备用金
单位主管　会计

番职院模拟银行　现金支票　10509510 100000001
出票日期（大写）贰零贰贰 年 捌 月 贰拾贰日　付款行名称：番职院模拟银行某某支行
收款人：广州吉利鞋业有限公司　出票人账号：7001000684600008293
付款期限自出票之日起十天
人民币（大写）壹万元整　¥1000000
用途 提取备用金　密码 88888888
上列款项请从我账户内支付
出票人签章
广州吉利鞋业有限公司 财务专用章　鑫邹印林
复核 宋茜　记账 马聪

图 3－2　现金支票

表 3－1　　**开立单位银行结算账户申请书**

<table>
<tr><td>存款人名称</td><td colspan="4">广州吉利鞋业有限公司</td><td>电话</td><td>020－36729562</td></tr>
<tr><td>地　　址</td><td colspan="4">广州市白云区新南路步行新天地和升大厦619室</td><td>邮编</td><td>510000</td></tr>
<tr><td>存款人类别</td><td colspan="2">企业法人</td><td colspan="2">组织机构代码</td><td colspan="2">A88999</td></tr>
<tr><td rowspan="4">法定代表人（ ）单位负责人（ ）</td><td>姓名</td><td colspan="5">邹林鑫</td></tr>
<tr><td>证件种类</td><td colspan="5">法人身份证</td></tr>
<tr><td>证件号码</td><td colspan="5">430524198610140695</td></tr>
<tr><td>联系电话</td><td colspan="5">13868132678</td></tr>
<tr><td>联系人</td><td colspan="2">丁韵瑶</td><td>联系电话</td><td colspan="3">13656923186</td></tr>
<tr><td>行业分类</td><td colspan="6">A（ ）B（ ）C（ ）D（ ）E（ ）F（√）G（ ）H（ ）I（ ）J（ ）
K（ ）L（ ）M（ ）N（ ）O（ ）P（ ）Q（ ）R（ ）S（ ）T（ ）</td></tr>
<tr><td>注册资金</td><td>2,000,000.00元</td><td>注册年限</td><td>20年</td><td>注册日期</td><td colspan="2">2015年6月9日</td></tr>
<tr><td>经营范围</td><td colspan="6">男鞋生产与销售</td></tr>
<tr><td rowspan="2">证明文件种类</td><td colspan="2">营业执照</td><td colspan="2" rowspan="2">证明文件编号</td><td colspan="2">912057981216549785</td></tr>
<tr><td colspan="2"></td><td colspan="2"></td></tr>
<tr><td>国税登记证号</td><td colspan="2">888888888</td><td colspan="2">地税登记证号</td><td colspan="2">88888888</td></tr>
<tr><td>关联企业</td><td colspan="6">无</td></tr>
<tr><td>账户性质</td><td colspan="6">基本存款账户（√）一般存款账户（ ）
专用存款账户（ ）临时存款账户（ ）</td></tr>
<tr><td>资金性质</td><td colspan="2"></td><td colspan="2">有效日期</td><td colspan="2"></td></tr>
<tr><td colspan="7">以下为存款人上级法人或主管单位信息：</td></tr>
<tr><td colspan="2">上级法人或主管单位名称</td><td colspan="5">无</td></tr>
<tr><td rowspan="3">法定代表人（ ）单位负责人（ ）</td><td>姓　　名</td><td colspan="5"></td></tr>
<tr><td>证件种类</td><td colspan="5"></td></tr>
<tr><td>证件号码</td><td colspan="5"></td></tr>
<tr><td colspan="7">以下栏目由开户银行审核后填写：</td></tr>
<tr><td>开户银行名称</td><td colspan="6">番职院模拟银行</td></tr>
<tr><td>开户银行代码</td><td colspan="2">37529168</td><td>账号</td><td colspan="3">7001000684600008293</td></tr>
<tr><td colspan="2">本存款人申请开立银行结算账户，并承诺所提供的开户资料真实、有效，如有伪造、欺诈，承担法律责任。
（印章：广州吉利鞋业有限公司）
存款人（签章）：
2022年7月2日</td><td colspan="3">开户银行审核意见：
同意开户申请
经办人（签章）：李四
开户银行（签章）：（印章：番职院模拟银行某某支行 2022.7.2 业务专用章(03)）
2022年7月2日</td><td colspan="2">人民银行审核意见：
（非核准类账户除外）
经办人（签章）
人民银行（签章）</td></tr>
</table>

表 3－2　　**开立单位银行定期存款账户申请书**

账户名称	广州吉利鞋业有限公司			
组织机构代码	912057981216549785		代码证有效期	有效期至 2035 年 6 月 9 日
注册金额	2,000,000.00			
□法定代表人 □单位负责人	姓　名	邹林鑫	证件种类	☑身份证　□其他：
	证件号码	430524198610140695	联系电话	13868132678
联系人	丁韵瑶	联系电话　13656923186	币　种	☑人民币　□其他：
业务类型	☑整存整取　□1 天通知　□7 天通知　□其他：			
凭证种类	☑开户证实书　□其他：		支付条件	☑印鉴加密码　□印鉴或签名
大写金额	壹拾万元整			（见下表）
定期存期	□3 个月　□6 个月　□1 年　☑其他：2 年		转存方式	□本息转存　□本金转存　☑不转存
资金来源	☑本行账户　□他行账户		转出账户	7001000684600008293
转出账户开户行名称	番职院模拟银行某某支行			

亿	千	百	十	万	千	百	十	元	角	分
		¥	1	0	0	0	0	0	0	0

转出账户预留银行印鉴：〔印章：广州吉利鞋业有限公司 财务专用章〕〔印章：邹林鑫印〕

声明：本存款人保证以上填写资料真实、有效，并承担因资料有误而产生的一切法律责任。

存款人（公章）：〔印章：广州吉利鞋业有限公司〕

2022 年 8 月 12 日

账户账号：7001000684600008294

开户银行审核意见：　　同意开户申请。

经办人（签章）：马聪　　银行（签章）：〔印章：番职院模拟银行某某支行 2022.8.12 业务专用章(01)〕

2022 年 8 月 12 日

表 3－3　　**撤销单位银行账户申请书**

账户名称	广州吉利鞋业有限公司		
账户账号	7001000684600008294		
开户银行	番职院模拟银行某某支行	账户类型	☑支票户 ☐存折户
账户性质	☐ 基本户　☑ 一般户　☐ 专用户　☐ 临时户　☐ 其他：		
销户原因	账户使用频率低，撤销账户。		
本存款人申请撤销上述银行账户，同意对已开办委托开户银行授权付款的业务因销户而一并取消，保证以上填写资料真实、有效，并声明已向开户银行交回各种空白票据及结算凭证，如由于未交回空白票据及结算凭证而造成损失，或因资料有误而产生的一切法律责任，由本存款人自行承担。 存款人（公章）：广州吉利鞋业有限公司 2023 年 7 月 5 日	开户银行审核意见： 同意销户申请。 经办人（签章）：宋茜 银行（签章）：番职院模拟银行某某支行 2023.7.5 业务专用章(03) 2023 年 7 月 5 日		人民银行审核意见： （非核准类账户除外） 经办人（签章）： 人民银行（签章）： 年　月　日

【实训 2】客户广州豪中商贸有限公司财务人员携营业执照等资料到银行，要求银行为其办理相关业务。

（1）根据表 3－4 为客户开立一个商业存款基本户；

（2）为广州豪中商贸有限公司的基本户办理现金存入 20 万元人民币；

（3）根据表 3－5 为客户开立一个一年期的定期存款账户，账户标识为其他；

（4）广州豪中商贸有限公司财务人员往定期账户中一次性存入 30 万元现金；

（5）根据图 3－3 为客户办理转账支票转账业务（转入账户为广州吉利鞋业有限公司在本支行开设的公司基本账户）；

（6）根据表 3－6 广州豪中商贸有限公司财务人员要求对在本行开立的基本存款户予以销户。

表 3-4 开立单位银行结算账户申请书

存款人名称	广州豪中商贸有限公司			电话	020-36759542
地　　址	广州市番禺区汉兴东路保利大都汇 A11 栋 1016 室			邮编	511400
存款人类别	企业法人		组织机构代码	A88999	
法定代表人（ ）单位负责人（ ）	姓名	林菁桐			
	证件种类	法人身份证			
	证件号码	430622198910020682			
	联系电话	18868932578			
联系人	尹卉		联系电话	13947953296	
行业分类	A（ ）B（ ）C（ ）D（ ）E（ ）F（√）G（ ）H（ ）I（ ）J（ ） K（ ）L（ ）M（ ）N（ ）O（ ）P（ ）Q（ ）R（ ）S（ ）T（ ）				
注册资金	5,000,000.00 元	注册年限	20 年	注册日期	2012 年 7 月 8 日
经营范围	女装生产与销售				
证明文件种类	营业执照		证明文件编号	922054281386542768	
国税登记证号	888888888		地税登记证号	88888888	
关联企业	无				
账户性质	基本存款账户（√）一般存款账户（ ） 专用存款账户（ ）临时存款账户（ ）				
资金性质			有效日期		
以下为存款人上级法人或主管单位信息：					
上级法人或主管单位名称	无				
法定代表人（ ）单位负责人（ ）	姓　　名				
	证件种类				
	证件号码				
以下栏目由开户银行审核后填写：					
开户银行名称	番职院模拟银行				
开户银行代码	37529168		账号	7001000684700008295	
本存款人申请开立银行结算账户，并承诺所提供的开户资料真实、有效，如有伪造、欺诈，承担法律责任。 存款人（签章）： 2022 年 8 月 5 日		开户银行审核意见： 同意开户申请。 经办人（签章）：李四 开户银行（签章）： 2022 年 8 月 5 日		人民银行审核意见： （非核准类账户除外） 经办人（签章） 人民银行（签章）	

表 3－5 **开立单位银行定期存款账户申请书**

账户名称	广州豪中商贸有限公司				
组织机构代码	922054281386542768			代码证有效期	有效期至 2032 年 7 月 8 日
注册金额	5,000,000.00				
□法定代表人 □单位负责人	姓　名	林菁桐		证件种类	☑身份证　□其他：
	证件号码	430622198910020682		联系电话	18868932578
联系人	尹卉	联系电话	13947953296	币　种	☑人民币　□其他：
业务类型	☑整存整取　□1 天通知　□7 天通知　□其他：				
凭证种类	☑开户证实书　□其他：			支付条件	☑印鉴加密码　□印鉴或签名
大写金额	叁拾万元整				亿 千 百 十 万 千 百 十 元 角 分 ¥ 3 0 0 0 0 0 0
定期存期	□3 个月　□6 个月　□1 年　☑其他：			转存方式	☑本息转存　□本金转存　□不转存
资金来源	☑本行账户　□他行账户			转出账户	7001000684600008293
转出账户开户行名称		番职院模拟银行某某支行			

转出账户预留银行印鉴：

（印章：广州豪中商贸有限公司 财务专用章）（印章：林菁桐印）

声明：本存款人保证以上填写资料真实、有效，并承担因资料有误而产生的一切法律责任。

存款人（公章）：（印章：广州豪中商贸有限公司）

2022 年 8 月 12 日

账户账号：7001000684700008296

开户银行审核意见：　　同意开户申请。

经办人（签章）：马聪　　　　银行（签章）：（印章：番职院模拟银行某某支行 2022.8.12 业务专用章(01)）

2022 年 8 月 12 日

番职院模拟银行
转账支票存根
10509520
11000076
附加信息
出票日期 2022年8月15日
收款人：广州吉利鞋业有限公司
金　额：20,000.00
用　途：支付货款
单位主管　会计

番职院模拟银行　转账支票　10509520 11000076
出票日期（大写）贰零贰贰 年 捌 月 壹拾伍 日　付款行名称：番职院模拟银行某某支行
收款人：广州吉利鞋业有限公司　出票人账号：7001000684700008295
付款期限自出票之日起十天
人民币（大写）贰万元整　亿 千 百 十 万 千 百 十 元 角 分　¥ 2 0 0 0 0 0 0
用途 支付货款　密码 888888
上列款项请从　行号 501207855998
我账户内支付
出票人签章　复核 宋茜　记账 马聪
广州豪中商贸有限公司 财务专用章　桐林印菁

图 3－3　转账支票

表 3－6　　撤销单位银行账户申请书

账户名称	广州豪中商贸有限公司		
账户账号	7001000684700008295		
开户银行	番职院模拟银行某某支行	账户类型	☑支票户 ☐存折户
账户性质	☑ 基本户　☐ 一般户　☐ 专用户　☐ 临时户　☐ 其他：		
销户原因	公司迁址更换开户行。		
本存款人申请撤销上述银行账户，同意对已开办委托开户银行授权付款的业务因销户而一并取消，保证以上填写资料真实、有效，并声明已向开户银行交回各种空白票据及结算凭证，如由于未交回空白票据及结算凭证而造成损失，或因资料有误而产生的一切法律责任，由本存款人自行承担。 存款人（公章）： 2023 年 7 月 5 日	开户银行审核意见： 同意销户申请。 经办人（签章）：宋茜 银行（签章）：2023.7.5 2023 年 7 月 5 日	人民银行审核意见： （非核准类账户除外） 经办人（签章）： 人民银行（签章）： 年　月　日	

【实训 3】广州吉利鞋业有限公司相关资料来银行办理如下业务：

（1）持现金 50 万元以及其他开单位通知存款户所需相关资料，到银行要求办理通知存款开户业务，请根据表 3－7 为客户办理相关业务；

（2）广州吉利鞋业有限公司财务人员来银行办理通知存款部分支取 20 万元，请为客户办理该业务；

（3）根据表 3－8 为广州吉利鞋业有限公司办理销户业务。

表3－7 **开立单位通知存款账户申请书**

账户名称	广州吉利鞋业有限公司				
组织机构代码	912057981216549785			代码证有效期	有效期至2035年6月9日
注册金额	2,000,000.00				
□法定代表人 □单位负责人	姓　名	邹林鑫		证件种类	☑身份证　□其他：
	证件号码	430524198610140695		联系电话	13868132678
联系人	丁韵瑶	联系电话	13656923186	币　种	☑人民币　□其他：
业务类型	□整存整取　□1天通知　☑7天通知　□其他：				
凭证种类	☑开户证实书　□其他：			支付条件	□印鉴加密码　☑印鉴或签名
大写金额	伍拾万元整				
定期存期	□3个月　□6个月　□1年　□其他：			转存方式	□本息转存　□本金转存　☑不转存
资金来源	☑本行账户　□他行账户			转出账户	7001000684600008293
转出账户开户行名称	番职院模拟银行某某支行				

亿	千	百	十	万	千	百	十	元	角	分
		¥	5	0	0	0	0	0	0	0

转出账户预留银行印鉴：

（广州吉利鞋业有限公司 财务专用章）（鑫邹 印林）

声明：本存款人保证以上填写资料真实、有效，并承担因资料有误而产生的一切法律责任。

存款人（公章）：（广州吉利鞋业有限公司）

2022年8月12日

账户账号：7001000684600008298

开户银行审核意见：　同意开户申请。

经办人（签章）：马聪　　银行（签章）：（番职院模拟银行某某支行 2022.8.12 业务专用章(01)）

2022年8月12日

表 3 - 8　　撤销单位银行账户申请书

<table>
<tr><td>账户名称</td><td colspan="4">广州吉利鞋业有限公司</td></tr>
<tr><td>账户账号</td><td colspan="4">7001000684600008298</td></tr>
<tr><td>开户银行</td><td colspan="2">番职院模拟银行某某支行</td><td>账户类型</td><td>☑支票户
☐存折户</td></tr>
<tr><td>账户性质</td><td colspan="4">☐ 基本户　☐ 一般户　☐ 专用户　☐ 临时户　☑ 其他：通知存款账户</td></tr>
<tr><td>销户原因</td><td colspan="4">公司迁址，撤销账户。</td></tr>
<tr><td colspan="2">本存款人申请撤销上述银行账户，同意对已开办委托开户银行授权付款的业务因销户而一并取消，保证以上填写资料真实、有效，并声明已向开户银行交回各种空白票据及结算凭证，如由于未交回空白票据及结算凭证而造成损失，或因资料有误而产生的一切法律责任，由本存款人自行承担。

（广州吉利鞋业有限公司 印章）
存款人（公章）

2023 年 7 月 5 日</td><td colspan="2">开户银行审核意见：

同意销户申请。

经办人（签章）：宋茜

（番职院模拟银行某某支行 2023.7.5 业务专用章(03)）
银行（签章）：

2023 年 7 月 5 日</td><td>人民银行审核意见：
（非核准类账户除外）

经办人（签章）：

人民银行（签章）：

年　月　日</td></tr>
</table>

【实训 4】客户“广州莫奈工业有限公司”持营业执照及相关资料来我行办理单位存款相关业务。

（1）根据表 3 - 9 为客户开立工业存款基本户，并存入现金 80 万元；

（2）根据表 3 - 10 为广州莫奈工业有限公司开立协定存款账户；

（3）根据表 3 - 11 为广州莫奈工业有限公司办理人民币保证金存款的开户业务；

（4）广州莫奈工业有限公司在其保证金存款账户中存入 30 万元；

（5）广州莫奈工业有限公司在其保证金存款账户中提取 20 万元；

（6）根据表 3 - 12 为广州莫奈工业有限公司办理保证金存款户销户业务。

表 3－9 **开立单位银行结算账户申请书**

存款人名称	广州莫奈工业有限公司			电话	020－36959822
地　　址	广州市黄埔区香雪路 118 号			邮编	510700
存款人类别	企业法人		组织机构代码	A88999	
法定代表人（　）单位负责人（　）	姓名	周小倩			
	证件种类	法人身份证			
	证件号码	515634198801186249			
	联系电话	18617356346			
联系人	邱允儿	联系电话	15838427659		
行业分类	A（　）B（　）C（√）D（　）E（　）F（　）G（　）H（　）I（　）J（　） K（　）L（　）M（　）N（　）O（　）P（　）Q（　）R（　）S（　）T（　）				
注册资金	10,000,000.00 元	注册年限	15 年	注册日期	2013 年 5 月 18 日
经营范围	化工原料生产与销售				
证明文件种类	营业执照		证明文件编号	991504762529212769	
国税登记证号	888888888		地税登记证号	88888888	
关联企业	无				
账户性质	基本存款账户（√）一般存款账户（　） 专用存款账户（　）临时存款账户（　）				
资金性质			有效日期		
以下为存款人上级法人或主管单位信息：					
上级法人或主管单位名称		无			
法定代表人（　）单位负责人（　）	姓　　名				
	证件种类				
	证件号码				
以下栏目由开户银行审核后填写：					
开户银行名称	番职院模拟银行				
开户银行代码	37529168		账号	7001000684900008299	
本存款人申请开立银行结算账户，并承诺所提供的开户资料真实、有效，如有伪造、欺诈，承担法律责任。 （印章：广州莫奈工业有限公司） 存款人（签章）： 2022 年 7 月 2 日		开户银行审核意见： 同意开户申请 （印章：番职院模拟银行某某支行 2022.8.5 业务专用章(02)） 经办人（签章）：李 四 开户银行（签章）： 2022 年 7 月 2 日		人民银行审核意见： （非核准类账户除外） 经办人（签章） 人民银行（签章） 年　月　日	

表 3－10　　　　番职院模拟银行人民币单位协定存款合同

甲方：广州莫奈工业有限公司

乙方：番职院模拟银行某某支行

甲、乙双方就办理人民币协定存款事宜达成如下协议：

一、甲方在乙方开立协定存款账户的账号：7001000684900008299，其基本存款额度为人民币（大写）叁拾万。

二、乙方按季对甲方协定存款账户进行结息。

三、协定存款账户中基本存款额度以内的存款按甲方活期存款账户（账号：7001000684900008299）约定的活期存款利率1.75%计息，计息期间如遇活期存款利率调整，则按照调整前后的活期存款利率分段计息。

四、协定存款账户中超过基本存款额度的存款按以下第(1)种方式计息：

（1）按番职院模拟银行公布的协定存款利率计息。计息期间如遇番职院模拟银行调整协定存款利率，则按照调整前后的协定存款利率分段计息。

（2）按中国人民银行公布的协定存款利率/（选填“上浮”或“下浮”）/%计息。计息期间如遇中国人民银行调整协定存款利率，则按照调整前后的协定存款利率分段计息。若中国人民银行停止公布协定存款利率，则根据番职院模拟银行公布的定价标准执行。

五、对协定存款账户销户的，基本存款额度以内的存款仍按本合同第三条约定计息，超过基本存款额度的存款从上一结息日起到销户日止，不再按本合同第四条约定计息，而按本合同第三条约定的计息方式计息。

六、合同期内，乙方有权对上述第二条至第五条约定的结息、计息方式进行调整，调整前将通过建设银行营业机构、互联网站或其他电子渠道对外公告。

七、双方应按番职院模拟银行有关对账管理的相关规定及时对账。

八、本合同的有效期为一年，自2022年8月20日至2023年2月20日止。合同期满后本合同自动终止。同时，乙方有权视具体情况提前终止本合同。

九、合同期满（含提前终止）时，乙方将甲方协定存款账户中超过基本存款额度的存款本息结清后，全部转入甲方在乙方的基本存款账户、一般存款账户或专用存款账户。

十、合同期内，甲方原则上不得要求销户，如遇特殊情况，须向乙方提交书面销户申请，乙方在收到销户申请后五个工作日内答复。乙方审核批准后，按前条规定为甲方办理销户手续。

十一、本合同不得质押，且不具任何证明之作用。

十二、本合同一式两份，双方各执一份。

十三、本合同经双方盖章、签字后，自2022年8月20日起生效。

甲方：广州莫奈工业有限公司	乙方：番职院模拟银行某某支行
（公章）	（公章）
法定代表人：周小倩印	经办行负责人：宋茜
（或授权代理人）	
2022年8月20日	2022年8月20日

表 3－11　　　　保证金账户开户申请书

编号：9999999999

保证金业务机构填写	开户申请人全称（盖章）： 广州莫奈工业有限公司（印章）	资金来源账号：7001000684900008299 组织机构代码：991504762529212769 保证人名称：周小倩 保证人证件类型：身份证 保证人证件号码：515634198801186249
	保证金产品种类	☑单位活期保证金　□单位定期保证金
	业 务 种 类	□银承　□担保贷款　□保函　☑信用证 □外汇交易　□衍生金融　□其他：
	存　　期	☑活期　□定期三个月　□定期六个月　□定期一年　□其他：
	币　　种	☑人民币　□ 港币　□ 美元　□其他：
	开户金额 （小写）：RMB30,000.00	开户金额 （大写）：叁拾万元整
	外管账户性质 （开立外币户时填写）	
	开 户 日 期	2022 年 8 月 12 日
	保证金款项到期日	2023 年 2 月 12 日
	其　　他	
	审批意见：同意申请。 经办客户经理（签章）：苏瑞睿 所在（机构）部门负责人（签章）：尹小卉 公　章：番职模拟银行 业务公章 2022 年 8 月 12 日	
	保 证 金 账 户 名 称	广州莫奈工业有限公司
	保 证 金 账 户 账 号	7001000684900008300
	☑已处理　□未处理　未处理原因： 网点负责人（签章）：宋 茜 网点公章：番职院模拟银行某某支行 2022.8.12 业务专用章(01) 2022 年 8 月 12 日	

表 3－12　　撤销单位银行账户申请书

账户名称	广州莫奈工业有限公司		
账户账号	7001000684900008300		
开户银行	番职院模拟银行某某支行	账户类型	☑支票户 ☐存折户
账户性质	☐ 基本户 ☐ 一般户 ☐ 专用户 ☐ 临时户 ☑ 其他：		
销户原因	信用证到期，取消账户。		
本存款人申请撤销上述银行账户，同意对已开办委托开户银行授权付款的业务因销户而一并取消，保证以上填写资料真实、有效，并声明已向开户银行交回各种空白票据及结算凭证，如由于未交回空白票据及结算凭证而造成损失，或因资料有误而产生的一切法律责任，由本存款人自行承担。 存款人（公章）：广州莫奈工业有限公司 2022 年 10 月 30 日	开户银行审核意见： 同意销户申请。 经办人（签章）：宋茜 银行（签章）：番职院模拟银行某某支行 2022.10.30 业务专用章(03) 2022 年 10 月 30 日	人民银行审核意见： （非核准类账户除外） 经办人（签章）： 人民银行（签章）： 年　月　日	

【实训 5】客户“广州莫奈工业有限公司”持营业执照及相关资料来我行办理单位网上银行相关业务：

（1）根据表 3－13 为客户办理企业网银签约业务，并决定关联本公司的基本户，签约类型为专业版网银，客户为普通客户；

（2）根据客户需求，将邱允儿设置成操作员，操作员权限为管理操作员；

（3）邱允儿的 USBKey 为 9206957318，单笔限额为 50 万元，日累计限额为 200 万元，为客户办理企业网银证书绑定业务；

（4）因邱允儿离职，取消管理操作员身份，根据表 3－14 重新管理操作员，USBKey、单笔限额和日累计限额保持不变，为该公司办理企业网银修改业务；

（5）广州莫奈工业有限公司申请撤销企业网上银行，为该公司办理企业网银撤销业务。

表 3－13　　番职院模拟银行网上银行企业服务客户申请表

客户填列	网银客户类型选择：	高级客户□	普通客户☑		
	客户基本信息：加＊的项目为客户必填项目				
	企业名称：＊	广州莫奈工业有限公司		企业地址：＊	广州市黄埔区香雪路118号
	证件类型：＊	营业执照		证件编号：＊	991504762529212769
	法人代表信息：＊	中文	周小倩	法人证件类型：＊	身份证
		拼音	Zhou Xiaoqian	法人证件号码：＊	515634198801186249
		联系电话	18617356346		
	联系人＊：	邱允儿	联系电话：15838427659	身份证号码：	515634199202186269

缴费账户信息：（网银年服务费及网银结算业务手续费默认扣收的人民币账户）

缴费账号	账户名称	结算手续费计费方式
7001000684900008299	广州莫奈工业有限公司	按笔☑　　包月□

申请签约账户信息：（另：开通账户变动手机短信通知业务，服务费10元/月/账户）

账 号	账户名称	币 种	开通短信通知	手机号码
7001000684900008299	广州莫奈工业有限公司	人民币	是□　否☑	15838427659
			是□　否□	
			是□　否□	

专业版客户电子证书申请信息：

操作员级别	操作员姓名	操作员证件类型	操作员证件号码
主　管	邱允儿	身份证	515634198801186249
制　单	王艳	身份证	320455198908230728
复　核	李欣	身份证	510475199110142685

高级版客户电子证书存储介质选择：　USBKEY ☑　　IC 卡 □

我企业已对以上资料进行认真填写，保证填写内容准确无误。 经办人签字：周小倩 财务主管签字：邱允儿 银行预留印鉴：（广州莫奈工业有限公司 财务专用章）（倩周 印小） 2022年8月5日	经审核，我部门认为该企业符合企业签约的条件，提供的信息无误，并已正确录入客户资料。 操作员签章：马聪 复核员签章：宋茜 签约网点业务用章：（番职院模拟银行某某支行 2022.8.5 业务专用章(02)） 2022年8月5日

填表说明：

1. 此表用于企业客户在番职院模拟银行网上银行系统开户，加盖企业在银行的预留印鉴后，连同证件正本（或副本）送交开户行进行签约；

2. 普通客户只拥有账务查询等功能，不能进行资金划拨；

3. 网银结算手续费按番职院模拟银行公示价格为准。

表 3－14　　**番职院模拟银行企业服务客户网上银行维护申请表**

企业名称	广州莫奈工业有限公司		客户号	70010006849	
经办人	周小倩	联系电话	18617356346	E－mail	Zhou22@126.com

基本信息变更			
原单位名称		现单位名称	
现单位地址		现单位电话	

账户变更					
账号		□追加　□取消	账号		□追加　□取消

指定服务		
集团服务	□开通　□取消	
代发工资	□开通　□更改限额　□取消	
	账号	
	总额度设置	限额＿＿＿＿万元
企业财务室	□开通　□调高额度　□取消	
	账号	
	如申请调高系统默认额度，请在此写明额度类型、原因、金额和用途。＿＿＿＿	

操作员变更						
操作员	是否系统管理员	姓名	证件类型	证件号码	E－mail	变更事项
	☑是　□否	邱允儿	身份证	515634199202186269	Linda11@126.com	取消操作员
	☑是　□否	周小倩	身份证	515634198801186249	Zhou22@126.com	新增操作员
	□是　□否					

操作员可变更项包括：追加和取消操作员，证书冻结、解冻和补发，证书密码重置，修改操作员权限。

功能变更	
请填写需开通的功能	
请填写需关闭的功能	
其他变更	
请填写变更内容	
取消网银服务	□ 是

声明：本公司遵守监管部门对结算账户管理的各项规定，同时对以上所列事项的真实性及有效性负责。 （印章：广州莫奈工业有限公司） 企业盖章（公章） 法定代表人（或授权代理人）签字或盖章（印章：周小倩印） 2022 年 10 月 30 日	支行审批意见： （印章：番职院模拟银行某某支行 2022.10.30 业务专用章(03)） 支行盖章：2022 年 10 月 30 日

操作员/管理员 KEY 编号（此项由银行填写）

01 ＿9206957318＿　02 ＿＿＿＿　03 ＿＿＿＿

密码信封及 KEY 签收：合计＿1＿套　签收人：（印章：周小倩印）　签收时间：2022 年 10 月 30 日

安全提示：为了贵公司的账户和资金安全，请妥善保管和使用管理员/操作员 USBKEY 和密码，不得提供给上表指定管理员/操作员以外的其他人使用。注销企业网银后，请及时销毁 USBKEY。

客户经理：　　经办及验印：　　会计主管：

第一联　开户行留存　第二联　主管部门留存　第三联　客户留存

项目四
贷款柜面业务实训与练习

【学习目标】

通过本项目学习，掌握贷款柜面业务相关知识，掌握个人住房贷款业务、个人汽车贷款业务、单位贷款业务处理流程；熟练完成贷款信息的读取、录入；能快速准确办理个人住房贷款、个人汽车贷款、单位贷款发放及收回等业务操作。

【标志性成果】

办理个人住房贷款、个人汽车贷款、单位贷款的发放、收回业务而开立的账户及重要凭证单据。

【重点难点】

重点：个人住房贷款、个人汽车贷款、单位贷款业务流程，发放及收回业务系统操作。

难点：个人住房贷款、个人汽车贷款、单位贷款提前还贷处理。

【主要业务】

知识点/技能点	主要内容	处理方法
1. 零售贷款综合知识	1.1 定义	零售贷款，又称个人贷款业务，是指银行或其他金融机构向符合贷款条件的自然人发放的用于个人消费、生产经营等用途的本、外币贷款

续表

知识点/技能点	主要内容	处理方法
1. 零售贷款综合知识	1.2 分类	个人贷款包括个人住房贷款、个人汽车贷款、个人耐用消费品贷款、个人经营性贷款、个人有价单证质押贷款、个人小额信用贷款等 个人贷款具有贷款品种多、消费用途广泛、贷款额度较高、贷款期限灵活、担保形式多样、贷款风险分散等特点
	1.3 管理要求	《个人贷款管理暂行办法》从个人贷款业务的受理与调查、风险评价与审批、协议与发放、支付管理和贷后管理等方面做出了47条规定。其中包括对借款人进行多方面调查分析、确定贷款用途、确定合理的信贷金额、规范担保流程与操作等 担保方式有： （1）抵押，指债务人或第三人不转移财产的占有，将该财产作为债权的担保。债务人不履行债务时，债权人有权以该财产折价或者以拍卖、变卖该财产的价款优先受偿 （2）质押，指债务人或第三人不转移财产的占有，将该财产作为债权的担保。债务人不履行债务时，债权人有权以该财产折价或者以拍卖、变卖该财产的价款优先受偿 （3）保证，指保证人和债权人约定，当债务人不履行债务时，保证人按照约定履行债务或者承担责任的行为
	1.4 系统框架	零售贷款业务处理包括零售贷款在线审批系统（CCAS）、核心银行系统（BANCS）、零售贷款催收系统（AZURE）、个人征信系统（ICCI）等
2. 个人住房贷款综合知识	2.1 定义	个人住房贷款是指银行用信贷资金向在中国大陆境内城镇购买、建造、大修各类型住房的自然人发放的贷款
	2.2 分类	主要包括：个人住房贷款、个人再交易住房贷款、公积金个人住房贷款、个人住房组合贷款、个人商用房贷款、个人住房抵押额度贷款等
	2.3 特点	贷款额度：一般规定最高为所购（建造、大修）住房全部价款或评估价值的70%。贷款期限：最长期限为30年
	2.4 申请材料清单	包括内部上报材料、借款人家庭及用款企业材料、第一还款来源资料、第二还款来源资料、贷款用途资料等
	2.5 业务流程	初审、出具法律意见、缴纳保险费用、复审、签署法律文件、开户、发放贷款、收回贷款
3. 个人住房贷款发放	3.1 收齐客户资料	重要凭证：贷款申请表及面谈记录表、贷款用途声明及资金支付申请表等
	3.2 审查与审批	重要凭证：个人购房借款及担保合同、贷款通知书等
	3.3 为客户开立账户	重要凭证：开户申请书等 指导客户填写开户申请书，建立客户信息，开立还款账户
	3.4 借据管理	进行借据管理，建立贷款账户

续表

知识点/技能点	主要内容	处理方法
3. 个人住房贷款发放	3.5 发放贷款	重要凭证：个人贷款借据、个人贷款分期还款计划表等；个人贷款资金应当采用贷款人受托支付方式向借款人交易对象支付，但《个人贷款管理暂行办法》第三十三条规定的情形除外 支付方式有： （1）受托支付，指贷款人根据借款人的提款申请和支付委托，将贷款资金支付给符合合同约定用途的借款人交易对象 （2）自主支付，指贷款人根据借款人的提款申请将贷款资金直接发放至借款人账户，并由借款人自主支付给符合合同约定用途的借款人交易对象 个人住房贷款常见还贷方法： （1）等额本息还款，即将按揭贷款的本金总额与利息总额相加，然后平均分摊到还款期限的每个月中。作为还款人，每个月还给银行固定金额，但每月还款额中的本金比重逐月递增、利息比重逐月递减 $每月偿还贷款本息额=\frac{本金\times月利率\times(1+月利率)^{还款月数}}{(1+月利率)^{还款月数}-1}$ （2）等额本金还款，即将本金分摊到每个月内，同时付清上一交易日至本次还款日之间的利息。这种还款方式相对等额本息而言，总的利息支出较低，但前期支付的本金和利息较多，还款负担逐月递减 当月偿还贷款本息额＝贷款本金/贷款月数＋（本金－已归还本金累计金额）×月利率
4. 个人住房贷款收回	4.1 审阅资料	重要凭证：个人贷款提前还款申请审批表等 个人住房贷款还款一般是借贷双方签订委托代扣协议，借款人在规定期限内存入等于或高于还款额的金额，由贷款行按期代扣。但若借款人提前还贷，需要提前申请，审批通过后予以办理
	4.2 系统操作	包括提前部分还贷、提前全部还贷等； 贷款利息计算： （1）利率规定 ①短期贷款，按贷款合同签订日的相应档次的法定贷款利率计息，遇利率调整不分段计息 ②中长期贷款，一般利率实行一年一定，每满一年再按当时相应的法定贷款利率确定下一年的贷款利率 （2）结息方式： ①定期结息，银行在每月或每季度末月20日营业终了时，根据贷款科目余额表计算累计贷款积数，再乘以贷款日利率，即得贷款利息。其计算公式为： 利息＝累计贷款计息日积数×日利率 ②利随本清，银行按照规定的贷款期限，在借款人归还贷款本金的同时计收利息的一种方法，这种方法适用于小额质押贷款，农户小额贷款等利息的计息，其计息公式为： 利息＝本金×期限×利率

续表

知识点/技能点	主要内容	处理方法
5. 个人汽车贷款综合知识	5.1 定义	个人汽车贷款指商业银行向在特约经销商处申请购买汽车的个人发放的人民币担保贷款。借款人到期不能偿还贷款本息的，贷款人有权依法处理其抵押物或质物，或由保证人承担偿还本息的连带责任
	5.2 特点	贷款额度：所购车辆为自用车的，贷款金额不超过所购汽车价格的80%；所购车辆为商用车的，贷款金额不超过所购汽车价格的70%，其中，商用载货车贷款金额不得超过所购汽车价格的60% 贷款期限：所购车辆为自用车，最长贷款期限不超过5年；所购车辆为商用车，贷款期限不超过3年
	5.3 申请材料清单	个人汽车贷款申请书、个人有效身份证件、户籍证明或长期居住证明、个人收入证明、汽车经销商出具的购车意向证明、购车首期付款证明、担保材料等
	5.4 业务流程	提出申请、审查审批、签订合同、发放贷款、收回贷款
6. 个人汽车贷款发放	6.1 收齐客户资料	重要凭证：个人汽车贷款申请书、贷款用途声明及资金支付表等
	6.2 审查与审批	重要凭证：汽车贷款借款合同、发放贷款通知书等
	6.3 为客户开立账户	重要凭证：开户申请书等 指导客户填写开户申请书，建立客户信息，开立还款账户
	6.4 借据管理	进行借据管理，建立贷款账户
	6.5 贷款发放	重要凭证：个人贷款借据、个人贷款分期还款计划表等
7. 个人汽车贷款收回	7.1 审阅资料	重要凭证：个人贷款提前还款申请审批表等 贷款还款一般是借贷双方签订委托代扣协议，由贷款行按期代扣。但若借款人提前还贷，需要提前申请，审批通过后予以办理
	7.2 系统操作	提前部分还贷、提前全部还贷
8. 单位贷款业务综合知识	8.1 定义	单位贷款是指对企事业单位、公司等的贷款
	8.2 分类	流动资金贷款，是为了满足客户在生产经营过程中临时性、季节性的资金需求，保证生产经营活动的正常进行而发放的贷款。流动资金贷款期限可根据客户具体需要灵活安排，分为临时、短期［1年内（含1年）］、中期［1~3年（含3年）］三种类型，最长不超过3年 固定资产贷款，是指由银行发放的，用于借款人新建、扩建、改造、开发、购置等固定资产投资项目的贷款。固定资产贷款按用途可分为基本建设贷款和技术改造贷款 小企业贷款，指银行向符合小微企业标准对象发放的具有合法指定用途的贷款。银行一般都设有专为中小企业或小微企业服务的贷款机构或部门，一些信贷从业人员也专职从事中小企业或小微企业的授信贷款业务
	8.3 申请材料清单	包括基础资料、法定代表人资料、财务资料、用途资料、担保资料等
	8.4 业务流程	提交申请材料，审查与审批，签订借款合同，填制借款凭证，发放贷款，收回贷款

续表

知识点/技能点	主要内容	处理方法
9. 单位贷款发放	9.1 收齐客户资料	重要凭证：贷款申请书、企业业务征信信息提供及查询授权书等
	9.2 审查与审批	重要凭证：贷款发放通知书等
	9.3 为客户开立账户	重要凭证：开立单位银行结算账户申请书等 为对公客户开立账户
	9.4 借据管理	进行借据管理，建立贷款账户
	9.5 贷款发放	重要凭证：借款借据、贷款分期还款计划表等
10. 单位贷款收回	10.1 审核资料	重要凭证：提前还款申请审批表等 单位贷款还款一般是借贷双方签订委托代扣协议，由贷款行按期代扣。但若借款人提前还贷，需要提前申请，审批通过后予以办理
	10.2 系统操作	提前部分还贷、提前全部还贷

【习题】

一、单选题

1. 我国最早开办、规模最大的个人贷款产品是（　　）。

A. 个人汽车贷款　　B. 个人教育贷款

C. 个人经营类贷款　　D. 个人住房贷款

2. 下列有关个人住房贷款对象的说法中，正确的是（　　）。

A. 个人一手房贷款和住房公积金贷款的对象相同

B. 个人二手房贷款和公积金住房贷款的对象相同

C. 个人住房贷款的对象是符合要求的具有完全民事行为能力的自然人

D. 个人住房组合贷款的对象可以是法人

3. 下列关于利率调整方式的说法，正确的是（　　）。

A. 贷款期限在1年以上的，执行合同利率，遇法定利率调整时，必须在次年1月1日调整为新利率

B. 贷款期限在1年以上的，执行合同利率，合同期限内遇法定利率调整时，可由借贷双方按商业原则确定

C. 个人住房贷款的期限是1年以内（含1年）的贷款，实行合同利率，遇法定利率调整可分段计息

D. 个人住房贷款不可以采用固定利率的确定方式

4. 个人一手房贷款和二手房贷款的期限由银行根据实际情况合理确定，最长期限为（　　）年。

A. 20　　B. 30

C. 40　　D. 50

5. 公积金个人住房贷款的特点不包括（　　）。

A. 互助性

B. 利率高

C. 普遍性

D. 期限长

6. 作为汽车贷款的特征不包括（　　）。

A. 作为汽车金融服务领域的主要内容之一，在汽车产业和汽车市场发展中占有一席之地

B. 与汽车市场的多种行业机构具有密切关系

C. 风险管理难度相对较大

D. 以抵押为前提建立的借贷关系

7. 个人汽车贷款的贷款期限（含展期）不超过________年，其中，二手车贷款的贷款期限（含展期）不得超过________年。（　　）

A. 4，2

B. 5，2

C. 5，3

D. 4，3

8. 申请个人汽车贷款时，所购车辆为自用车的，贷款额度不得超过所购汽车价格的（　　）。

A. 90%

B. 80%

C. 70%

D. 50%

9. 申请个人汽车贷款时，所购车辆为商用车的，贷款额度不得超过所购汽车价格的（　　）。

A. 90%

B. 80%

C. 70%

D. 50%

10. 抵押人拥有所有权或经营管理权的下列财产中，可作为抵押的是（　　）。

A. 宅基地

B. 集体土地所有权

C. 国有土地所有权

D. 建设用地使用权

11. 下列主体中，可作为保证人的是（　　）。

A. 8 岁的小明

B. 65 岁无经济来源的老王

C. 某医院

D. 有母公司书面授权可作为保证人的某子公司

12. 下列关于自主支付的说法中，正确的是（　　）。

A. 贷款新规把贷款人受托支付作为贷款支付的基本方式

B. 贷款新规不允许借款人自主支付在一定范围内存在

C. 不允许借款人自主支付小额贷款资金，是出于兼顾风险控制与工作效率的考虑

D. 借款人自主支付方式和贷款人对贷款资金用途的控制不能两全

二、多选题

1. 个人贷款具有（　　）特点。

A. 贷款品种多

B. 消费用途广泛

C. 贷款额度较高

D. 贷款期限灵活

E. 担保形式多样
F. 贷款风险分散

2. 属于个人住房贷款特征的有（　　）。
A. 贷款金额小、期限短
B. 贷款金额大、期限长
C. 多以抵押为前提建立的借贷关系
D. 风险具有系统性特点
E. 风险因素不同，风险具有非系统性特点

3. 申请个人汽车贷款，借款人须提供一定的担保措施，包括（　　）。
A. 纯车辆抵押
B. 车辆抵押＋担保机构
C. 车辆抵押＋自然人担保
D. 车辆抵押＋履约保证保险

4. 单位流动资金贷款期限可根据客户具体需要灵活安排，分为（　　）。
A. 临时
B. 短期［1年内（含1年）］
C. 中期［1～3年（含3年）］
D. 3年以上

5. 采用质押担保方式的，质物可以是（　　）。
A. 个人定期储蓄存款存单
B. 国家重点建设债券
C. 金融债券
D. 符合贷款银行规定的企业债券
E. 单位定期存单

6. 根据《中华人民共和国民法典》的规定，担保的法定范围包括（　　）。
A. 主债权
B. 损害赔偿金
C. 利息
D. 违约金
E. 违约风险溢价

7. 设立担保物权，应当按照法律的规定订立担保合同，担保合同包括（　　）。
A. 抵押合同
B. 质押合同
C. 贷款合同
D. 其他具有担保功能的合同

8. 根据《中华人民共和国民法典》规定，不得抵押的财产有（　　）。
A. 正在建造的建筑物
B. 宅基地、自留地、自留山等集体所有的土地使用权
C. 学校、幼儿园、医疗机构等以公益为目的成立的非营利法人的教育设施、医疗卫生设施和其他公益设施
D. 依法被查封、扣押、监管的财产
E. 土地所有权

三、判断题

1. 公积金个人住房贷款，实行“高进高出”的利率政策，带有较强的政策性。（　　）

2. 公积金个人住房贷款资金必须以转账或现金支付的方式划拨给售房人。（　　）

3. 对于个人汽车贷款，借款人无法按照计划偿还贷款，可以申请展期。借款人须在贷款全部到期前30天提出展期申请。每笔贷款只可以展期一次，展期期限不得超过1年，展期之后全部贷款期限不能超过贷款银行规定的最长期限。（　　）

4. 固定资产贷款是指由银行发放的，用于借款人新建、扩建、改造、开发、购置等固定资产投资项目的贷款。（　　）

5. 单位流动资金贷款是为了满足客户在生产经营过程中临时性、季节性的资金需求，

保证生产经营活动的正常进行而发放的贷款。（　　）

6. 以上市公司的可流通股票质押的，其公允价值是该股票的市场价格。（　　）

7. 以建筑物抵押的，该建筑物占有范围内的建设用地使用权一并抵押。以建设用地使用权抵押，该土地上的建筑物不需要一并抵押。（　　）

8. 按照五级分类方式，不良贷款包括五级分类中的后三类贷款，即次级、可疑和损失类贷款。（　　）

9. 在借款人不履行合同义务时，银行直接扣收担保人的保证金。（　　）

10. 对银行保留追索权的不良贷款核销后，贷款经办行应实行“账销案存”，定期向借款人和担保人发出催收通知书，并注意诉讼时效。（　　）

【实训】

【实训1】客户李晓霞来到银行申请个人住房贷款，经过贷款审查与审批环节，银行同意发放贷款。柜员为其办理住房贷款的发放及回收业务。

（1）根据“个人开户及综合服务申请表（见表4－1）”等资料，柜员为客户建立客户信息，开立还本付息账户。

（2）根据“个人贷款放款通知书（见表4－2）”“个人贷款借据（见表4－3）”“个人贷款分期还款计划表（见表4－4）”等资料，柜员完成借据管理、贷款发放。

（3）根据“个人贷款提前还款申请审批表（见表4－5）”等资料，柜员为客户办理提前还贷业务。

表 4－1

中国××银行个人开户及综合服务申请表

客户信息

＊姓名：李晓霞　性别：☐男 ☑女　＊国籍：☑中国 ☐其他
＊证件类型：☑居民身份证　☐护照　☐其他
＊证件号码：440118197901023478
＊发证机关：广州市公安局番禺分局 证件到期日：2025 年1 月1 日☐永久有效
＊家庭地址：广东（省/自治区/直辖市）广州（市/区/县）亚运大道 3 号（街道/小区）
＊邮政编码：511400　＊职业：工程师　收入：￥20,000.00 元
资金来源：______　资金用途：______　开户用途：______
家庭电话：02088881234 手机号码：13899995545　E－mail：88885678@qq.com
＊代理人姓名：______　＊联系电话：______
＊证件类型：______　＊证件号码：______
＊通讯地址：______　代办理由：______
注：注明“＊”的栏位为必填项，其他的为选填项。

借记卡、储蓄产品

☐普通借记卡　☐理财贵宾卡　☐其他：______
☐活期对账簿　☐定期对账簿　☐开立附属卡
☐活期一本通　☐定期一本通　☐整存整取　☑普通活期　☐定活两便
☐通知存款（1 天、7 天，7 天约定转存）☐教育储蓄　☐零存整取
☐凭证式国债　☐存本取息　☐其他：______
币别：______　金额：______　存期：______
转存方式：自动转存 ☐是 ☐否　支取方式：☐凭密码支取☐其他：______
利息支取方式：☐转入其他账户　账号：______
☐信用卡产品（请补充提交以下信息）
姓名拼音（请在姓和名之前以空格隔开，并与护照名一致）

信用卡常用地区（省/自治区/直辖市）
交易卡号/账号：______
（存量客户如需开通我行产品或综合服务功能，请填写卡号）

功能管理

渠道服务

网上银行	☑开通	☐查询版 ☐理财版 ☐贵宾版 ☐升级到理财版 ☐升级到贵宾版	认证工具选择 ☐ E－TOKEN＋手机交易码（手机交易码将发到客户资料中的手机号码中） ☐ USBKEY 证书
家居银行	☐开通		
手机银行	☑开通		
	☑开通手机银行号码登录，签约手机号码：13899995545 ☐开通手机银行用户登录		
短信通知（另请签约服务协议）	☑开通　签约号码：13899995545		
E－mail 通知	☐开通　E－mail：______		

电话银行：
☑开通　☐代客交易　☐指定交易
转出账户______　账号 1______　账号 2______
交易限额______　单笔______　每月______　交易电话______
转出账户　账号 1______　收款人姓名______　开户行______
　　　　　账号 2______　收款人姓名______　开户行______

关联账户

	网银/手机银行	电话银行	短信平台	借记卡
账号 1 ______	☐	☐	☐	☐
账号 2 ______	☐	☐	☐	☐
账号 3 ______	☐	☐	☐	☐
账号 4 ______	☐	☐	☐	☐

投资理财

理财客户	☐签约（另请签订服务协议）签约账号　☐同交易卡号/账号　☐其他		
基金代销	☐开通（另请签订服务协议）	储蓄式 记账式 国债	☐储蓄式国债开通 资金账号______ ☐同交易卡号/账号 ☐记账式国债开通 ☐其他______
第三方存管/B 股银证转账	☐开通（另请签订服务协议）		
银期转账	☐开通　资金账号　☐同交易卡号/账号　☐其他______		

本人承诺上述所提供的开户资料真实、有效，如有伪造、欺诈，自愿承担法律责任。
本人已阅读并了解本申请表中“个人账户开户及综合服务协议书”的有关条款，保证遵照该协议的有关规定，客户须知，服务协议和银行最新的业务章程、业务规则，业务规定办理相关业务。
申请人（代办人）签字：李晓霞　2022 年 08 月 25 日　银行签章：______　经办人：______

表 4－2　　**中国××银行个人贷款放款通知书（客户联）**

编号：202209998888

尊敬的客户 李晓霞 ：

根据与您签订的《借款合同》放款计划条款约定，我行于2022 年 08 月 25 日发放贷款，并将款项转入指定账户。

本通知作为发放贷款通知的客户联，请您与《借款合同》一起妥善保管，收到本通知后，可核查您的贷款账户，如有不符，请持本通知及有关身份证件到我行查询。

本通知同时作为分期还款计划变更通知，请您按新的分期还款（本）额及其应付利息备足款项，并按时到银行归还贷款本息。如您已与我行签订了委托扣款协议，您应在委托扣款账户中存入足额款项。如委托扣款账户中没有足够扣划的款项，所造成的损失由您自行承担。

本次放款的有关事项通知如下：

客户姓名：李晓霞	客户编号：70030006674
贷款账号：7003000667390000964	借款合同编号：0000000999
放款日期：2022 年 08 月 25 日	本期发放：￥600, 000. 00 元
累计发放金额：￥600, 000. 00 元	贷款余额：￥600, 000. 00 元
还款方式：等额本息	新分期还款（本）额：￥4, 093. 51 元

特此通知！

中国××银行广州番禺支行（个贷中心）

2022 年 08 月 20 日

表 4－3　　**中国××银行个人贷款（手工）借据**

（贷 3006）V. 202209　　日期：2022 年 08 月 25 日　　借据编号：202290000000999

<table>
<tr><td>借款人姓名</td><td>李晓霞</td><td>放款账号户名</td><td colspan="2">陈树明</td><td colspan="2">放款账号</td><td colspan="5">7003000667400008062</td></tr>
<tr><td rowspan="2">借款金额</td><td colspan="4" rowspan="2">人民币（大写）零佰陆拾万零仟零佰圆整</td><td>佰万</td><td>拾万</td><td>万</td><td>仟</td><td>佰</td><td>拾</td><td>元</td></tr>
<tr><td>Y</td><td>6</td><td>0</td><td>0</td><td>0</td><td>0</td><td>0</td></tr>
<tr><td>借款期限</td><td colspan="6">240 月（从 2022 年 08 月 25 日至　2042 年 08　月　25 日）</td><td colspan="3">年利率</td><td colspan="2">5.4 %</td></tr>
<tr><td>借款用途</td><td colspan="2">购买住房</td><td>还款方式</td><td colspan="3">等额本息</td><td colspan="4">首次还本月数</td><td>壹</td></tr>
<tr><td colspan="12">本人保证上列借款按所填用途使用，并按所填还款方式按期归还贷款本金和利息。

借款人签名：李晓霞　　　　日期：　2022 年 08 月 25 日</td></tr>
</table>

经办人：吴天　　复核：李丽　　记账员：李晓印天

表 4－4　　中国××银行个人贷款分期还款计划表

机构号：20229000　　机构名称：模拟银行广州番禺区支行

借据编号：202290000000999　　单位：元

模拟银行广州番禺支行 2022.08.25 业务专用章(3)

年限：20 年；期数：240 期；年利率 4.9%；贷款额：60 万元；月供：3,926.66 元

期数	每期还款额	本期应还本金	本期应还利息	剩余本金
1	4,093.51	1,393.51	2,700.00	598,606.49
2	4,093.51	1,399.78	2,693.73	597,206.71
3	4,093.51	1,406.08	2,687.43	595,800.63
4	4,093.51	1,412.41	2,681.10	594,388.22
5	4,093.51	1,418.76	2,674.75	592,969.46
6	4,093.51	1,425.15	2,668.36	591,544.31
7	4,093.51	1,431.56	2,661.95	590,112.75
8	4,093.51	1,438.00	2,655.51	588,674.75
9	4,093.51	1,444.47	2,649.04	587,230.28
10	4,093.51	1,450.97	2,642.54	585,779.31
11	4,093.51	1,457.50	2,636.01	584,321.80
12	40,93.51	1,464.06	2,629.45	582,857.74
……	4,093.51	……	……	……
合计	982,442.29	600,000.00	382,442.29	

表 4－5　　　　　中国××银行个人贷款提前还款申请审批表

经办单位：中国××银行银广州番禺支行　　　　　　　　　　报送日期：2023 年 08 月 26 日

借款人姓名	李晓霞	贷款合同号	0000000999
贷款品种	个人住房贷款	还款方式	等额本息
合同签订日期	2022. 08. 25	贷款到期日期	2042. 08. 25
提前还款类型	□全部还清　☑部分还款	贷款余额	￥582, 857. 74
本期提前偿还本金	￥200, 000. 00	还款账号	7003000677700008205
违约金	按贷款合同第＿七＿条约定收取违约金人民币＿0＿元。		
申请人声明			

本人由于资金充足，现向贵行申请提前偿还上述贷款，本人同时承诺上述约定还款账号中有足够资金用于扣收应付贷款本息，且本申请一经书面提出后即不再撤回。

对于剩余贷款，本人选择以下第＿2＿种方式偿还，并在提前部分还清后，按贵行提供的新“还款计划书”继续偿还剩余贷款本息。

1. 每期还款额不变，缩短贷款期限；　2. 贷款期限不变，减少每期还款额。

3. ＿＿＿＿＿＿＿＿＿＿＿＿＿＿

申请人：（签字）李晓霞

2023 年　08　月　26　日

签字见证人：李晓天

经办人意见：

同意。

客户经理：（签字）李娉婷

2023 年　09 月　10 日

经营单位负责人意见：

同意。

行长签字：李大鹏

2023 年　09 月　10 日

【实训 2】客户林祥瑞先生持有效身份证件及相关资料来银行办理“中长期住房按揭贷款”业务。

（1）客户开户基本信息见“个人开户及综合服务申请表（见表 4－6）”“单位银行结算账户申请书（见表 4－7）”。

（2）银行审批通过了林祥瑞的贷款申请。柜员依据“放款通知书（见表 4－8）”“个人贷款借据（见表 4－9）”等办理“中长期住房按揭贷款”全额发放业务。

（3）连续还款 12 个期后，林祥瑞先生向银行申请提前还贷 100, 000 元的申请获批。柜员依据个人贷款提前还款申请审批表（见表 4－10）等办理提前还贷业务。

（4）因央行调息政策，现将林祥瑞先生的“中长期住房按揭贷款”利率下调 5%。

表 4－6　　中国××银行个人开户及综合服务申请表

客户信息

＊姓名：林祥瑞　性别：☑男 ☐女　＊国籍：☑中国　☐其他
＊证件类型：☑居民身份证　☐护照　☐其他
＊证件号码：440821198108096745
＊发证机关：广州市公安局番禺分局 证件到期日：2025 年1 月1 日☐永久有效
＊家庭地址：广东（省/自治区/直辖市）广州（市/区/县）光明北路7号（街道/小区）
＊邮政编码：511400　＊职业：律师　收入：￥25,000.00 元
资金来源：＿＿＿＿ 资金用途：＿＿＿＿ 开户用途：＿＿＿＿
家庭电话：02066661234 手机号码：13712345678　E－mail：55555678@qq.com
＊代理人姓名：＿＿＿＿　＊联系电话：＿＿＿＿
＊证件类型：＿＿＿＿　＊证件号码：＿＿＿＿
＊通讯地址：＿＿＿＿　代办理由：＿＿＿＿
注：注明“＊”的栏位为必填项，其他的为选填项。

借记卡、储蓄产品

☐普通借记卡　☐理财贵宾卡　☐其他：＿＿＿＿
☐活期对账簿　☐定期对账簿　☐开立附属卡
☐活期一本通　☐定期一本通　☐整存整取　☑普通活期　☐定活两便
☐通知存款（1天、7天，7天约定转存）☐教育储蓄　☐零存整取
☐凭证式国债　☐存本取息　☐其他：＿＿＿＿
币别：＿＿＿＿　金额：＿＿＿＿　存期：＿＿＿＿
转存方式：自动转存 ☐是 ☐否　支取方式：☐凭密码支取☐其他：＿＿＿＿
利息支取方式：☐转入其他账户　账号：＿＿＿＿
☐信用卡产品（请补充提交以下信息）
姓名拼音（请在姓和名之前以空格隔开，并与护照名一致）

信用卡常用地区（省/自治区/直辖市）
交易卡号/账号：＿＿＿＿
（存量客户如需开通我行产品或综合服务功能，请填写卡号）

功能管理

渠道服务

网上银行	☑开通	☐查询版 ☐理财版 ☐贵宾版 ☐升级到理财版 ☐升级到贵宾版	认证工具选择 ☐ E－TOKEN＋手机交易码（手机交易码将发到客户资料中的手机号码中） ☐ USBKEY 证书
家居银行	☐开通		
手机银行	☑开通		
手机银行	☑开通手机银行号码登录，签约手机号码：13712345678 ☐开通手机银行用户登录		
短信通知（另请签约服务协议）	☑开通　签约号码：13712345678		
E－mail 通知	☐开通　E－mail：＿＿＿＿		

电话银行：
☑开通　☐代客交易　☐指定交易
转出账户＿＿＿＿ 账号1＿＿＿＿ 账号2＿＿＿＿
交易限额＿＿＿＿ 单笔＿＿＿＿ 每月＿＿＿＿ 交易电话＿＿＿＿
转出账户　账号1＿＿＿＿ 收款人姓名＿＿＿＿ 开户行＿＿＿＿
　　　　　账号2＿＿＿＿ 收款人姓名＿＿＿＿ 开户行＿＿＿＿

关联账户

	网银/手机银行	电话银行	短信平台	借记卡
账号1＿＿＿＿	☐	☐	☐	☐
账号2＿＿＿＿	☐	☐	☐	☐
账号3＿＿＿＿	☐	☐	☐	☐
账号4＿＿＿＿	☐	☐	☐	☐

投资理财

理财客户	☐签约（另请签订服务协议）签约账号　☐同交易卡号/账号　☐其他		
基金代销	☐开通（另请签订服务协议）	储蓄式记账式国债	☐储蓄式国债开通 资金账号＿＿＿＿ ☐同交易卡号/账号 ☐记账式国债开通 ☐其他＿＿＿＿
第三方存管/B股银证转账	☐开通（另请签订服务协议）		
银期转账	☐开通　资金账号 ☐同交易卡号/账号　☐其他＿＿＿＿		

本人承诺上述所提供的开户资料真实、有效，如有伪造、欺诈，自愿承担法律责任。
本人已阅读并了解本申请表中“个人账户开户及综合服务协议书”的有关条款，保证遵照该协议的有关规定，客户须知，服务协议和银行最新的业务章程、业务规则，业务规定办理相关业务。
申请人（代办人）签字：林祥瑞　2022 年 08 月 25 日　银行签章：＿＿＿＿　经办人：＿＿＿＿

表 4－7 **开立单位银行结算账户申请书**

存款人名称	广州番禺建筑有限公司					
地址	广东省广州市番禺工业路 888 号				邮编	511483
存款人类别	A. 企业法人			组织机构代码		874403256562863423
法定代表人 ☑ 单位负责人 □	姓名	陈晓芬		财务负责人/ 联系人	姓名	程磊
	证件种类	身份证			联系电话	18999995555
	证件号码	425025197210122343			电子邮箱	998876548@ qq. com
行业分类	E. 建筑业	注册资金		10, 000 万	地区代码	998
经营范围	主营范围：建筑工程、建筑装饰工程，景观工程，机电设备安装工程，安防工程，土石方工程，钢结构工程，水电安装工程等					
证明文件种类	☑工商营业执照 □批文 □登记证书 □开户证明 □企业名称预先核准通知书 □其他					
证明文件编号	66550300MH5L5DBW8B					

关联企业信息填列在“关联企业登记表”上

账户性质	□基本 ☑一般 □专用 临时（□验资类 □非验资类）				
资金性质	A. 基本建设资金	专用户取现	□是 □否	临时户有效日至	年 月 日

有上级法人或主管单位/控股股东或实际控制人的应填写以下内容：

上级法人或主管单位/控股股东或实际控制人名称		法定代表人（ ） 单位负责人（ ）	姓名	
基本开户许可证核准号			证件种类	
组织机构代码			证件号码	

对账服务：

对账方式	□纸质对账（请填列以下内容） ☑电子对账（须另签电子对账协议）					
对账单送达放置	□委托投递 ☑客户自取（对账截止期后 日 □上门对账（须另签上门服务协议）					
定期对账频率	☑按银行确定的发送频率 □按月 □按季 □按半年 □按年					
客户自取经办人	姓名	程磊	证件种类	身份证	证件号码	440102197801230988
对账单回单印鉴					对账联系人	
对账单收件地址		邮编			对账联系电话	

以下栏目由开户银行审核后填写：

开户银行名称	模拟银行广州番禺支行			开户银行代码	0900099
账户名称	广州番禺建筑有限公司		账号	7003000667600008065	
基本存款账户开户许可证核准号	J6635000704556	开户日期	1990. 08. 10	备用金额度	

存款人声明： 本存款人申请开立人民币单位银行结算账户，承诺所提供的开户资料真实、有效。本存款人知悉并遵守《中国建设银行人民币单位银行结算账户管理协议》，开户银行已应要求作出解释。 本存款人对上述填写/打印信息确认无误。 法定代表人或授权经办人（签章） 存款人（公章） 2022 年 08 月 25 日	开户银行审核意见： 同意开户申请。 经办：黎达 复核：李晓萱 银行（签章） 2022 年 8 月 25 日	人民银行审核意见： （非核准类账户除外） 经办人（签章） 人民银行（签章） 年 月 日

表4－8　　中国××银行个人贷款放款通知书（客户联）

编号：202209997777

尊敬的客户　林祥瑞　：

根据与您签订的《借款合同》放款计划条款约定，我行于2022年08月25日发放贷款，并将款项转入指定账户。

本通知作为发放贷款通知的客户联，请您与《借款合同》一起妥善保管，收到本通知后，可核查您的贷款账户，如有不符，请持本通知及有关身份证件到我行查询。

本通知同时作为分期还款计划变更通知，请您按新的分期还款（本）额及其应付利息备足款项，并按时到银行归还贷款本息。如您已与我行签订了委托扣款协议，您应在委托扣款账户中存入足额款项。如委托扣款账户中没有足够扣划的款项，所造成的损失由您自行承担。

本次放款的有关事项通知如下：

客户姓名：林祥瑞	客户编号：70030006675
贷款账号：7003000667390000965	借款合同编号：0000001000
放款日期：2022年08月25日	本期发放：￥400,000.00元
累计发放金额：￥400,000.00元	贷款余额：￥600,000.00元
还款方式：等额本息	新分期还款（本）额：￥2,729.01元

特此通知！

中国××银行广州番禺支行（个贷中心）

2022年08月20日

表4－9　　中国××银行个人贷款（手工）借据

（贷3006）V.202210　　日期：2022年08月25日　　借据编号：202290000001001

<table>
<tr><td>借款人姓名</td><td>林祥瑞</td><td>放款账号户名</td><td>广州番禺建筑有限公司</td><td>放款账号</td><td colspan="7">7003000667600008065</td></tr>
<tr><td rowspan="2">借款金额</td><td colspan="3" rowspan="2">人民币（大写）零佰肆拾万零仟零佰圆整</td><td>佰万</td><td>拾万</td><td>万</td><td>仟</td><td>佰</td><td>拾</td><td>元</td></tr>
<tr><td>￥</td><td>4</td><td>0</td><td>0</td><td>0</td><td>0</td><td>0</td></tr>
<tr><td>借款期限</td><td colspan="4">240月（从2022年08月25日至2042年08月25日）</td><td colspan="3">年利率</td><td colspan="3">5.4%</td></tr>
<tr><td>借款用途</td><td>购买住房</td><td>还款方式</td><td colspan="2">等额本息</td><td colspan="4">首次还本月数</td><td colspan="2">壹</td></tr>
<tr><td colspan="11">本人保证上列借款按所填用途使用，并按所填还款方式按期归还贷款本金和利息。
借款人签名：林祥瑞　　日期：2022年08月25日</td></tr>
</table>

经办人：吴天　　复核：李丽　　记账员：天李印晓

表 4－10　　　　中国××银行个人贷款提前还款申请审批表

经办单位：中国××银行银广州番禺支行　　　　　　　　　　　　　报送日期：　2023 年 08 月 26 日

<table>
<tr><td>借款人姓名</td><td>林祥瑞</td><td>贷款合同号</td><td>0000001000</td></tr>
<tr><td>贷款品种</td><td>个人住房贷款</td><td>还款方式</td><td>等额本息</td></tr>
<tr><td>合同签订日期</td><td>2022. 08. 25</td><td>贷款到期日期</td><td>2042. 08. 25</td></tr>
<tr><td>提前还款类型</td><td>□全部还清　☑部分还款</td><td>贷款余额</td><td>￥388, 571. 83</td></tr>
<tr><td>本期提前偿还本金</td><td>￥150, 000. 00</td><td>还款账号</td><td>7003000667300008206</td></tr>
<tr><td>违约金</td><td colspan="3">按贷款合同第＿七＿条约定收取违约金人民币＿0＿元。</td></tr>
<tr><td colspan="4">申请人声明</td></tr>
<tr><td colspan="4">本人由于资金充足，现向贵行申请提前偿还上述贷款，本人同时承诺上述约定还款账号中有足够资金用于扣收应付贷款本息，且本申请一经书面提出后即不再撤回。
对于剩余贷款，本人选择以下第＿2＿种方式偿还，并在提前部分还清后，按贵行提供的新“还款计划书”继续偿还剩余贷款本息。
1. 每期还款额不变，缩短贷款期限；　2. 贷款期限不变，减少每期还款额。
3. ＿＿＿＿＿＿＿＿＿＿
申请人：（签字）林祥瑞
2023 年 08 月 26 日
签字见证人：黎明</td></tr>
<tr><td colspan="4">经办人意见：
同意。
客户经理：（签字）李娉婷
2023 年 09 月 10 日</td></tr>
<tr><td colspan="4">经营单位负责人意见：
同意。
行长签字：李大鹏
2023 年 09 月 10 日</td></tr>
</table>

【实训 3】客户李晓霞女士持有效身份证件及相关资料来行办理“短期汽车消费贷款”，有关资料见表 4－11 至表 4－14。柜员完成贷款的发放及提前还贷收回业务。

表 4－11　　　　中国××银行个人贷款放款通知书（客户联）

编号：202209991001

尊敬的客户 李晓霞 ：

根据与您签订的《借款合同》放款计划条款约定，我行于2022 年 08 月 25 日发放贷款，并将款项转入指定账户。

本通知作为发放贷款通知的客户联，请您与《借款合同》一起妥善保管，收到本通知后，可核查您的贷款账户，如有不符，请持本通知及有关身份证件到我行查询。

本通知同时作为分期还款计划变更通知，请您按新的分期还款（本）额及其应付利息备足款项，并按时到银行归还贷款本息。如您已与我行签订了委托扣款协议，您应在委托扣款账户中存入足额款项。如委托扣款账户中没有足够扣划的款项，所造成的损失由您自行承担。

本次放款的有关事项通知如下：

客户姓名：李晓霞	客户编号：70030006674
贷款账号：7003000677790001000	借款合同编号：0000001000
放款日期：2022 年 08 月 25 日	本期发放：¥100,000 元
累计发放金额：¥100,000 元	贷款余额：¥100,000 元
还款方式：等额本金	新分期还款（本）额：¥8,698.33 元

特此通知！

中国××银行广州番禺支行（个贷中心）

2022 年 08 月 20 日

表 4－12　　　　中国××银行个人贷款（手工）借据

（贷 3007）V. 202228　　　　日期：2022 年 08 月 25 日　　　　借据编号：202290000001000

<table>
<tr><td>借款人姓名</td><td>李晓霞</td><td>放款账号户名</td><td>广州番禺汽车销售公司</td><td colspan="2">放款账号</td><td colspan="5">7003000667500008063</td></tr>
<tr><td rowspan="2">借款金额</td><td colspan="3" rowspan="2">人民币（大写）零佰壹拾万零仟零佰圆整</td><td>佰万</td><td>拾万</td><td>万</td><td>仟</td><td>佰</td><td>拾</td><td>元</td></tr>
<tr><td>¥</td><td>1</td><td>0</td><td>0</td><td>0</td><td>0</td><td>0</td></tr>
<tr><td>借款期限</td><td colspan="5">12 月（从 2022 年 08 月 25 日至 2023 年 08 月 25 日）</td><td colspan="3">年利率</td><td colspan="2">4.38 %</td></tr>
<tr><td>借款用途</td><td colspan="2">购买汽车</td><td>还款方式</td><td colspan="3">等额本金</td><td colspan="3">首次还本月数</td><td>壹</td></tr>
<tr><td colspan="11">本人保证上列借款按所填用途使用，并按所填还款方式按期归还贷款本金和利息。
借款人签名：李晓霞　　　　日期：2022 年 08 月 25 日</td></tr>
</table>

经办人：吴天　　　　复核：李丽　　　　记账员：天李印晓

表 4－13　　**中国××银行个人贷款分期还款计划表**

机构号：20229000　　机构名称：模拟银行广州番禺区支行

借据编号：202290000001000　　单位：元

模拟银行广州番禺支行 2022.08.25 业务专用章(3)

年限：1 年；期数：12 期；年利率 4.38%；贷款额：10 万元；月供：　　元

期数	每期还款额	本期应还本金	本期应还利息	剩余本金
1	8, 698. 33	8, 333. 33	365. 00	91, 666. 67
2	8, 667. 92	8, 333. 33	334. 58	83, 333. 33
3	8, 637. 50	8, 333. 33	304. 17	75, 000. 00
4	8, 607. 08	8, 333. 33	273. 75	66, 666. 67
5	8, 576. 67	8, 333. 33	243. 33	58, 333. 33
6	8, 546. 25	8, 333. 33	212. 92	50, 000. 00
7	8, 515. 83	8, 333. 33	182. 50	41, 666. 67
8	8, 485. 42	8, 333. 33	152. 08	33, 333. 33
9	8, 455. 00	8, 333. 33	121. 67	25, 000. 00
……	……	……	……	……
12	8, 363. 75	8, 333. 33	30. 42	0. 00
合计	102, 372. 50	100, 000. 00	2, 372. 50	—

表 4－14　　**中国××银行个人贷款提前还款申请审批表**

经办单位：中国××银行银广州番禺支行　　报送日期：　2023 年 08 月 27 日

借款人姓名	李晓霞	贷款合同号	0000001000
贷款品种	个人汽车贷款	还款方式	等额本息
合同签订日期	2022. 08. 25	贷款到期日期	2023. 08. 25
提前还款类型	□全部还清　☑部分还款	贷款余额	￥50, 000. 00 元
本期提前偿还本金	￥30, 000. 00 元	还款账号	7003000677700008205
违约金	按贷款合同第___七___条约定收取违约金人民币___0___元。		
申请人声明			

本人由于资金充足，现向贵行申请提前偿还上述贷款，本人同时承诺上述约定还款账号中有足够资金用于扣收应付贷款本息，且本申请一经书面提出后即不再撤回。

对于剩余贷款，本人选择以下第__2__种方式偿还，并在提前部分还清后，按贵行提供的新“还款计划书”继续偿还剩余贷款本息。

1. 每期还款额不变，缩短贷款期限；　2. 贷款期限不变，减少每期还款额。

3. ____________________________

申请人：（签字）李晓霞

2023 年 08 月 27 日

签字见证人：李晓天

续表

经办人意见： 同意。 客户经理：（签字）李娉婷 2023年09月10日
经营单位负责人意见： 同意。 行长签字：李大鹏 2023年09月10日

【实训4】客户林祥瑞先生持有效身份证件及相关资料来行办理“中长期汽车消费贷款”，有关资料见表4-15至表4-18。柜员完成贷款的发放及提前还贷收回业务。

表4-15　　　　中国××银行个人贷款放款通知书

编号：20220999203

尊敬的客户 林祥瑞 ：

根据与您签订的《借款合同》放款计划条款约定，我行于2022年08月25日发放贷款，并将款项转入指定账户。

本通知作为发放贷款通知的客户联，请您与《借款合同》一起妥善保管，收到本通知后，可核查您的贷款账户，如有不符，请持本通知及有关身份证件到我行查询。

本通知同时作为分期还款计划变更通知，请您按新的分期还款（本）额及其应付利息备足款项，并按时到银行归还贷款本息。如您已与我行签订了委托扣款协议，您应在委托扣款账户中存入足额款项。如委托扣款账户中没有足够扣划的款项，所造成的损失由您自行承担。

本次放款的有关事项通知如下：

客户姓名：林祥瑞	客户编号：70030006675
贷款账号：7003000677790001070	借款合同编号：0000001070
放款日期：2022年08月25日	本期发放：￥180,000元
累计发放金额：￥180,000元	贷款余额：￥180,000元
还款方式：等额本息	新分期还款（本）额：￥5,378.61元

特此通知！

中国××银行广州番禺支行（个贷中心）

2022年08月20日

表 4－16　　中国××银行个人贷款（手工）借据

（贷 3007）V. 202248　　日期：2022 年 08 月 25 日　　借据编号：202290000001070

借款人姓名	林瑞祥	放款账号户名	广州番禺汽车销售公司	放款账号	7003000667500008063					
借款金额	人民币（大写）零 佰 壹 拾 捌万 零 仟 零 佰圆整			佰万	拾万	万	仟	佰	拾	元
				￥	1	8	0	0	0	0
借款期限	36 月（从 2022 年 08 月 25 日至　2025 年 08　月　25 日）				年利率			4.8 %		
借款用途	购买汽车	还款方式	等额本息		首次还本月数					壹
本人保证上列借款按所填用途使用，并按所填还款方式按期归还贷款本金和利息。借款人签名：林瑞祥　日期：2022 年 08 月 25 日										

模拟银行广州番禺支行 2022.08.25 业务专用章(3)

经办人：吴天　　复核：李丽　　记账员：天李印晓

表 4－17　　中国××银行个人贷款分期还款计划表

借据编号：202290000001070　　单位：元

年限：3 年；期数：36 期；年利率 4.8%；贷款额：18 万元；月供：5,378.61 元

模拟银行广州番禺支行 2022.08.25 业务专用章(3)

期数	每期还款额	本期应还本金	本期应还利息	剩余本金
1	5,378.61	4,658.61	720.00	175,341.39
2	5,378.61	4,677.25	701.37	170,664.14
3	5,378.61	4,695.96	682.66	165,968.18
4	5,378.61	4,714.74	663.87	161,253.44
5	5,378.61	4,733.60	645.01	156,519.84
6	5,378.61	4,752.53	626.08	151,767.31
7	5,378.61	4,771.54	607.07	146,995.77
……	5,378.61	……	……	……
合计	193,630.07	180,000.00	13,630.07	—

表4－18　　中国××银行个人贷款提前还款申请审批表

经办单位：中国××银行银广州番禺支行　　　　报送日期：　2023年08月27日

<table>
<tr><td>借款人姓名</td><td>林祥瑞</td><td>贷款合同号</td><td>0000001070</td></tr>
<tr><td>贷款品种</td><td>个人汽车贷款</td><td>还款方式</td><td>等额本息</td></tr>
<tr><td>合同签订日期</td><td>2022.08.25</td><td>贷款到期日期</td><td>2023.08.25</td></tr>
<tr><td>提前还款类型</td><td>☐全部还清　☑部分还款</td><td>贷款余额</td><td>￥122,850.22元</td></tr>
<tr><td>本期提前偿还本金</td><td>￥70,000.00元</td><td>还款账号</td><td>7003000667300008206</td></tr>
<tr><td>违约金</td><td colspan="3">按贷款合同第＿七＿条约定收取违约金人民币＿0＿元。</td></tr>
<tr><td colspan="4">申请人声明</td></tr>
<tr><td colspan="4">本人由于资金充足，现向贵行申请提前偿还上述贷款，本人同时承诺上述约定还款账号中有足够资金用于扣收应付贷款本息，且本申请一经书面提出后即不再撤回。
对于剩余贷款，本人选择以下第＿2＿种方式偿还，并在提前部分还清后，按贵行提供的新“还款计划书”继续偿还剩余贷款本息。
1. 每期还款额不变，缩短贷款期限；　2. 贷款期限不变，减少每期还款额。
申请人：（签字）李晓霞
2023年　08　月　27　日
签字见证人：李晓天</td></tr>
<tr><td colspan="4">经办人意见：
同意。
客户经理：（签字）李娉婷
2023年　09月　10日</td></tr>
<tr><td colspan="4">经营单位负责人意见：
同意。
行长签字：李大鹏
2023年　09月　10日</td></tr>
</table>

【实训5】客户李晓霞女士持有效身份证件及相关资料来行办理“短期旅游消费贷款”业务，与该笔贷款相关的经销商为广东省沙湾旅游有限责任公司。根据表4－19至表4－22的内容完成贷款的发放及回收业务。

表 4－19　　开立单位银行结算账户申请书

存款人名称	广东省沙湾旅游有限责任公司				
地址	广东省广州市番禺沙湾路 888 号			邮编	511483
存款人类别	A. 企业法人		组织机构代码		874403256562865678
法定代表人 ☑ 单位负责人 ☐	姓名	杨建国	财务负责人/联系人	姓名	张平
	证件种类	身份证		联系电话	18999996756
	证件号码	425025196610122788		电子邮箱	324576548@ qq. com
行业分类	O. 居民服务	注册资金	400 万元	地区代码	998
经营范围	主营范围：旅游资源及旅游景点的开发利用；旅游工艺品制造，销售；旅游观光服务				
证明文件种类	☑工商营业执照　☐批文　☐登记证书　☐开户证明　☐企业名称预先核准通知书　☐其他				
证明文件编号	65650780MG5L5DTR8B				

关联企业信息填列在“关联企业登记表”上

账户性质	☐基本　☑一般　☐专用　临时（☐验资类　☐非验资类）				
资金性质	A. 基本建设资金	专用户取现	☐是　☐否	临时户有效日至	年　月　日

有上级法人或主管单位/控股股东或实际控制人的应填写以下内容：

上级法人或主管单位/控股股东或实际控制人名称		法定代表人（　） 单位负责人（　）	姓名	
基本开户许可证核准号			证件种类	
组织机构代码			证件号码	

对账服务：

对账方式	☐纸质对账（请填列以下内容）　☑电子对账（须另签电子对账协议）				
对账单送达放置	☐委托投递　☑客户自取（对账截止期后　日　☐上门对账（须另签上门服务协议）				
定期对账频率	☑按银行确定的发送频率　☐按月　☐按季　☐按半年　☐按年				
客户自取经办人	姓名　张平	证件种类	身份证	证件号码	440102198501250978
对账单回单印鉴				对账联系人	
对账单收件地址		邮编		对账联系电话	

以下栏目由开户银行审核后填写：

开户银行名称	模拟银行广州番禺支行			开户银行代码	0900099
账户名称	广东省沙湾旅游有限责任公司		账号	7003000677800008206	
基本存款账户开户许可证核准号	J6635000704556	开户日期	1990. 08. 10	备用金额度	

存款人声明： 本存款人申请开立人民币单位银行结算账户，承诺所提供的开户资料真实、有效。本存款人知悉并遵守《中国建设银行人民币单位银行结算账户管理协议》，开户银行已应要求作出解释。 本存款人对上述填写/打印信息确认无误。 法定代表人或授权经办人（签章） 广东省沙湾旅游有限责任公司 存款人（公章） 2022 年 8 月 25 日	开户银行审核意见： 同意开户申请。 经办：黎达 复核：李晓萱 模拟银行广州番禺支行 业务公章 银行（签章） 2022 年 8 月 25 日	人民银行审核意见： （非核准类账户除外） 经办人（签章） 人民银行（签章） 年　月　日

表4-20 **中国××银行个人贷款（手工）借据**

（贷3007）V. 202298　　日期：2022年08月25日　　借据编号：202290000001001

<table>
<tr><td>借款人姓名</td><td>李晓霞</td><td>放款账号户名</td><td>广东省沙湾旅游有限责任公司</td><td>放款账号</td><td colspan="7">7003000677800008206</td></tr>
<tr><td rowspan="2">借款金额</td><td colspan="3" rowspan="2">人民币（大写）零佰零拾捌万零仟零佰圆整</td><td>佰万</td><td>拾万</td><td>万</td><td>仟</td><td>佰</td><td>拾</td><td>元</td></tr>
<tr><td></td><td>￥</td><td>5</td><td>0</td><td>0</td><td>0</td><td>0</td></tr>
<tr><td>借款期限</td><td colspan="4">36月（从2022年08月25日至 2023年08 月 25日）</td><td colspan="2">年利率</td><td colspan="4">4.8%</td></tr>
<tr><td>借款用途</td><td>个人旅游贷款</td><td>还款方式</td><td>等额本息</td><td colspan="3">首次还本月数</td><td colspan="4">壹</td></tr>
<tr><td colspan="11">本人保证上列借款按所填用途使用，并按约定还款方式按期归还贷款本金和利息。
借款人签名：李晓霞　　日期：2022年08月25日</td></tr>
</table>

模拟银行广州番禺支行 2022.08.25 业务专用章(3)

经办人：吴天　　复核：李丽　　记账员：李晓天印

表4-21 **中国××银行个人贷款分期还款计划表**

机构号：20229000　　机构名称：模拟银行广州番禺区支行

借据编号：202290000001001　　单位：元

模拟银行广州番禺支行 2022.08.25 业务专用章(3)

年限：3年；期数：36期；年利率4.8%；贷款额：5[illegible]元；月供：1,494.06元

期数	每期还款额	本期应还本金	本期应还利息	剩余本金
1	1,494.06	1,294.06	200.00	48,705.94
2	1,494.06	1,299.24	194.82	47,406.71
3	1,494.06	1,304.43	189.63	46,102.27
4	1,494.06	1,309.65	184.41	44,792.62
5	1,494.06	1,314.89	179.17	43,477.73
6	1,494.06	1,320.15	173.91	42,157.59
7	1,494.06	1,325.43	168.63	40,832.16
8	1,494.06	1,330.73	163.33	39,501.43
9	1,494.06	1,336.05	158.01	38,165.37
10	1,494.06	1,341.40	152.66	36,823.98
……	5,378.61	……	……	……
合计	53,786.13	50,000.00	3,786.13	—

表 4 – 22　　　　中国××银行个人贷款提前还款申请审批表

经办单位：中国××银行银广州番禺支行　　　　报送日期：2023 年 08 月 27 日

<table>
<tr><td>借款人姓名</td><td>李晓霞</td><td>贷款合同号</td><td>0000001001</td></tr>
<tr><td>贷款品种</td><td>个人旅游消费贷款</td><td>还款方式</td><td>等额本息</td></tr>
<tr><td>合同签订日期</td><td>2022. 08. 25</td><td>贷款到期日期</td><td>2023. 08. 25</td></tr>
<tr><td>提前还款类型</td><td>☑全部还清　□部分还款</td><td>贷款余额</td><td>￥34, 125. 06 元</td></tr>
<tr><td>本期提前偿还本金</td><td>￥34, 125. 06 元</td><td>还款账号</td><td>7003000677700008205</td></tr>
<tr><td>违约金</td><td colspan="3">按贷款合同第　七　条约定收取违约金人民币　0　元。</td></tr>
<tr><td colspan="4">申请人声明</td></tr>
<tr><td colspan="4">本人由于资金充足，现向贵行申请提前偿还上述贷款，本人同时承诺上述约定还款账号中有足够资金用于扣收应付贷款本息，且本申请一经书面提出后即不再撤回。
对于剩余贷款，本人选择以下第　2　种方式偿还，并在提前部分还清后，按贵行提供的新“还款计划书”继续偿还剩余贷款本息。
1. 每期还款额不变，缩短贷款期限；　2. 贷款期限不变，减少每期还款额。
3. ____________________
申请人：（签字）李晓霞
2023 年 08 月 27 日
签字见证人：李晓天</td></tr>
<tr><td colspan="4">经办人意见：
同意。
客户经理：（签字）李娉婷
2023 年 09 月 10 日</td></tr>
<tr><td colspan="4">经营单位负责人意见：
同意。
行长签字：李大鹏
2023 年 09 月 10 日</td></tr>
</table>

【实训 6】客户林瑞祥先生来行办理“中长期助学贷款”业务，与该笔贷款相关的单位为广州番禺理工大学。根据表 4 – 23、表 4 – 24 的内容完成贷款的发放。

表 4－23 　　　　**开立单位银行结算账户申请书**

存款人名称	广州番禺理工大学					
地址	广东省广州市番禺沙湾路999号				邮编	511483
存款人类别	D. 实行预算管理的事业单位			组织机构代码		874403456782865699
法定代表人 ☑ 单位负责人 ☐	姓名	何建民	财务负责人/ 联系人		姓名	罗萍
	证件种类	身份证			联系电话	18999992222
	证件号码	425025196310182777			电子邮箱	222276548@qq.com
行业分类	P. 教育业	注册资金			地区代码	998
经营范围	主营范围：高等教育					
证明文件种类	☐工商营业执照　☐批文　☑登记证书　☐开户证明　☐企业名称预先核准通知书　☐其他					
证明文件编号	99990780KL5L5DTR8B					

关联企业信息填列在"关联企业登记表"上

账户性质	☐基本　☑一般　☐专用　临时（☐验资类　☐非验资类）					
资金性质	A. 基本建设资金	专用户取现	☐是　☐否	临时户有效日至		年　月　日

有上级法人或主管单位/控股股东或实际控制人的应填写以下内容：

上级法人或主管单位/控股股东或实际控制人名称		法定代表人（　） 单位负责人（　）	姓名	
基本开户许可证核准号			证件种类	
组织机构代码			证件号码	

对账服务：

对账方式	☐纸质对账（请填列以下内容）　　☑电子对账（须另签电子对账协议）				
对账单送达放置	☐委托投递　☑客户自取（对账截止期后　日　☐上门对账（须另签上门服务协议）				
定期对账频率	☑按银行确定的发送频率　☐按月　☐按季　☐按半年　☐按年				
客户自取经办人	姓名　罗萍	证件种类	身份证	证件号码	440102198104250777
对账单回单印鉴				对账联系人	
对账单收件地址		邮编		对账联系电话	

以下栏目由开户银行审核后填写：

开户银行名称	模拟银行广州番禺支行			开户银行代码	0900099
账户名称	番禺理工大学		账号	7003000678000008208	
基本存款账户开户许可证核准号	J6565000704545	开户日期	1993.08.10	备用金额度	

存款人声明： 本存款人申请开立人民币单位银行结算账户，承诺所提供的开户资料真实、有效。本存款人知悉并遵守《中国建设银行人民币单位银行结算账户管理协议》，开户银行已应要求作出解释。 本存款人对上述填写/打印信息确认无误。 法定代表人或授权经办人（签章） 存款人（公章） 2022年08月25日	开户银行审核意见： 同意开户申请。 经办：黎达 复核：李晓萱 银行（签章） 2022年8月25日	人民银行审核意见： （非核准类账户除外） 经办人（签章） 人民银行（签章） 年　月　日

表 4-24 **中国××银行个人贷款（手工）借据**

（贷 3007）V. 202257 日期：2022 年 08 月 25 日 借据编号：202290000001002

<table>
<tr><td>借款人姓名</td><td>林瑞祥</td><td>放款账号户名</td><td>广州番禺理工大学</td><td colspan="2">放款账号</td><td colspan="5">7003000678000008208</td></tr>
<tr><td rowspan="2">借款金额</td><td colspan="3" rowspan="2">人民币（大写）零 佰 零 拾 陆万 零 仟 零 佰圆整</td><td>佰万</td><td>拾万</td><td>万</td><td>仟</td><td>佰</td><td>拾</td><td>元</td></tr>
<tr><td></td><td>¥</td><td>6</td><td>0</td><td>0</td><td>0</td><td>0</td></tr>
<tr><td>借款期限</td><td colspan="5">48 月（从 2022 年 08 月 25 日至 2026 年 08 月 25 日）</td><td colspan="3">年利率</td><td colspan="2">4.8 %</td></tr>
<tr><td>借款用途</td><td colspan="2">助学贷款</td><td>还款方式</td><td colspan="2">到期一次还本付息</td><td colspan="3">首次还本月数</td><td colspan="2"></td></tr>
<tr><td colspan="11">本人保证上列借款按所填用途使用，并按所填还款方式按期归还贷款本金和利息。
模拟银行广州番禺支行 2022.08.25 业务专用章(3)
借款人签名：林瑞祥 日期： 2022 年 08 月 25 日</td></tr>
</table>

经办人：昊天 复核：李丽 记账员：李晓天印

【实训 7】

对公客户广东番禺自动化系统有限公司来行办理“工业短期抵押质押贷款”业务。相关资料见表 4-25 至表 4-28。

（1）本行审批通过其贷款申请，柜员办理全额发放业务。

（2）5 个月后因无力偿还贷款，前来我行办理展期，展期 1 个月，新的贷款利率 6‰。

（3）7 个月后，公司财务人员来我行全部偿还贷款。

表 4－25　　　　**开立单位银行结算账户申请书**

存款人名称	广东番禺自动化系统有限公司				
地址	广东省广州市番禺繁华路9号			邮编	511483
存款人类别	A. 企业法人		组织机构代码		79247879—X
法定代表人 ☑ 单位负责人 □	姓名	吴福海	财务负责人/ 联系人	姓名	张悦
	证件种类	身份证		联系电话	02044448888
	证件号码	430102197407286419		电子邮箱	
行业分类	C. 制造业	注册资金	1,000 万元	地区代码	
经营范围	主营范围：精密数控机械设备、工业机器人、驱动系统集成、智能自动化设备研发、设计、制造与销售等				
证明文件种类	☑工商营业执照　□批文　□登记证书　□开户证明　□企业名称预先核准通知书　□其他				
证明文件编号	65650700AH5L5DBW7C				

关联企业信息填列在“关联企业登记表”上

账户性质	□基本　☑一般　□专用　临时（□验资类　□非验资类）				
资金性质	A. 基本建设资金	专用户取现	□是　□否	临时户有效日至	年　月　日

有上级法人或主管单位/控股股东或实际控制人的应填写以下内容：

上级法人或主管单位/控股股东或实际控制人名称		法定代表人（　） 单位负责人（　）	姓名	
基本开户许可证核准号			证件种类	
组织机构代码			证件号码	

对账服务：

对账方式	□纸质对账（请填列以下内容）　☑电子对账（须另签电子对账协议）				
对账单送达放置	□委托投递　☑客户自取（对账截止期后　日　□上门对账（须另签上门服务协议）				
定期对账频率	☑按银行确定的发送频率　□按月　□按季　□按半年　□按年				
客户自取经办人	姓名	张悦	证件种类	身份证	证件号码 430102198302240925
对账单回单印鉴				对账联系人	
对账单收件地址		邮编		对账联系电话	

以下栏目由开户银行审核后填写：

开户银行名称	模拟银行广州番禺支行			开户银行代码	0900099
账户名称	广东番禺自动化系统有限公司		账号	7003000679200008225	
基本存款账户开户许可证核准号	J6645000705678	开户日期	1998.08.10	备用金额度	

存款人声明： 本存款人申请开立人民币单位银行结算账户，承诺所提供的开户资料真实、有效。本存款人知悉并遵守《中国建设银行人民币单位银行结算账户管理协议》，开户银行已应要求作出解释。 本存款人对上述填写/打印信息确认无误。 法定代表人或授权经办人（签章） 存款人（公章） 2022年08月25日	开户银行审核意见： 同意开户申请。 经办：黎达 复核：李晓萱 银行（签章） 2022年08月25日	人民银行审核意见： （非核准类账户除外） 经办人（签章） 人民银行（签章） 年　月　日

表 4－26　　中国××银行贷款发放通知书

致：财务部　　　　NO：2022009124

受理号：2022009016

经风控部审批决定，同意＿中国××银行广州番禺支行＿合同号0000001003 的借款申请，请在财务部收到放款通知单并生效的＿3＿个工作日内，按以下金额放款至指定收款账号，并提供放款回执给风控部。

申请人借款情况：

借款金额：￥1,000,000.00 元

借款类型：工业短期抵押质押贷款

借款期限：6 个月

还款方式：到期一次还本付息

收款账户名称：广东番禺自动化系统有限公司

收款账号：7003000679200008225

经办人：黎明　　　　复核人：方晓斌

---------- 回执 ----------

NO：2022009124

受理号：2022009016

财务部放款至指定收款账号，并提供放款银行回单复印件给风控部。

风控部接收人签字：蔡铭

表 4－27　　中国××银行借款借据（1）

<table>
<tr><td>借款人（单位）</td><td colspan="3">广东番禺自动化系统有限公司</td><td colspan="2">证件号码</td><td colspan="4">65650700AH5L5DBW7C</td></tr>
<tr><td>借款种类</td><td colspan="2">流动资金贷款</td><td>借款用途</td><td colspan="2">购进设备配件</td><td colspan="4">月利率　5 ‰</td></tr>
<tr><td>贷款账户账号</td><td colspan="3">7003000679290001003</td><td colspan="2">存款账户账号</td><td colspan="4">7003000679200008225</td></tr>
<tr><td colspan="10">借款金额（大写）壹佰万元整
千 百 十 万 千 百 十 元 角 分
￥ 1 0 0 0 0 0 0 0 0</td></tr>
<tr><td>借款日期</td><td colspan="3">2022 年 08 月 25 日</td><td colspan="2">到期日期</td><td colspan="4">2023 年 02 月 25 日</td></tr>
<tr><td rowspan="4">还款登记</td><td>年</td><td>月</td><td>日</td><td>还本金额</td><td>还息金额</td><td>结欠本金</td><td>结欠利息</td><td colspan="2">经办员</td></tr>
<tr><td></td><td></td><td></td><td></td><td></td><td></td><td></td><td colspan="2"></td></tr>
<tr><td></td><td></td><td></td><td></td><td></td><td></td><td></td><td colspan="2"></td></tr>
<tr><td></td><td></td><td></td><td></td><td></td><td></td><td></td><td colspan="2"></td></tr>
<tr><td colspan="5">兹根据 0000001003 号合同办理此笔贷款。
借款人（单位）签章：广东番禺自动化系统有限责任公司
法定代表人签字：吴福海
经手人签字：章云
2022 年 08 月 25 日</td><td colspan="5">贷款单位：中国××银行广州番禺支行
审批人：吴飞宇
信贷员：黎明
2022 年 08 月 25 日</td></tr>
</table>

表 4－28　　贷款展期申请书

<table>
<tr><td>申请人</td><td colspan="3">广东番禺自动化系统有限公司</td><td>贷款户账号</td><td colspan="8">7003000679290001003</td></tr>
<tr><td rowspan="2">原借款种类</td><td rowspan="2">流动资金抵押贷款</td><td rowspan="2">原合同编　号</td><td rowspan="2">0000001003</td><td>原借款日期</td><td colspan="8">2022 年 08 月 25 日</td></tr>
<tr><td>原还款日期</td><td colspan="8">2023 年 02 月 25 日</td></tr>
<tr><td rowspan="2">原借款金额</td><td colspan="4" rowspan="2">人民币（大写）壹佰万元整</td><td>千</td><td>百</td><td>十</td><td>万</td><td>千</td><td>百</td><td>十</td><td>元</td></tr>
<tr><td>¥</td><td>1</td><td>0</td><td>0</td><td>0</td><td>0</td><td>0</td><td>0</td></tr>
<tr><td rowspan="2">申请展期金额</td><td colspan="4" rowspan="2">人民币（大写）壹佰万元整</td><td>千</td><td>百</td><td>十</td><td>万</td><td>千</td><td>百</td><td>十</td><td>元</td></tr>
<tr><td>¥</td><td>1</td><td>0</td><td>0</td><td>0</td><td>0</td><td>0</td><td>0</td></tr>
<tr><td rowspan="2">申请展期还款日期及金额</td><td>日　期</td><td colspan="2">2023 年 03 月 25 日</td><td>年　月　日</td><td colspan="8">年　月　日</td></tr>
<tr><td>金　额</td><td colspan="2"></td><td></td><td colspan="8"></td></tr>
<tr><td>申请展期还款理由</td><td colspan="12">因存货的市场价格变动，造成周转资金积压……
因此，特向银行申请借款展期一个月。
申请人：广东番禺自动化系统有限公司
2023 年 01 月 04 日</td></tr>
<tr><td>担保人意见</td><td colspan="12">同意展期 1 个月，按原合同承担担保义务，补办抵（质）押登记手续，如若造成损失，承担赔偿责任。
担保人：广东番禺自动化系统有限公司
2023 年 01 月 04 日</td></tr>
<tr><td colspan="13">调查情况：
……
调查人：张希
2023 年 01 月 10 日</td></tr>
<tr><td colspan="13">信贷员意见：
同意。
信贷员：黎明
2023 年 01 月 15 日</td></tr>
<tr><td colspan="13">部门负责人意见：
同意。
部门负责人：李晓萱
2023 年 01 月 20 日</td></tr>
<tr><td colspan="13">审批人意见：
同意。
审批人：吴飞宇
2023 年 01 月 21 日</td></tr>
</table>

【实训 8】

对公客户广东省沙湾旅游有限责任公司办理“商业短期抵押质押贷款”业务。相关资料见表 4－19、表 4－29 至表 4－31。

（1）本行审批通过其贷款申请，柜员办理全额发放业务。

（2）公司盈利良好提前还款90,000元。

（3）贷款到期后被结转为不良贷款。

（4）柜员在盘点的时候，将此笔不良贷款核销。

（5）将此笔贷款的欠息进行拆笔自动收息。

表4－29　　中国××银行贷款发放通知书

致：财务部　　　　NO：2022009125

受理号：2022009017

经风控部审批决定，同意＿中国××银行广州番禺支行＿合同号0000001004的借款申请，请在财务部收到放款通知单并生效的3个工作日内，按以下金额放款至指定收款账号，并提供放款回执给风控部。

申请人借款情况：

借款金额：￥30,000.00元

借款类型：商业短期抵押质押贷款

借款期限：1年

还款方式：等额本息

收款账户名称：广东省沙湾旅游有限责任公司

收款账号：7003000677800008206

经办人：黎明　　　　复核人：方晓斌

------回执------

NO：2022009124

受理号：2022009016

财务部放款至指定收款账号，并提供放款银行回单复印件给风控部。

风控部接收人签字：蔡铭

表4－30　　中国××银行借款借据（1）

借款人（单位）	广东省沙湾旅游有限责任公司			证件号码	65650780MG5L5DTR8B			
借款种类	商业短期抵押贷款		借款用途	装修工程	月利率　5‰			
贷款账户账号	7003000677890001004			存款账户账号	7003000677800008206			
借款金额（大写）叁拾万元整					千百十万千百十元角分			
					￥ 3 0 0 0 0 0 0 0			
借款日期	2022年08月25日			到期日期	2023年02月25日			
还款登记	年	月	日	还本金额	还息金额	结欠本金	结欠利息	经办员

兹根据　0000001004　号合同办理此笔贷款。 借款人（单位）签章：广东省沙湾旅游有限责任公司 法定代表人签字：杨建国 经手人签字：章云 （印章：广东省沙湾旅游有限责任公司） 年　月　日	贷款单位：中国××银行广州番禺支行 审批人：吴飞宇 信贷员：黎明 年　月　日

表 4－31 **提前还款申请审批表**

申请人（单位）	广东省沙湾旅游有限责任公司	联系电话	02088825578
证件号码	65650780MG5L5DTR8B	已还款期数	6
借据号	202260000001004	拟还款日期	2023. 03. 20
拟申请还款本金	￥90, 000. 00 元	还款账户	☑默认 □其他________
还款种类	□全部结清　☑部分还款		
处理规则	借款人应该按照预计还款本息合计金额在约定存款入账时间之前存入还款指定账户，如遇存款不足，按照以下方法处理： ☑自动取消本次提前还款申请；□按照还款账户余额进行还款		
以下内容由银行填写：			
预计还款本息合计	￥90, 761. 22 元	存款入账时间	2023. 03. 10
申请情况	☑支付申请提前还款本金金额的__2__%作为违约金，金额为￥1, 800. 00 元。 □符合其他豁免违约金条件________ 申请人（单位）：广东省沙湾旅游有限责任公司 日期：2023 年 02 月 01 日		
银行审批意见	同意。 受理人：刘婷 日期：2023 年 02 月 15 日		
	豁免违约金审批意见： 同意。 审批人：李大鹏 日期：2023 年 02 月 15 日		

项目五
银行卡业务实训与练习

【学习目标】

通过本项目学习，掌握银行卡的分类和功能、熟悉办理银行卡业务应遵循的操作规程，熟悉银行卡的挂失、解挂、销户等业务流程。

【标志性成果】

办理银行卡开户、存款、取款、换卡、挂失、销户等业务而开立的账户及重要凭证单据。

【重点难点】

重点：银行卡开户、存款、取款、换卡、挂失、销户等业务系统操作。
难点：银行卡种类的划分与功能区别、借记卡和信用卡的业务操作流程。

【主要业务】

知识点/技能点	主要内容	处理方法
1. 银行卡综合知识	1.1 银行卡的分类	银行卡按其是否具有透支功能分为信用卡和借记卡两种；按发行主体不同分为境内卡和境外卡；按币种不同分为人民币卡、外币卡；按发行对象不同分为单位卡（商务卡）、个人卡；另外还有联名卡、社会保障卡等

续表

知识点/技能点	主要内容	处理方法
1. 银行卡综合知识	1.2 银行卡的载体	1. 实体卡片。目前常见的实体银行卡，有两种载体，分别为磁条卡与芯片卡。也有同时具有磁条和芯片的一体卡 2. 设备卡/虚拟卡。根据移动支付终端与各家银行签订的合作协议，合作银行的持卡人可以将借记卡和信用卡添加到对应的设备上，系统会分配一个唯一的设备账号。在银行的后台系统中，显示的交易账号并不是银行卡账号，而是另一个专用虚拟账号，该账号没有对应的实体卡片。这也保证了持卡人线上支付的安全性和私密性
	1.3 借记卡的相关知识	1. 借记卡的种类。借记卡按其功能不同，可分为借记卡（含转账卡）、专用卡、联名卡、储值卡等 2. 借记卡的基本功能。综合账户功能、通存通兑功能、商户消费功能、代收代付功能、理财服务功能
	1.4 联名卡、社会保障卡相关知识	1. 联名/认同卡。联名卡是指发卡银行与以盈利为目的的机构联手发行的银行卡附属产品。认同卡则是发卡行与非营利机构合作发行的银行卡附属产品 2. 社会保障卡。社会保障卡是政府面向社会发放，用于个人办理社会事务、享受社会保障及其他社会公共服务的电子身份凭证
2. 借记卡开卡业务	2.1 注意事项	检查客户提供的相关证件原件是否真实、有效；遵循个人分类账户的管理规定；同一客户在同一商业银行开立借记卡原则上不得超过4张；新开立借记卡，原则上需预留本人实名登记的手机号码
	2.2 业务流程	提出申请、点收现金、系统操作、交付凭证给客户 重要凭证：个人客户借记卡账户开户申请书、个人业务收费凭证、个人业务（存款）凭证等
	2.3 系统操作	个人客户借记卡开户，存入现金
3. 借记卡存取款业务	3.1 借记卡续存业务流程	提出申请、点收现金、系统操作、交付凭证和卡片给客户 重要凭证：个人存取款凭条、个人业务（存款）凭证等
	3.2 系统操作	个人客户账户查询、借记卡存款
	3.3 借记卡取款业务流程	提出申请、系统操作、清点现金、交付凭证、现金和卡片给客户 重要凭证：个人存取款凭条、个人业务（取款）凭证等
	3.4 系统操作	个人客户账户查询、借记卡取款
4. 借记卡销户业务	4.1 借记卡销户业务流程	提出申请、系统操作、结清账户、清点现金、剪卡回收、交付凭证和现金给客户 重要凭证：个人账户销户申请书、个人业务凭证等
	4.2 系统操作	个人客户账户查询、结清账户、借记卡销户
5. 借记卡特殊业务	5.1 借记卡挂失业务流程	提出申请、系统操作、收取手续费、交付凭证给客户 重要凭证：个人账户挂失申请书、收费凭证等
	5.2 系统操作	个人客户账户查询、账户挂失

续表

<table>
<tr><th>知识点/
技能点</th><th>主要内容</th><th colspan="3">处理方法</th></tr>
<tr><td rowspan="3">5. 借记卡特殊业务</td><td>5.3 挂失后续处理</td><td colspan="3">1. 撤销挂失。客户提出申请，核查后在挂失申请书上注明“××年×月×日撤销挂失”字样，经客户签字确认后，解除挂失
2. 挂失期满后的处理。存款挂失满七天后，经办行应根据客户的要求补发新银行卡或支取现金
系统操作：账户查询、借记卡解挂（换凭证）</td></tr>
<tr><td>5.4 银行卡修改密码业务</td><td colspan="3">流程：提出申请、账户查询、设置新密码
系统操作：账户查询、更改密码</td></tr>
<tr><td>5.5 其他特殊业务处理</td><td colspan="3">银行卡补写磁条、补开借记卡、银行卡补打对账单等</td></tr>
<tr><td rowspan="14">6. 信用卡综合知识</td><td>6.1 定义</td><td colspan="3">信用卡是持卡人可以在发卡银行给与的信用额度内透支的银行卡
按是否向发卡银行交存备用金，信用卡分为贷记卡、准贷记卡两类</td></tr>
<tr><td>6.2 种类</td><td colspan="3">根据对应的额度和权益差别分为普通卡和高级卡（如金卡、钻石卡等），按照发卡对象不同分为个人卡和商务卡（单位卡），个人卡又分为主卡和附属卡</td></tr>
<tr><td>6.3 功能</td><td colspan="3">消费结算、取现、转账等</td></tr>
<tr><td rowspan="10">6.4 借记卡和贷记卡的区别</td><td>种类</td><td>借记卡</td><td>贷记卡</td></tr>
<tr><td>申办条件</td><td>不进行资信审查，使用前需存款。须由本人填写申请表和签注领用合约，并提供本人有效身份证件。未成年人可由其直系亲属代办</td><td>视各发卡银行规定，需进行必要的资信审查，对符合申请条件的方予发卡及核定信用额度；根据各行不同规定，可免担保人、免保证金等</td></tr>
<tr><td>用款方式</td><td>存多少，用多少，不能透支</td><td>无需存款，先消费，后还款</td></tr>
<tr><td>免息还款期</td><td>无</td><td>20—60 天（根据各卡种章程规定）</td></tr>
<tr><td>信用额度</td><td>无</td><td>有</td></tr>
<tr><td>预借现金</td><td>无</td><td>有</td></tr>
<tr><td>循环信用</td><td>无</td><td>有</td></tr>
<tr><td>取现手续费</td><td>异地/跨行按照规定收取</td><td>异地手续费＋取现金额的一定比例</td></tr>
<tr><td>存款利息</td><td>有</td><td>无</td></tr>
<tr><td>6.5 信用卡开卡和还款的基本规定</td><td colspan="3">1. 开卡。个人申领信用卡和附属卡的规定、单位开立信用卡的规定、资信调查的基本内容、个人卡和单位卡申办需提供的资料
2. 还款。账单日期规定、分期还款规定</td></tr>
<tr><td rowspan="2">7. 信用卡开卡业务</td><td>7.1 业务流程</td><td colspan="3">提出申请、开立账户、卡片激活
重要凭证：个人客户信用卡申请书</td></tr>
<tr><td>7.2 系统操作</td><td colspan="3">个人客户账户开户，激活卡片</td></tr>
</table>

续表

知识点/技能点	主要内容	处理方法
8. 信用卡存款和预借现金业务	8.1 信用卡存款业务流程	提出申请、点收现金、系统操作、交付凭证和卡片给客户 重要凭证：个人存取款凭条、个人业务（存款）凭证等
	8.2 系统操作	个人客户账户查询、信用卡存款
	8.3 信用卡预借现金业务流程	提出申请、系统操作、清点现金、交付凭证、现金和卡片给客户 重要凭证：个人存取款凭条、个人业务（取款）凭证等
	8.4 系统操作	个人客户账户查询、信用卡取款
9. 信用卡现金转账业务	9.1 信用卡转账业务流程	提出申请、账户额度核实、系统操作、交付凭证和卡片给客户 重要凭证：个人业务凭证等
	9.2 系统操作	个人客户账户查询、额度核实、信用卡转账
10. 信用卡特殊业务	10.1 信用卡挂失业务流程	提出申请、系统操作、收取手续费、交付凭证给客户 重要凭证：个人账户挂失申请书、收费凭证等
	10.2 系统操作	个人客户账户查询、账户挂失
	10.3 挂失后续处理	1. 挂失补卡。挂失后持卡人至柜台办理挂失补卡手续，经办人按照银行规定收取挂失手续费和工本费，新卡制卡时间一般为2—3个工作日，卡片制好后通过邮寄方式送至持卡人。新卡卡号、背面CVV码要变更，但原有效期及其他资料不变。新卡需重新开通激活后使用 2. 信用卡解挂。信用卡挂失有两种：一种是永久挂失，另一种是临时挂失。永久挂失指正式挂失，挂失后不能撤销，无法解挂，持卡人需支付挂失费用；临时挂失指非正式的挂失，具有一定的有效期，银行暂时将卡片做冻结处理，在有效时间内可以解挂 3. 信用卡换卡。持卡人在银行卡有效期内，因自然磨损、磁条损坏及信用卡到期需要换卡时，发卡行应收回旧卡，或指导客户进行剪卡处理。并发新卡给客户，原银行卡的卡号不变 系统操作：账户查询、信用卡解挂
	10.4 信用卡销户业务	流程：提出申请、系统操作、结清账户、清点现金（若有）、剪卡回收、交付凭证和现金给客户 重要凭证：个人信用卡销户申请书、个人业务凭证等

【习题】

一、单选题

1. 按照发行主体不同，银行卡可分为（　　）。

A. 境内卡、境外卡　　B. 主卡、附属卡

C. 待发卡、预制卡　　D. 准贷记卡、贷记卡

2. 按照发行对象不同，银行卡可分为（　　）。

A. 境内卡、境外卡　　B. 借记卡、信用卡

C. 个人卡、单位卡　　D. 准贷记卡、贷记卡

3. 商业银行与营利性机构合作发行的银行卡品种是（　　）。

A. 贷记卡　　B. 借记卡

C. 联名卡　　D. 认同卡

4. 商业银行与非营利性机构合作发行的银行卡品种是（　　）。

A. 贷记卡　　B. 借记卡

C. 联名卡　　D. 认同卡

5. 储蓄卡属于（　　）。

A. 转账卡　　B. 专用卡

C. 储值卡　　D. 准贷记卡

6. 根据持卡人要求将其资金转至卡内，交易时直接从卡内扣款的预付钱包式借记卡是（　　）。

A. 专用卡　　B. 储值卡

C. 转账卡　　D. 认同卡

7. 贷记卡的免息还款期最长是（　　）。

A. 10 天　　B. 30 天

C. 45 天　　D. 60 天

8. 以下（　　）卡不记付利息。

A. 贷记卡　　B. 准贷记卡

C. 借记卡（不含储值卡）　　D. 招行一卡通

9. 借记卡持卡人可在发卡行网点、发卡行的自动柜员机上办理存款、取款等业务，此功能属于借记卡的（　　）功能。

A. 综合账户　　B. 代收代付

C. 通存通兑　　D. 商户消费

10. 根据《关于银行业打击治理电信网络新型违法犯罪有关工作事项的通知》（银监发〔2015〕48 号）的要求，同一客户在同一商业银行开立借记卡原则上不得超过（　　）张。

A. 5　　B. 4

C. 3　　D. 2

11. 银行卡客户销户之后，卡片应当（　　）。

A. 直接丢弃　　B. 按照规范剪卡

C. 将完整卡片进行存放　　D. 消除信息后可再次使用

12. 信用卡挂失完成后，信用卡中心制作新卡寄送给客户，新卡与原卡不相同的内容是（　　）。

A. 银联标志　　B. 卡片等级

C. 卡片有效期　　D. 背面的 CVV 码

二、多选题

1. 目前银行卡按载体可分为（　　）。
A. 磁条卡　　B. 芯片卡
C. 实体卡　　D. 磁条芯片一体卡
2. 信用卡按是否向发卡银行交存备用金可分为（　　）。
A. 贷记卡　　B. 联名卡
C. 准贷记卡　　D. 认同卡
3. 发卡银行对（　　）内的存款不计付利息。
A. 转账卡　　B. 储值卡
C. 贷记卡　　D. 准贷记卡
4. 银行卡的功能有（　　）。
A. 消费　　B. 跨行 ATM 转账
C. 代理收付　　D. 电话汇款
5. 转账卡具有以下（　　）功能。
A. 转账结算　　B. 存取现金
C. 消费　　D. 透支
6. 借记卡的基本功能有（　　）。
A. 综合账户　　B. 代收代付
C. 通存通兑　　D. 商户消费
7. 目前可以通过（　　）渠道申请办理信用卡。
A. 银行柜台　　B. 手机银行
C. ATM 机　　D. 网络银行
8. 一般而言，目前市面上的信用卡具有（　　）信用功能。
A. 先消费，后还款　　B. 免息还款期
C. 最低还款额　　D. 存款有息
9. 客户可为（　　）等亲属开立附属卡。
A. 父母　　B. 子女
C. 配偶　　D. 兄弟

三、判断题

1. 银行卡按是否具有透支功能，可分为信用卡和借记卡。（　　）

2. 借记卡是商业银行在我国境内发行的，具有储蓄、消费、转账结算、代理收付等功能的人民币支付和结算工具。（　　）

3. 贷记卡与准贷记卡透支取现时都要收取手续费。（　　）

4. 转账卡是实时扣账的借记卡，只具有转账功能。（　　）

5. 磁条卡与芯片卡相比，具有安全性高、快捷消费、信息存储量大的优点。（　　）

6. 新开立借记卡，原则上需预留本人实名登记的手机号码，新开办网上银行、手机银行、电话银行等业务的客户，必须预留本人实名的手机号码。（　　）

7. 银行柜员给客户的交易凭证上的电子签章编号具有唯一性，一个编号对应一笔业务。（ ）

8. 免息还款期优惠是贷记卡持卡人在透支时所获得的或在归还最低还款额有困难时所获得的一种优惠。（ ）

9. 银行卡挂失必须由客户本人办理，卡补发可由代理人代办，但需提供代办人身份证。（ ）

10. 卡挂失与解挂、补写磁、换卡必须由客户本人到柜台办理。（ ）

11. 销户时，单位卡账户和个人卡账户都可以办理转账结清，也可以提取现金。（ ）

【实训】

【实训1】客户李梦媛来我行办理借记卡开户和存款业务。两个多月以后客户来我行办理取款业务。

（1）根据“个人开户及综合服务申请表（见表5-1）”等资料，柜员为客户建立客户信息，开立借记卡Ⅰ类账户。签印类别为密码。

（2）根据“个人存取款业务凭条（见表5-2）”等资料，柜员完成存款业务操作。

（3）根据“个人存取款业务凭条（见表5-3）”等资料，柜员完成取款业务操作。

【实训2】客户许云霞来我行办理借记卡普通活期和整存整取开户业务，分别存入现金。次月客户来我行办理续存业务。三年后，客户整存整取到期，遂来我行办理取款和销户业务。

（1）根据“个人开户及综合服务申请表（见表5-4）”等资料，柜员为客户建立客户信息，开立借记卡Ⅰ类账户。签印类别为密码。

（2）根据“个人存取款业务凭条（见表5-5、表5-6）”等资料，柜员完成存款业务操作。

（3）根据“个人存取款业务凭条（见表5-7）”等资料，柜员完成续存业务操作。

（4）根据“个人存取款业务凭条（见表5-8）”等资料，柜员完成取款业务操作。

【实训3】客户张军来我行办理借记卡普通活期和教育储蓄开户业务，分别存入现金。教育储蓄存期三年，但一年后，客户因资金问题到柜台办理教育储蓄账户销户。

（1）根据“个人开户及综合服务申请表（见表5-9）”等资料，柜员为客户建立客户信息，开立借记卡Ⅰ类账户。签印类别为密码。

（2）根据“个人存取款业务凭条（见表5-10、表5-11）”等资料，柜员完成存款业务操作。

（3）根据“个人客户账户注销申请书（见表5-12）”等资料，柜员完成销户操作。

表 5－1

中国××银行个人开户及综合服务申请表

客户信息

＊姓名：李梦媛　性别：□男 ☑女　＊国籍：☑中国 □其他
＊证件类型：☑居民身份证 □护照 □其他
＊证件号码：440115198902162578
＊发证机关：广州市公安局番禺分局　证件到期日：2033年10月15日□永久有效
＊家庭地址：广东（省/自治区/直辖市）广州（市/区/县）迎宾路36号5栋405房（街道/小区）
＊邮政编码：511400　＊职业：会计　月收入：________
资金来源：________　资金用途：________　开户用途：________
家庭电话：02085784332　手机号码：15869857006　E－mail：mengyuan@126.com
＊代理人姓名：________　＊联系电话：________
＊证件类型：________　＊证件号码：________
＊通讯地址：________　代办理由：________
注：注明“＊”的栏位为必填项，其他的为选填项。

借记卡、储蓄产品

☑普通借记卡　□理财贵宾卡　□其他：________
□活期对账簿　□定期对账簿　□开立附属卡
□活期一本通　□定期一本通　□整存整取　☑普通活期　□定活两便
□通知存款（1天、7天，7天约定转存）□教育储蓄　□零存整取
□凭证式国债　□存本取息　□其他：________
币别：________　金额：________　存期：________
转存方式：自动转存 □是 □否　支取方式：□凭密码支取□其他：________
利息支取方式：□转入其他账户　账号：________
□信用卡产品（请补充提交以下信息）
姓名拼音（请在姓和名之间以空格隔开，并与护照名一致）

信用卡常用地区（省/自治区/直辖市）
交易卡号/账号：________
（存量客户如需开通我行产品或综合服务功能，请填写卡号）

功能管理

渠道服务

网上银行	☑开通	□查询版	认证工具选择
家居银行	□开通	□理财版 □贵宾版	□ E－TOKEN＋手机交易码（手机交易码将发到客户资料中的手机号码中）
手机银行	☑开通	□升级到理财版 □升级到贵宾版	□ USBKEY 证书
	☑开通手机银行号码登录，签约手机号码：15869857006 □开通手机银行用户登录		
短信通知（另请签约服务协议）		□开通　签约号码：________	
E－mail 通知		☑开通　E－mail：mengyuan@126.com	

电话银行：□开通　□代客交易　□指定交易
转出账户________账号1________账号2________
交易限额________单笔________每月________交易电话________
转出账户　账号1________收款人姓名________开户行________
　　　　　账号2________收款人姓名________开户行________

关联账户

	网银/手机银行	电话银行	短信平台	借记卡
账号1________	□	□	□	□
账号2________	□	□	□	□
账号3________	□	□	□	□
账号4________	□	□	□	□

投资理财

理财客户	□签约（另请签订服务协议）签约账号 □同交易卡号/账号 □其他		
基金代销	□开通（另请签订服务协议）	储蓄式记账式国债	□储蓄式国债开通 资金账号________ □同交易卡号/账号 □记账式国债开通 □其他________
第三方存管/B股银证转账	□开通（另请签订服务协议）		
银期转账	□开通　资金账号 □同交易卡号/账号 □其他________		

本人承诺上述所提供的开户资料真实、有效，如有伪造、欺诈，自愿承担法律责任。
本人已阅读并了解本申请表中“个人账户开户及综合服务协议书”的有关条款，保证遵照该协议的有关规定，客户须知，服务协议和银行最新的业务章程、业务规则，业务规定办理相关业务。

申请人（代办人）签字：李梦媛　2022年08月02日　银行签章：（模拟银行广州番禺支行 2022.08.02 业务专用章）　经办人：王飞

表 5－2　　个人存取款业务凭条

模拟银行个人存取款凭条　客户填写页

交易类型：☑ 存款　☐ 取款　☐ 其他________

种　　类：☑ 借记卡　☐ 存折　☐ 其他________

币　　种：人民币

金　额（小 写）	仟	佰	拾	万	仟	佰	拾	元	角	分
			¥	6	5	0	0	0	0	0

户　　名：李梦媛　　卡号/账号：7001000694700008435

账户类型：☐整存整取　☑普通活期　☐定活两便　☐通知存款　☐教育储蓄
☐零存整取　☐存本取息　☐其他________

证件类型及号码：身份证　440115198902162578　　联系电话：15869857006

代理人姓名/证件号码：　　联系电话：

客户（代理人）签字：李梦媛　　日期：2022 年 8 月 2 日

表 5－3　　个人存取款业务凭条

模拟银行个人存取款凭条　客户填写页

交易类型　☐ 存款　☑ 取款　☐ 其他________

种　　类　☑ 借记卡　☐ 存折　☐ 其他________

币　　种　人民币

金　额（小 写）	仟	佰	拾	万	仟	佰	拾	元	角	分
			¥	5	2	3	0	0	0	0

户　　名　李梦媛　　卡号/账号　7001000694700008435

账户类型　☐整存整取　☑ 普通活期　☐定活两便　☐通知存款　☐教育储蓄
☐零存整取　☐存本取息　☐其他________

证件类型及号码　身份证　440115198902162578　　联系电话：15869857006

代理人姓名/证件号码：　　联系电话：

客户（代理人）签字：李梦媛　　日期：2022 年 10 月 16 日

表 5－4

中国××银行个人开户及综合服务申请表

客户信息

＊姓名：许云霞　性别：☐男 ☑女　＊国籍：☑中国　☐其他
＊证件类型：☑居民身份证　☐护照　☐其他
＊证件号码：440106198512165447
＊发证机关：广州市公安局番禺分局　证件到期日：2025 年05 月10 日☐永久有效
＊家庭地址：广东（省/自治区/直辖市）广州（市/区/县）禺山西路 58 号华泰雅居 3 栋 1102 房（街道/小区）
＊邮政编码：511400　＊职业：酒店业务经理　月收入：______
资金来源：______ 资金用途：______ 开户用途：______
家庭电话：______ 手机号码：15696581757　E－mail：257336645@ qq. com
＊代理人姓名：______ ＊联系电话：______
＊证件类型：______ ＊证件号码：______
＊通讯地址：______ 代办理由：______
注：注明“＊”的栏位为必填项，其他的为选填项。

借记卡、储蓄产品

☑普通借记卡　☐理财贵宾卡　☐其他：______
☐活期对账簿　☐定期对账簿　☐开立附属卡
☐活期一本通　☐定期一本通　☑整存整取　☑普通活期　☐定活两便
☐通知存款（1 天、7 天，7 天约定转存）☐教育储蓄　☐零存整取
☐凭证式国债　☐存本取息　☐其他：______
币别：______ 金额：______ 存期：______
转存方式：自动转存 ☐是 ☐否　支取方式：☐凭密码支取☐其他：______
利息支取方式：☐转入其他账户　账号：______
☐信用卡产品（请补充提交以下信息）
姓名拼音（请在姓和名之间以空格隔开，并与护照名一致）

信用卡常用地区（省/自治区/直辖市）
交易卡号/账号：______
（存量客户如需开通我行产品或综合服务功能，请填写卡号）

功能管理

渠道服务

网上银行	☑开通	☐查询版 ☐理财版 ☐贵宾版 ☐升级到理财版 ☐升级到贵宾版	认证工具选择 ☐ E－TOKEN＋手机交易码（手机交易码将发到客户资料中的手机号码中） ☐ USBKEY 证书
家居银行	☐开通		
手机银行	☑开通		
	☑开通手机银行号码登录，签约手机号码：15696581757 ☐开通手机银行用户登录		
短信通知（另请签约服务协议）	☐开通　签约号码：______		
E－mail 通知	☐开通　E－mail：______		

电话银行：
☐开通　☐代客交易　☐指定交易
转出账户______账号 1 ______账号 2 ______
交易限额______单笔______每月______交易电话______
转出账户　账号 1 ______收款人姓名______开户行______
　　　　　账号 2 ______收款人姓名______开户行______

关联账户

	网银/手机银行	电话银行	短信平台	借记卡
账号 1 ______	☐	☐	☐	☐
账号 2 ______	☐	☐	☐	☐
账号 3 ______	☐	☐	☐	☐
账号 4 ______	☐	☐	☐	☐

投资理财

理财客户	☐签约（另请签订服务协议）签约账号　☐同交易卡号/账号　☐其他		
基金代销	☐开通（另请签订服务协议）	储蓄式记账式国债	☐储蓄式国债开通 资金账号______ ☐同交易卡号/账号 ☐记账式国债开通 ☐其他______
第三方存管/B 股银证转账	☐开通（另请签订服务协议）		
银期转账	☐开通　资金账号 ☐同交易卡号/账号　☐其他______		

本人承诺上述所提供的开户资料真实、有效，如有伪造、欺诈，自愿承担法律责任。
本人已阅读并了解本申请表中“个人账户开户及综合服务协议书”的有关条款，保证遵照该协议的有关规定，客户须知，服务协议和银行最新的业务章程、业务规则，业务规定办理相关业务。

申请人（代办人）签字：许云霞　2022 年 10 月 13 日　银行签章：2022.10.13 业务专用章　经办人：王飞

表 5－5 个人存取款业务凭条

模拟银行个人存取款凭条 客户填写页

交易类型： ☑ 存款 □ 取款 □ 其他__________

种　　类： ☑ 借记卡 □ 存折 □ 其他__________

币　　种： 人民币

金　额（小写）	仟	佰	拾	万	仟	佰	拾	元	角	分
			¥	3	2	0	0	0	0	0

户　　名：许云霞　　卡号/账号：7001000694800008436

账户类型： □整存整取 ☑ 普通活期 □ 定活两便 □ 通知存款 □ 教育储蓄
□零存整取 □ 存本取息 □ 其他__________

证件类型及号码：身份证　440106198512165447　　联系电话：15696581757

代理人姓名/证件号码：　　联系电话：

客户（代理人）签字 ：许云霞　　日期：2022 年 10 月 13 日

表 5－6 个人存取款业务凭条

模拟银行个人存取款凭条 客户填写页

交易类型： ☑ 存款 □ 取款 □ 其他__________

种　　类： ☑ 借记卡 □ 存折 □ 其他__________

币　　种： 人民币

金　额（小写）	仟	佰	拾	万	仟	佰	拾	元	角	分
			¥	5	0	0	0	0	0	0

户　　名：许云霞　　卡号/账号：7001000694800008436

账户类型： ☑ 整存整取 □ 普通活期 □ 定活两便 □ 通知存款 □ 教育储蓄
□ 零存整取 □ 存本取息 □ 其他__________

证件类型及号码：身份证　440106198512165447　　联系电话：15696581757

代理人姓名/证件号码：　　联系电话：

客户（代理人）签字 ：许云霞　　日期：2022 年 10 月 13 日

表 5－7　　个人存取款业务凭条

模拟银行个人存取款凭条　客户填写页

交易类型：☑存款　☐取款　☐其他________

种　　类：☑借记卡　☐存折　☐其他________

币　　种：人民币

金额（小写）

仟	佰	拾	万	仟	佰	拾	元	角	分
		¥	6	8	0	0	0	0	0

户　　名：许云霞　　卡号/账号：7001000694800008436

账户类型：☐整存整取　☑普通活期　☐定活两便　☐通知存款　☐教育储蓄　☐零存整取　☐存本取息　☐其他________

证件类型及号码：身份证　440106198512165447　　联系电话：15696581757

代理人姓名/证件号码：　　联系电话：

客户（代理人）签字：许云霞　　日期：2022年11月19日

表 5－8　　个人存取款业务凭条

模拟银行个人存取款凭条　客户填写页

交易类型：☐存款　☑取款　☐其他________

种　　类：☑借记卡　☐存折　☐其他________

币　　种：人民币

金额（小写）

仟	佰	拾	万	仟	佰	拾	元	角	分
		¥	5	0	0	0	0	0	0

户　　名：许云霞　　卡号/账号：7001000694800008436

账户类型：☑整存整取　☐普通活期　☐定活两便　☐通知存款　☐教育储蓄　☐零存整取　☐存本取息　☐其他________

证件类型及号码：身份证　440106198512165447　　联系电话：15696581757

代理人姓名/证件号码：　　联系电话：

客户（代理人）签字：许云霞　　日期：2022年10月13日

表 5－9　**中国××银行个人开户及综合服务申请表**

客户信息

＊姓名：张军　性别：☑男 □女　＊国籍：☑中国　□其他
＊证件类型：☑居民身份证　□护照　□其他
＊证件号码：440104199309083744
＊发证机关：广州市公安局番禺分局 证件到期日：2025 年03 月16 日□永久有效
＊家庭地址：广东（省/自治区/直辖市）广州（市/区/县）环城中路 4 号 5 座 601（街道/小区）
＊邮政编码：511400　＊职业：房地产公司职员　月收入：________
资金来源：________ 资金用途：________ 开户用途：________
家庭电话：________ 手机号码：13762181997　E－mail：________
＊代理人姓名：________　＊联系电话：________
＊证件类型：________　＊证件号码：________
＊通讯地址：________　代办理由：________
注：注明“＊”的栏位为必填项，其他的为选填项。

借记卡、储蓄产品

☑普通借记卡　□理财贵宾卡　□其他：________
□活期对账簿　□定期对账簿　□开立附属卡
□活期一本通　□定期一本通　□整存整取　☑普通活期　□定活两便
□通知存款（1 天、7 天，7 天约定转存）☑教育储蓄　□零存整取
□凭证式国债　□存本取息　□其他：________
币别：________　金额：________　存期：________
转存方式：自动转存 □是 □否　支取方式：□凭密码支取□其他：________
利息支取方式：□转入其他账户　账号：________
□信用卡产品（请补充提交以下信息）
姓名拼音（请在姓和名之间以空格隔开，并与护照名一致）

信用卡常用地区（省/自治区/直辖市）
交易卡号/账号：________
（存量客户如需开通我行产品或综合服务功能，请填写卡号）

功能管理

渠道服务

网上银行	☑开通	□查询版 □理财版 □贵宾版 □升级到理财版 □升级到贵宾版	认证工具选择 □ E－TOKEN＋手机交易码（手机交易码将发到客户资料中的手机号码中） □ USBKEY 证书
家居银行	□开通		
手机银行	☑开通		
	☑开通手机银行号码登录，签约手机号码：13762181997 □开通手机银行用户登录		
短信通知（另请签约服务协议）	□开通　签约号码：________		
E－mail 通知	□开通　E－mail：________		

电话银行：
□开通　□代客交易　□指定交易
转出账户________账号 1________账号 2________
交易限额________单笔________每月________交易电话________
转出账户　账号 1________收款人姓名________开户行________
　　　　　账号 2________收款人姓名________开户行________

关联账户

	网银/手机银行	电话银行	短信平台	借记卡
账号 1 ________	□	□	□	□
账号 2 ________	□	□	□	□
账号 3 ________	□	□	□	□
账号 4 ________	□	□	□	□

投资理财

理财客户	□签约（另请签订服务协议）签约账号　□同交易卡号/账号　□其他		
基金代销	□开通（另请签订服务协议）	储蓄式 记账式 国债	□储蓄式国债开通 资金账号________ □同交易卡号/账号 □记账式国债开通 □其他________
第三方存管/B 股银证转账	□开通（另请签订服务协议）		
银期转账	□开通　资金账号 □同交易卡号/账号　□其他________		

本人承诺上述所提供的开户资料真实、有效，如有伪造、欺诈，自愿承担法律责任。
本人已阅读并了解本申请表中“个人账户开户及综合服务协议书”的有关条款，保证遵照该协议的有关规定，客户须知，服务协议和银行最新的业务章程、业务规则，业务规定办理相关业务。

申请人（代办人）签字：张军　　2022 年 10 月 13 日　　银行签章：（模拟银行广州番禺支行 2022.10.13 业务专用章）　经办人：王飞

表 5-10 个人存取款业务凭条

模拟银行个人存取款凭条 客户填写页

交易类型： ☑ 存款 □ 取款 □ 其他____________________

种 类： ☑ 借记卡 □ 存折 □ 其他____________________

币 种： 人民币

金 额（小写）	仟	佰	拾	万	仟	佰	拾	元	角	分
			¥	1	0	0	0	0	0	0

户 名： 张 军 卡号/账号： 7001000694900008437

账户类型： □整存整取 ☑普通活期 □定活两便 □通知存款 □教育储蓄
□零存整取 □存本取息 □其他____________________

证件类型及号码：身份证 440104199309083744 联系电话：13762181997

代理人姓名/证件号码： 联系电话：

客户（代理人）签字：张 军 日期：2022 年 10 月 13 日

表 5-11 个人存取款业务凭条

模拟银行个人存取款凭条 客户填写页

交易类型： ☑ 存款 □ 取款 □ 其他____________________

种 类： ☑ 借记卡 □ 存折 □ 其他____________________

币 种： 人民币

金 额（小写）	仟	佰	拾	万	仟	佰	拾	元	角	分
			¥	1	0	0	0	0	0	0

户 名： 张 军 卡号/账号：7001000694900008437

账户类型： □整存整取 □普通活期 □定活两便 □通知存款 ☑教育储蓄
□零存整取 □存本取息 □其他____________________

证件类型及号码：身份证 440104199309083744 联系电话：13762181997

代理人姓名/证件号码： 联系电话：

客户（代理人）签字：张 军 日期：2022 年 10 月 13 日

表 5－12 **个人客户账户注销申请书**

<table>
<tr><td colspan="6">申 请 注 销</td></tr>
<tr><td rowspan="6">客
户
填
写</td><td>客户姓名</td><td colspan="2">张 军</td><td colspan="2">账号/卡号：7001000694900008437</td></tr>
<tr><td>注销内容</td><td colspan="4">存折□ 借记卡账户☑ 信用卡账户□</td></tr>
<tr><td>是否有未
清偿债务</td><td colspan="4">否☑ 是□
若选择“是”，请填写：币种：________ 金额：____________ 元</td></tr>
<tr><td>证件名称</td><td>身份证</td><td colspan="2">证件号码</td><td>440104199309083744</td></tr>
<tr><td>申请人地址</td><td colspan="2">广州市番禺区环城中路 4 号 5 座 601</td><td>联系
电话</td><td>13762181997</td></tr>
<tr><td>注销原因</td><td colspan="4">个人需使用资金</td></tr>
<tr><td colspan="3">本人保证以上信息真实，且已确认知悉该卡注销后将自注销之日起无法继续使用，本人自愿按银行相关规定申请办理上述业务。

客户签名：张 军

2023 年 10 月 13 日</td><td colspan="3">模拟银行广州番禺支行
2023.10.13
业务专用章
银行签章

2023 年 10 月 13 日</td></tr>
</table>

经办：王飞　　　　复核：　　　　受理机构：广州番禺支行

【实训 4】客户李梦媛来我行办理借记卡挂失业务。三天后客户找到卡片，来我行办理解挂。

（1）根据“个人客户挂失申请书（见表 5－13）”等资料，柜员为客户办理临时挂失业务。

（2）根据客户要求，为客户办理解挂业务。

【实训 5】客户许云霞来我行办理信用卡开卡激活业务，其信用卡等级为金卡，POS 消费额度为 80,000 元，预借现金额度为 40,000 元，每月还款日为 22 日。卡片激活后，客户向其信用卡中存入现金。

（1）根据相关信息，柜员为客户开立信用卡并激活。

（2）根据“个人存取款业务凭条（见表 5－14）”等资料，柜员完成存款业务操作。

表5－13　　　　个人客户挂失申请书

<table>
<tr><td colspan="7">申　请　挂　失</td></tr>
<tr><td rowspan="7">客户填写</td><td>客户姓名</td><td>李梦媛</td><td colspan="4">账号/卡号：7001000694700008435</td></tr>
<tr><td>开户日期</td><td>2022.8.2</td><td colspan="3">挂失方式：正式☐　临时☑</td><td>是否冻结账户：
是☑　否☐</td></tr>
<tr><td>挂失日期</td><td>2022.12.20</td><td colspan="4">存单（折）号码：</td></tr>
<tr><td>挂失内容</td><td colspan="5">存单☐　存折☐　凭证式国债☐　借记卡☑　信用卡☐　支票☐
密码☐　预留印鉴☐</td></tr>
<tr><td>申请挂失人</td><td>李梦媛</td><td>证件名称</td><td>身份证</td><td>证件号码</td><td>440115198902162578</td></tr>
<tr><td>代理挂失人</td><td></td><td>证件名称</td><td></td><td>证件号码</td><td></td></tr>
<tr><td>申请人地址</td><td colspan="3">广州市番禺区迎宾路36号5栋405房</td><td>联系电话</td><td>15869857006</td></tr>
<tr><td></td><td>代理人地址</td><td colspan="3"></td><td>联系电话</td><td></td></tr>
<tr><td colspan="3">本人已认真阅读背面“客户须知”，请根据上述内容挂失/挂失冻结，如发生任何纠纷，概有挂失人负责。

申请人（代理人）签名：李梦媛

凭印鉴支
取者印鉴：
2022年12月20日</td><td colspan="4">经办：王飞
复核：
模拟银行广州番禺支行
2022.12.20
业务专用章
银行签章
2022年12月20日</td></tr>
</table>

【实训6】客户张军来我行办理信用卡开卡激活业务，其信用卡等级为普卡，POS额度为30,000元，预借现金额度为15,000元，每月还款日为18日。卡片激活后，客户要求将其借记卡账户与信用卡账户绑定，开通自动还款。

（1）根据相关信息，柜员为客户开立信用卡并激活。

（2）根据客户要求，柜员为客户办理借记卡与信用卡自动还款业务。

【实训7】客户张军使用信用卡一段时间后，为了安全起见，来我行办理信用卡账户注销业务。

根据“个人客户账户注销申请书（见表5－15）”等资料，柜员完成销户和结清操作。

表 5－14　　**个人存取款业务凭条**

模拟银行个人存取款凭条　客户填写页

交易类型：☑ 存款　　☐ 取款　　☐ 其他________

种　　类：☐ 借记卡　　☐ 存折　　☑ 其他　信用卡

币　　种：人民币

金　额（小 写）

仟	佰	拾	万	仟	佰	拾	元	角	分
		¥	1	0	0	0	0	0	0

户　　名：许云霞　　　　卡号/账号：7001999990000000645

账户类型：☐整存整取　☐普通活期　☐定活两便　☐通知存款　☐教育储蓄
☐零存整取　☐存本取息　☑其他　信用卡

证件类型及号码：身份证　440106198512165447　　联系电话：15696581757

代理人姓名/证件号码：　　　　　　　　联系电话：

客户（代理人）签字：许云霞　　　　　日期：2022 年 12 月 18 日

表 5－15　　**个人客户账户注销申请书**

申　请　注　销				
客户填写	客户姓名	张 军	账号/卡号：7001999990000000646	
	注销内容	存折☐　借记卡账户☐　信用卡账户☑		
	是否有未清偿债务	否☑　是☐ 若选择“是”，请填写：币种：______　金额：________元		
	证件名称	身份证	证件号码	440104199309083744
	申请人地址	广州市番禺区环城中路 4 号 5 座 601	联系电话	13762181997
	注销原因	资金安全考虑，不再使用该类信用卡		
本人保证以上信息真实，且已确认知悉该卡注销后将自注销之日起无法继续使用，本人自愿按银行相关规定申请办理上述业务。 客户签名：张 军 2023 年 12 月 23 日			模拟银行广州番禺支行 2023.12.23 业务专用章 银行签章 2023 年 12 月 23 日	

经办：王飞　　　　　复核：　　　　　受理机构：广州番禺支行

项目六
支付结算业务实训与练习

【学习目标】

熟悉同城票据业务、支票、汇票、本票、汇兑、委托收款与托收承付的业务流程。

【标志性成果】

1. 熟练完成柜面支票、银行本票、银行汇票、商业汇票的结算业务及汇兑业务。标志性成果有申请书回单、结算成功后的电子汇划凭证。

2. 熟悉委托收款与托收承付的业务处理与同城支付结算的业务处理。标志性成果有业务委托书、同城交换后的电子汇划凭证。

【重点难点】

重点：同城票据交换业务、支票、汇票、本票业务、汇兑业务、委托收款与托收承付业务。

难点：同城票据提出与提入业务、商业汇票签发与付款。

【主要业务】

知识点/技能点	主要内容	处理方法
1. 同城票据交换业务	1.1 定义	同城票据交换是为了满足收、付款人在同一城市或规定区域但不在同一行处开户的企事业单位和个人之间办理资金清算的需要，由开户银行将有关的结算票据持往指定场所相互交换代收、代付票据，相互交换清算资金头寸的金融行为

续表

知识点/技能点	主要内容	处理方法
1. 同城票据交换业务	1.2 分类	同城提出借方业务、同城提出贷方业务、同城提入借方业务、同城提入贷方业务
	1.3 处理模式	提入票据集中处理模式，指票据业务集中处理中心对其所辖同城票据交换区域内的所有网点的提入票据做集中、统一处理，以大幅降低管理和运营成本，提升其会计结算业务集约化经营和扁平化管理的水平
	1.4 业务流程	提出借方、提出贷方、提入借方、提入贷方、提入借方退票、提入贷方退票、提出借方退票、提出贷方退票、清算
	1.5 业务处理	提出借方：本网点向其他行提出交换的借方票据，如本网点提出的转账支票、银行汇票、银行本票等。由对方银行付款，本行收款 提出贷方：本网点向其他行提出交换的贷方票据，如本网点提出的进账单、委托收款凭证和税单等凭证。由对方银行收款，本行付款 提入借方：本网点收到其他行提入的借方票据，如本网点收到其他行提入转账支票、汇票等。由对方银行收款，本行付款 提入贷方：本网点收到其他行提入的贷方票据，如本网点收到其他行提入的进账单、委托收款凭证和税单等凭证。由对方银行付款，本行收款
2. 支票业务	2.1 分类	现金支票、转账支票、普通支票
	2.2 支票出售	审核单据填写规范，核对是否该单位的日常结算人员办理。支票出库后办理支票出售，一般每个账户一次出售一本。对公账户的账户类型为基本户、专用户或临时户才能出售现金支票，个人支票账户只能出售普通支票 业务流程：资料审核、支票出库、支票出售
	2.3 支票现金取款	账户性质审核：根据《人民币结算账户管理办法》，基本账户、临时账户和专用账户可提取现金，对于大额现金支取还需进行审批 支付用途审核：对企业存款人办理支票现金支取业务，必须审核存款人是否具有办理现金业务的资格，按照国家现金管理有关规定办理。开户银行根据实际需要，原则上以开户单位三至五天的日常零星开支所需核定库存现金限额 业务流程：现金支票审核、现金取款、打印凭证
	2.4 支票挂失	重要凭证：挂失止付通知书 管理要求：办理支票挂失业务时，柜员应要求客户在3天内向人民法院申请公示催告，或者向人民法院提起诉讼。如果客户没有按时出示人民法院的公示催告，则“挂失止付通知书”在挂失12天后失效 业务流程：资料审核、支票挂失、授权、凭证保管、回单发放、解挂
3. 银行本票业务	3.1 票据特点	银行本票是申请人将款项交存银行，由银行签发的承诺自己在见票时无条件支付确定的金额给收款人或者持票人的票据。单位和个人都可以申请
	3.2 记载事项	表明“银行本票”的字样、无条件支付的承诺、确定的金额、收款人名称、出票日期、出票人签章
	3.3 银行本票签发	重要凭证：银行本票申请书 业务流程：凭证审核、转账或收取现金、系统录入、打印本票、加盖本票专用章

续表

知识点/技能点	主要内容	处理方法
3. 银行本票业务	3.4 银行本票兑付	业务分类：系统内兑付、跨行兑付 重要凭证：银行本票、进账单 系统内兑付处理：现金本票兑付的款项自动转入兑付行应解汇款账户，转账本票兑付的款项自动转入持票人账户 跨行兑付处理：通过小额支付系统将本票信息发送给出票银行。出票行收到实时报文后，核验本票信息，并返回核验结果。代理付款行根据出票银行反馈的结果，作相应处理
	3.5 银行本票退回与挂失	银行本票退回必须是还没有兑付的本票 银行本票退回流程：凭证审核、核对卡片、退回 银行本票挂失流程：客户提交挂失申请书、核对卡片、系统挂失
4. 银行汇票业务	4.1 票据特点	银行汇票是指由出票银行签发的，由其在见票时按照实际结算金额无条件付给收款人或持票人的票据。单位和个人的各项款项结算，均可使用银行汇票 银行汇票一式四联，第一联为卡片，由出票行结清汇票时做汇出汇款借方凭证；第二联为银行汇票，与第三联解讫通知一并由汇款人自带，在兑付行兑付汇票后此联做联行往来账付出传票；第三联解讫通知，在兑付行兑付后由签发行做余款收入传票；第四联是多余款通知，并在签发行结清后交汇款人
	4.2 分类	现金银行汇票、转账银行汇票
	4.3 银行汇票签发	重要凭证：银行汇票申请书 收取现金或办理转账后，在系统执行银行汇票签发交易，录入汇票信息，同时收取费用。经办和复核完成后，打印银行汇票，并加盖汇票专用章。如果打印失败，可撤销重新发起交易
	4.4 银行汇票兑付	重要凭证：银行汇票、解讫通知联、进账单 可通过柜台办理兑付，也可通过同城票据交换的方式
	4.5 银行汇票退回与挂失业务	退回业务凭证：银行汇票、解讫通知联 退回业务流程：凭证审核、核对卡片、退回款项 退回类型：未用退回、逾期退回 挂失业务凭证：挂失止付申请书 挂失业务流程：凭证审核、确认是否付款、系统挂失、单据保管、解挂
5. 商业汇票业务	5.1 票据特点	商业汇票是出票人签发的，委托付款人在指定日期无条件支付确定的金额给收款人或者持票人的票据。商业汇票按承兑人的不同，可以分为商业承兑汇票和银行承兑汇票两种。
	5.2 纸质商业汇票出票	重要凭证：承兑申请书 业务流程：业务受理、收取保证金、出票申请、承兑登记、票据交付
	5.3 纸质商业汇票挂失	重要凭证：挂失止付通知书 业务流程：业务受理、卡片核对、系统挂失、资料保管、解挂 客户挂失止付的，“挂失种类”应选择“挂失止付”；如为人民法院要求停止支付的，“挂失种类”应选择“公示催告止付”

续表

知识点/技能点	主要内容	处理方法
5. 商业汇票业务	5.4 纸质商业汇票委托收款	业务流程：收款人开户行发出委托收款、票据寄出、付款行付款；付款行可按确认付款或拒付分别进行处理
	5.5 电子商业汇票签约	重要凭证：电子商业汇票业务申请表
	5.6 电子商业汇票出票及承兑业务	业务办理系统：电子商业汇票系统 业务流程：出票登记、生成电子汇票号码、提示承兑、提示收票。电子商业汇票承兑在交付收款人之前，处于“出票已登记”或“提示承兑已签收”状态下，出票人可以申请对该笔电子商业汇票撤票
	5.7 电子商业汇票提示付款业务	提示付款是指持票人通过电子商业汇票系统向承兑人请求付款的行为 电子银行承兑汇票业务流程：持票人发出提示付款申请、承兑行扣划款项、签收提示付款申请、账务处理 电子商业承兑汇票业务流程：持票人发出提示付款申请、付款人开户行通知承兑人、账务处理
6. 汇兑业务	6.1 汇兑的含义	汇兑是汇款人委托银行将其款项支付给收款人的结算方式 汇兑适用于单位和个人的各种款项的结算
	6.2 汇兑业务系统	各商业银行系统内电子汇划系统、大额支付系统、小额支付系统。大额支付系统主要用于处理异地、同城跨行之间大额贷记及紧急小额贷记支付业务；小额支付系统主要用于处理异地、同城每笔金额在规定金额以下的贷记业务及借记业务等
	6.3 支付类业务发起	重要凭证：结算业务申请书 业务流程：凭证审核、支付业务发起、复核发送、报文修改
	6.4 支付类业务接收	支付类业务接收首先进行合法性检查和重复性检查，通过检查的报文执行直入账或直扣账处理，对于无法直入账或直扣账的业务转人工处理的过程，包括：分报/退报、修改入账/账号入账、直接退汇、手工挂账等
	6.5 查询查复业务	业务要点：有疑必查，有查必复，复必详尽，及时处理
	6.6 退汇业务	汇款人对汇出银行已经汇出的款项可以申请退汇；汇入银行对收款人拒绝接受的汇款，应立即办理退汇；汇入银行对于向收款人发出取款通知，经过两个月无法交付的汇款，应主动办理退汇
7. 委托收款业务	7.1 业务定义	委托收款是指收款人委托银行向付款人收取款项的结算方式
	7.2 业务受理	重要凭证：委托收款凭证 处理要求：第一联邮划或电划委托收款凭证加盖“业务受理章”后退收款人；第二联委托收款凭证加盖收款人预留印鉴，专夹保管作贷方凭证并登记；第三联收款凭证作借方凭证，加盖“结算专用章”，第三、四、五联与汇票原件及证明文件一起邮寄到付款人开户行
	7.3 付款人开户行付款	付款人为银行的处理：收到委托收款凭证和有关债务证明，办理电子汇划，需经办、复核 付款人为单位的处理：收到委托收款凭证和有关债务证明时，按照付款人账户足够支付、账户余额不足分别处理
	7.4 业务流程	收款人办理委托收款、传递凭证、通知付款、支付款项、划转款项、通知收款

续表

知识点/技能点	主要内容	处理方法
8. 托收承付业务	8.1 业务定义	托收承付结算又称“异地托收承付结算”，是指根据购销合同由收款人发货后委托银行向异地购货单位收取货款，购货单位根据合同核对单证或验货后，向银行承认付款的一种结算方式
	8.2 业务受理	重要凭证：托收承付结算凭证 收款人需填制托收承付结算凭证连同所付的发运证件或其他有关单据一并提交开户行委托办理托收
	8.3 付款人划款	办理划款指承付期满时，付款人向其开户行承付，付款人开户行将货款从付款人账户划转收款人开户行，可以采取全额付款、部分划回、全部拒绝付款处理方式
	8.4 业务流程	收款人委托收款、付款人开户行通知付款、付款人开户行办理划款

【习题】

一、单选题

1. 同城票据交换由当地（　　）统一组织实施和管理。

A. 商业银行　　B. 人民银行

C. 证券公司　　D. 银监局

2. 柜员受理提出借方业务，需在客户提交的进账单第一联加盖（　　）。

A. 票据交换章　　B. 业务受理专用章

C. 银行业务专用章　　D. 汇票专用章

3. 关于票据填写规范，下列说法有误的是（　　）。

A. 阿拉伯小写金额数字前面，均应填写人民币符号“￥”

B. 大写金额数字到元或者角为止的，在“元”或者“角”字之后应当写“整”字或者“正”字

C. 货币名称与金额数字之间不得留有空白

D. 票据的出票日期可以使用小写

4. 企业客户支取现金不能用于（　　）。

A. 日常零星开支　　B. 支付员工津贴

C. 支付出差人员的差旅费　　D. 支付货款

5. （　　）需支取现金的，可申请签发现金银行本票。

A. 申请人和收款人均为单位　　B. 收款人为个人

C. 申请人和收款人均为个人　　D. 申请人为个人

6. 银行汇票的提示付款期限自出票日起（　　）。

A. 1个月　　B. 2个月

C. 3个月　　D. 6个月

7. 纸质商业汇票如为客户挂失止付的，“挂失种类”应选择（　　）。

A. 挂失止付　　B. 停止支付

C. 公示催告止付　　D. 冻结止付

8. 电子商业汇票提示付款期为（　　），最后一日遇法定节假日、大额支付系统非营业日、电子商业汇票系统非营业日顺延。

A. 自出票日起至到期日　　B. 票据到期日起10日内

C. 票据到期日起1个月内　　D. 出票日起1个月内

9. 纸质商业汇票的最长付款期限为（　　）。

A. 1个月　　B. 3个月

C. 6个月　　D. 1年

10. 大额支付系统实行（　　）小时运行。

A. 5×24　　B. 5×21

C. 5×12　　D. 5×8

11. 以下凭证记载的日期可以使用小写的是（　　）。

A. 本票　　B. 支票

C. 电汇凭证　　D. 汇票

12. 托收凭证第三联应加盖（　　）。

A. 业务受理章　　B. 结算专用章

C. 汇票专用章　　D. 验印相符章

二、多选题

1. 出票人不得签发（　　）。

A. 现金支票　　B. 空头支票

C. 支付密码错误的支票　　D. 签章与银行预留银行印鉴不符的支票

2. 可用于支取现金的支票有（　　）。

A. 转账支票　　B. 普通支票

C. 专用支票　　D. 现金支票

3. 银行汇票必须记载下列事项（　　）。

A. 表明“银行汇票”的字样　　B. 无条件支付的承诺

C. 出票金额　　D. 出票日期

4. 在银行汇票解付时，存在以下（　　）情况，银行可以拒绝付款。

A. 出票日期不符　　B. 密押不符

C. 实际结算金额小于出票金额　　D. 超过提示付款期

5. 银行汇票持票人向银行提示付款时，必须同时提交（　　），缺少任何一联，银行不予受理。

A. 银行汇票　　B. 银行汇票卡片

C. 多余款收账通知　　D. 解讫通知

6. 以下关于商业汇票说法正确的是（　　）。

A. 商业汇票必须经过承兑　　B. 银行承兑汇票的承兑人是银行

C. 商业承兑汇票到期一定可以承兑　　D. 电子商业汇票结算方便、使用安全

7. 与纸质商业汇票相比，电子商业汇票具有以下特点（　　）。

A. 以数据电文形式代替实物票据　　B. 以电子签名取代实体签章

C. 以网络传输代替人工传递　　D. 以计算机录入代手工书写

8. 小额支付系统处理（　　）业务。

A. 同城借记支付业务　　B. 异地借记支付业务

C. 所有贷记支付业务　　D. 金额在规定起点以下的贷记支付业务

三、判断题

1. 票据交换的原则是“先付后收、收妥抵用、银行不垫款”。（　　）
2. 同城票据交换仅指同一城市内的票据交换。（　　）
3. 企业客户申请购买支票时无须出示购买支票人员的身份证。（　　）
4. 单位人民币一般账户可以支取现金。（　　）
5. 银行本票按照其金额是否固定可分为定额本票和不定额本票两种。（　　）
6. 银行本票退回必须是还没有兑付的本票。（　　）
7. 银行汇票解付时持票人可通过同城票据交换提示付款。（　　）
8. 申请人办理银行汇票退款时，如果汇票和解讫通知缺少一联，不可办理退款手续。（　　）
9. 商业承兑汇票在信用等级和流通性上高于银行承兑汇票。（　　）
10. 电子商业汇票承兑在交付收款人之后，可进行撤票处理。（　　）
11. 持票人在提示付款期内提示付款的，承兑人必须在收到提示付款请求的当日付款。（　　）
12. 汇兑业务根据汇出行与汇入行联系方式的不同分为信汇、电汇两种。（　　）

【实训】

【实训1】广州吉利鞋业有限公司（本支行开户客户）作为收款人持有一张付款人广州豪中商贸有限公司（他行客户）开出的票面金额为60,000元的转账支票，广州吉利鞋业有限公司出纳持该支票和进账单到本支行办理支票入账。我行柜员为客户办理提出借方业务。

（1）根据转账支票（见图6－1）和进账单（见图6－2），柜员为客户办理提出借方业务。

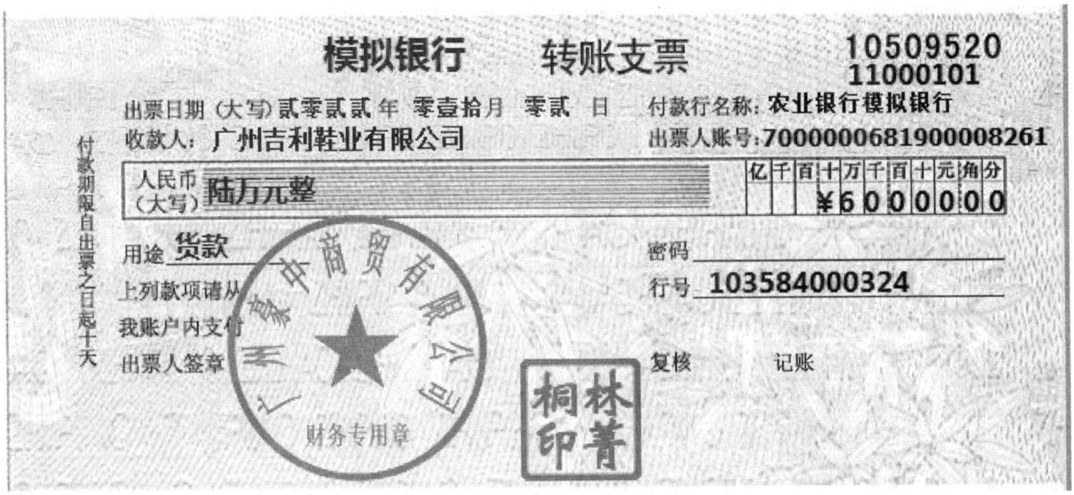
模拟银行　　转账支票　　10509520
11000101
付款期限自出票之日起十天
出票日期（大写）贰零贰贰年　零壹拾月　零贰　日　　付款行名称：农业银行模拟银行
收款人：广州吉利鞋业有限公司　　出票人账号：7000000681900008261
人民币（大写）陆万元整

亿	千	百	十	万	千	百	十	元	角	分
			¥	6	0	0	0	0	0	0

用途　货款　　密码
上列款项请从　　行号　103584000324
我账户内支付
出票人签章　　复核　　记账
广州豪中商贸有限公司　财务专用章
林菁
桐印

图6－1　转账支票

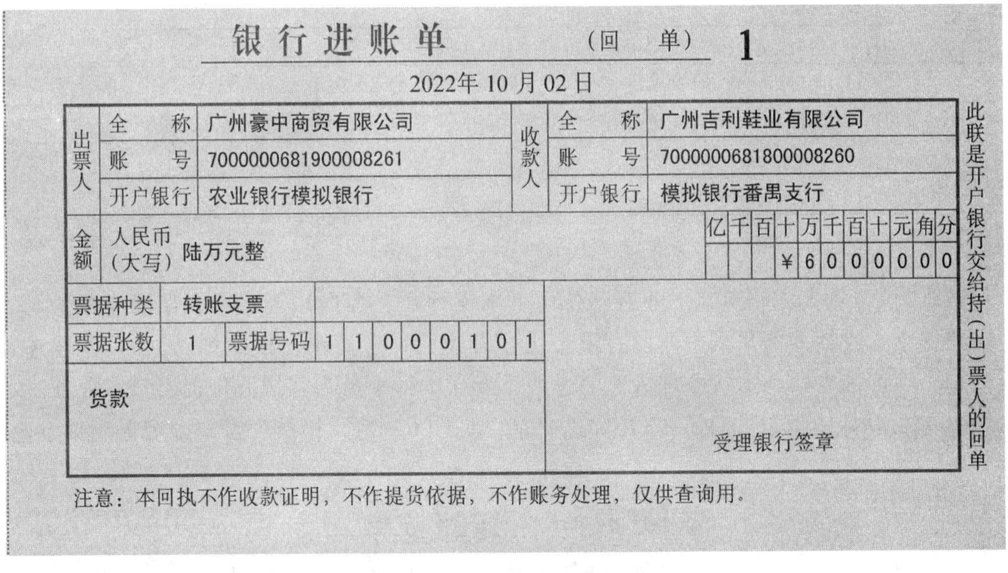
银行进账单　（回　单）　1
2022年10月02日

出票人	全　称	广州豪中商贸有限公司	收款人	全　称	广州吉利鞋业有限公司
	账　号	7000000681900008261		账　号	7000000681800008260
	开户银行	农业银行模拟银行		开户银行	模拟银行番禺支行

金额　人民币（大写）陆万元整

亿	千	百	十	万	千	百	十	元	角	分
			¥	6	0	0	0	0	0	0

票据种类	转账支票									
票据张数	1	票据号码	1	1	0	0	0	1	0	1

货款
受理银行签章
此联是开户银行交给持（出）票人的回单
注意：本回执不作收款证明，不作提货依据，不作账务处理，仅供查询用。

图6－2　进账单第一联

（2）广州吉利鞋业有限公司提出的票据由于金额填写不当被对方行退回，柜员根据退票理由书（见表6－1）为客户办理提出借方退票业务。

表 6－1

退票理由书

2022 年 10 月 03 日

出票单位：广州豪中商贸有限公司　　　　票据号码：11000101

项目	内　容	退票理由
账户款项不足	1. 存款不足	
	2. 超过放款批准额度或经费限额	
内容填写	3. 费用墨汁或碳素墨水填写	
	4. 金额大小写不全、不清楚	√
	5. 未填写收款单位或收款人	
	6. 未填写款项用途或填写不明	
	7. 按照国家政策规定不能支付的款项	
日期	8. 出票日期已过有效期限	
	9. 非即期支票	
背书签章	10. 背书人签章不清、不全、空白	
	11. 背书人签章与预留银行印鉴不符	
涂改	12. 支票大小写金额和收款人名称涂改	
	13. 日期、账号等涂改处未盖预留银行印鉴证明	
其他	14. 此户已结清、无此账户	农业银行模拟银行 票据交换章
	15. 出票人已经申请止付	
	16. 非本行承付支票	
	17. 非该户领用此支票	

银行盖章：

【实训 2】付款人广州莫奈工业有限公司（本支行开户客户）开出一张票面金额为 12,000 元的转账支票给收款人广州豪中商贸有限公司（开户行：工商银行模拟银行），广州豪中商贸有限公司出纳持该支票到本行办理进账单进账手续。本行柜员为客户办理提出贷方业务。

（1）根据转账支票（见图 6－3）和进账单（见图 6－4），柜员为客户办理提出贷方业务。

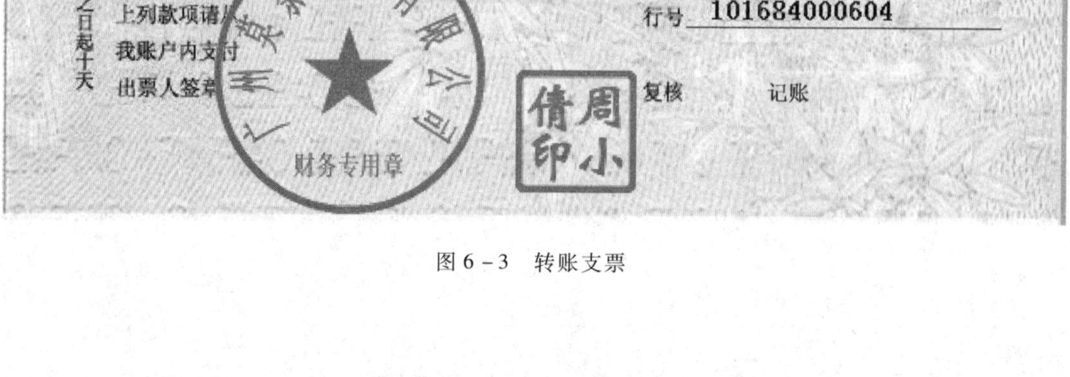

模拟银行　转账支票　10509520
11000126

出票日期（大写）贰零贰贰年零壹拾月零贰日　付款行名称：模拟银行番禺支行
收款人：广州豪中商贸有限公司　出票人账号：7000000682000008262

人民币（大写）	壹万贰仟元整	亿	千	百	十	万	千	百	十	元	角	分
					¥	1	2	0	0	0	0	0

付款期限自出票之日起十天

用途 货款　密码
上列款项请从我账户内支付　行号 101684000604
出票人签章　复核　记账

广州莫奈工业有限公司 财务专用章　周小倩印

图 6－3　转账支票

银行进账单　（回　单）　**1**

2022年10月02日

出票人			收款人		
全　称	广州莫奈工业有限公司		全　称	广州豪中商贸有限公司	
账　号	7000000682000008262		账　号	7000000681900008261	
开户银行	模拟银行番禺支行		开户银行	工商银行模拟银行	
金额	人民币（大写）	壹万贰仟元整	亿千百十万千百十元角分	¥1200000	
票据种类	转账支票				
票据张数	1	票据号码	11000126		
货款			受理银行签章		

此联是开户银行交给持（出）票人的回单

注意：本回执不作收款证明，不作提货依据，不作账务处理，仅供查询用。

图6－4　进账单

（2）广州豪中商贸有限公司提出的票据由于大小写金额涂改被退票，柜员根据退票理由书（见表6－2）为客户办理提出贷方退票业务。

表6－2　**退票理由书**

2022年10月03日

出票单位：广州莫奈工业有限公司　　票据号码：11000126

项目	内　　容	退票理由
账户款项不足	1. 存款不足	
	2. 超过放款批准额度或经费限额	
内容填写	3. 费用墨汁或碳素墨水填写	
	4. 金额大小写不全、不清楚	
	5. 未填写收款单位或收款人	
	6. 未填写款项用途或填写不明	
	7. 按照国家政策规定不能支付的款项	
日期	8. 出票日期已过有效期限	
	9. 非即期支票	
背书签章	10. 背书人签章不清、不全、空白	
	11. 背书人签章与预留银行印鉴不符	
涂改	12. 支票大小写金额和收款人名称涂改	√
	13. 日期、账号等涂改处未盖预留银行印鉴证明	
其他	14. 此户已结清、无此账户	
	15. 出票人已经申请止付	
	16. 非本行承付支票	
	17. 非该户领用此支票	

工商银行模拟银行 票据交换章

银行盖章：

【实训3】广州伟鸿信息科技有限公司（本行开户客户）开出一张票面金额为5万元的转账支票给广州兴旺工业股份有限公司（开户行：中国银行模拟银行），广州兴旺工业股份有限公司出纳到其开户行办理进账单进账手续，后经票据交换传递到我行。

（1）根据转账支票（见图6－5），柜员办理提入借方业务。

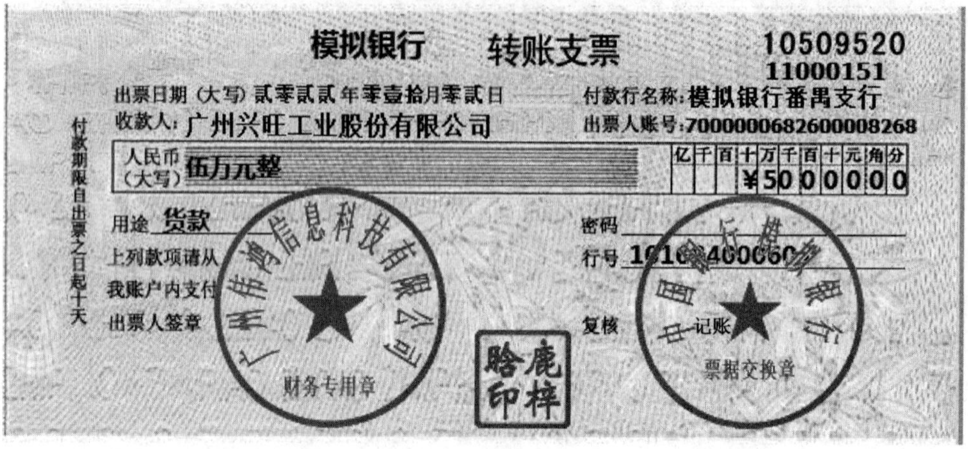
模拟银行 转账支票 10509520
11000151
出票日期（大写）贰零贰贰年零壹拾月零贰日 付款行名称：模拟银行番禺支行
收款人：广州兴旺工业股份有限公司 出票人账号：7000000682600008268
付款期限自出票之日起十天
人民币（大写）伍万元整 ¥5000000
用途 货款 密码
上列款项请从 行号 1016 4000600
我账户内支付
出票人签章 复核 记账
广州伟鸿信息科技有限公司 财务专用章
鹿梓 晗印
票据交换章

图6－5 转账支票

（2）广州兴旺工业股份有限公司提入的票据由于余额不足需退票，柜员填制退票理由书，见表6－3，并办理提入借方退票业务。

表6－3 **退票理由书**

出票单位：广州伟鸿信息科技有限公司　　2022年10月02日　　票据号码：11000151

项目	内容	退票理由
账户款项不足	1. 存款不足	√
	2. 超过放款批准额度或经费限额	
内容填写	3. 费用墨汁或碳素墨水填写	
	4. 金额大小写不全、不清楚	
	5. 未填写收款单位或收款人	
	6. 未填写款项用途或填写不明	
	7. 按照国家政策规定不能支付的款项	
日期	8. 出票日期已过有效期限	
	9. 非即期支票	
背书签章	10. 背书人签章不清、不全、空白	
	11. 背书人签章与预留银行印鉴不符	
涂改	12. 支票大小写金额和收款人名称涂改	
	13. 日期、账号等涂改处未盖预留银行印鉴证明	
其他	14. 此户已结清、无此账户	
	15. 出票人已经申请止付	
	16. 非本行承付支票	
	17. 非该户领用此支票	

模拟银行番禺支行 票据交换章

银行盖章：

【实训4】广州莫奈工业有限公司（本行开户客户）持有一张付款人为广州兴旺工业股份有限公司（开户行：中国银行模拟银行）开给本公司的转账支票，交易金额为7万元，广州莫奈工业有限公司出纳到中国银行办理进账手续。手续办理完成后，该进账单经中国银行提交到同城票据交换中心，再传递到本行。经办人员收到票据交换员交来的票据后，办理提入贷方业务。

（1）根据进账单（见图6-6）办理提入贷方业务。

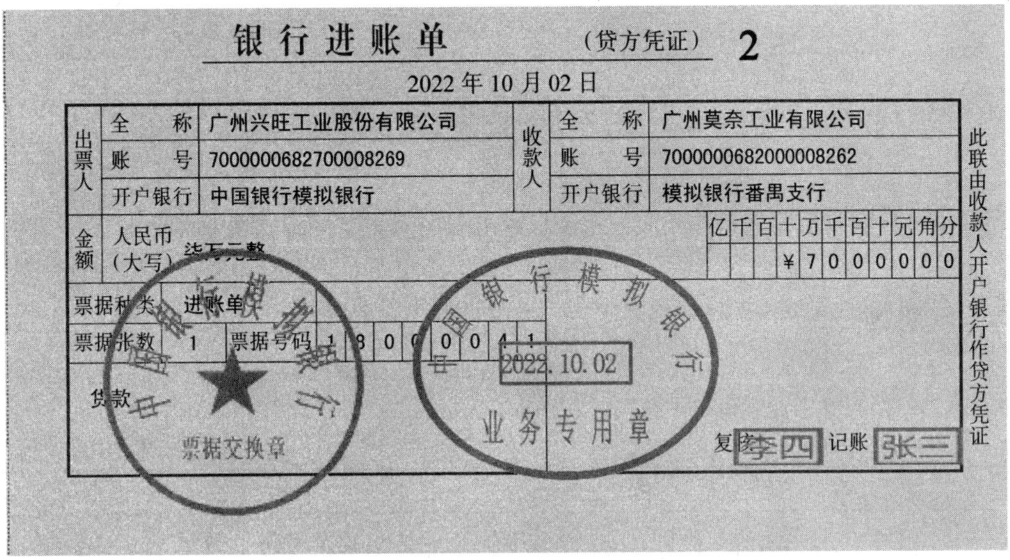

银行进账单　（贷方凭证）　2

2022年10月02日

出票人	全　称	广州兴旺工业股份有限公司	收款人	全　称	广州莫奈工业有限公司
	账　号	700000682700008269		账　号	700000682000008262
	开户银行	中国银行模拟银行		开户银行	模拟银行番禺支行
金额	人民币（大写）	柒万元整		亿千百十万千百十元角分	¥7000000
票据种类	进账单				
票据张数	1	票据号码	18000041		

贷款

票据交换章

中国银行模拟银行 2022.10.02 业务专用章

复核 李四　记账 张三

此联由收款人开户银行作贷方凭证

图6-6　进账单第二联

（2）广州莫奈工业有限公司提入的票据由于收款人名称涂改需要退票，柜员填制退票理由书，见表6-4，并办理提入贷方退票业务。

表6-4　　**退票理由书**

2022年10月03日

出票单位：广州兴旺工业股份有限公司　　　　票据号码：22000041

项目	内容	退票理由
账户款项不足	1. 存款不足	
	2. 超过放款批准额度或经费限额	
内容填写	3. 费用墨汁或碳素墨水填写	
	4. 金额大小写不全、不清楚	
	5. 未填写收款单位或收款人	
	6. 未填写款项用途或填写不明	
	7. 按照国家政策规定不能支付的款项	
日期	8. 出票日期已过有效期限	
	9. 非即期支票	

续表

项目	内容	退票理由
背书签章	10. 背书人签章不清、不全、空白	
	11. 背书人签章与预留银行印鉴不符	
涂改	12. 支票大小写金额和收款人名称涂改	√
	13. 日期、账号等涂改处未盖预留银行印鉴证明	
其他	14. 此户已结清、无此账户	
	15. 出票人已经申请止付	
	16. 非本行承付支票	
	17. 非该户领用此支票	

银行盖章：

【实训5】我行公司客户广州兴旺工业股份有限公司申请办理支票业务。

（1）广州兴旺工业股份有限公司向银行提交“邮电费、手续费、空白凭证收费单”，购买现金支票1本（见表6－5），柜员为客户办理支票出售业务。

表6－5 邮电费、手续费、空白凭证收费单

账户名称：广州兴旺工业股份有限公司

账号：7000000682700008269

2022年10月02日

收取费用				购买凭证		
项目		类别	金额	名称及号码	数量	金额
托收承付及委托收款	笔	手续费		现金支票	1本	¥3000
汇兑	笔	邮费				
同城托收承付	笔	电费				
同城托收无承付	笔	附言加费				
人民币（大写）叁拾元整						
上列款项，请即从本单位账户支付 付款单位盖章				会计分录	经办 复核	

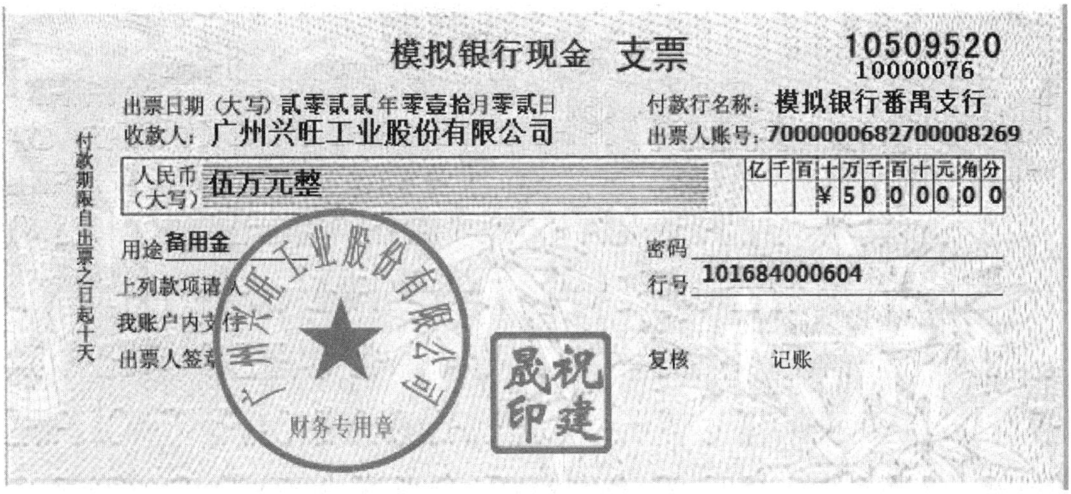
模拟银行现金　支票
10509520
10000076
出票日期（大写）贰零贰贰年零壹拾月零贰日　付款行名称：模拟银行番禺支行
收款人：广州兴旺工业股份有限公司　出票人账号：7000000682700008269
付款期限自出票之日起十天
人民币（大写）伍万元整

亿	千	百	十	万	千	百	十	元	角	分
			¥	5	0	0	0	0	0	0

用途 备用金　密码
上列款项请从　行号 101684000604
我账户内支付
出票人签章　复核　记账
广州兴旺工业股份有限公司 财务专用章
祝晟建印

图 6－7　现金支票

（3）客户广州兴旺工业股份有限公司的现金支票不慎丢失，到银行申请支票挂失，提交挂失止付申请书，见表 6－6。

表 6－6　**挂失止付通知书**

填写日期：2022 年 10 月 02 日

挂失止付人：广州兴旺工业股份有限公司	丧失票据记载的主要内容	票据种类	现金支票
票据丧失时间：2022. 10. 02		号码	10000077
票据丧失地点：广州市番禺区新天地工业园		金额	￥30, 000. 00
票据丧失事由： 遗失。 失票人签章： 2022 年 10 月 02 日		付款人	广州兴旺工业股份有限公司
		收款人	广州伟鸿信息科技有限公司
		出票日期	2022. 10. 02
		付款日期	2022. 10. 02
	挂失止付人联系地址（电话）： 广州市天河区华夏路 18 号，13827283169		

此联是银行给挂失止付人的受理回单

【实训 6】我行个人客户曹启泰持身份证、银行卡到银行申请办理银行本票业务。

（1）曹启泰填写一式三联本票申请书（见表 6－7），申请签发一张不可转让的转账本票，收款人为徐洁，出票金额为 80,000 元。

（2）本票持有人持银行本票和进账单到我行申请本票兑付，见图 6－8 至图6－9，我行柜员办理本票兑付业务。

表6－7 商业银行本票申请书（借方凭证）

申请日期：2022年10月02日 NO. 123679

申请人	曹启泰		收款人	徐洁								
申请人账号或住址	7000000683100008272											
本票金额	人民币捌万元整（大写）	千	百	十	万	千	百	十	元	角	分	
				¥	8	0	0	0	0	0	0	

第二联签发行办理本票的借方凭证

上述款项请从我账户内支付　　　　科　目（借）：________

（申请人盖章）　泰曹印启　　身份证号码：　　　　对方科目（贷）：________

不可转让　　440304198402170020　　　　转账日期：2022年10月02日

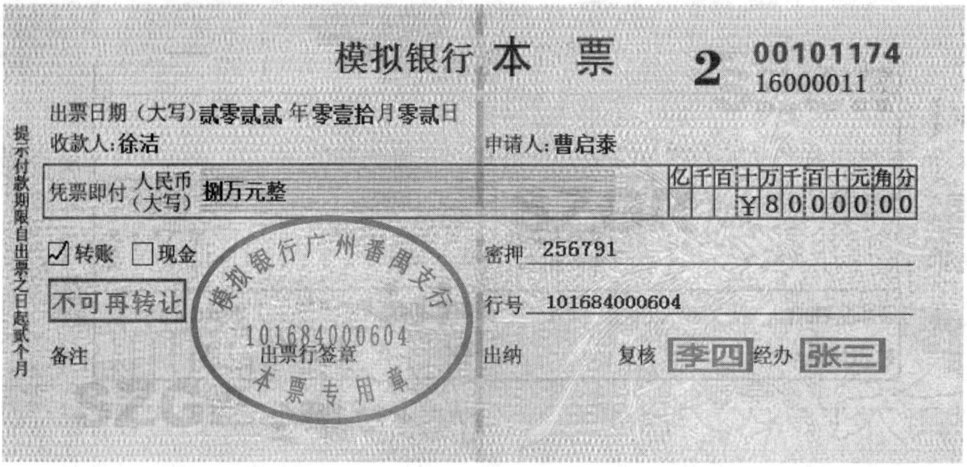

图6－8　银行本票第二联

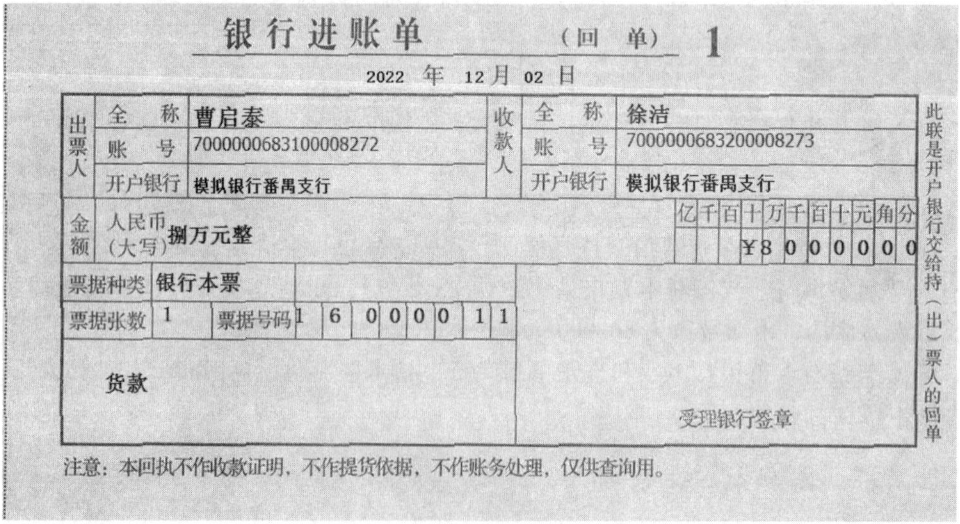

图6－9　进账单

（3）曹启泰签发的另一张现金本票不慎遗失，柜员根据客户提交的挂失止付通知书（见表6－8）办理本票挂失业务。

表6－8 **挂失止付通知书**

填写日期：2022年10月12日

<table>
<tr><td>挂失止付人：曹启泰</td><td rowspan="7">丧失票据记载的主要内容</td><td>票据种类</td><td>银行支票</td></tr>
<tr><td>票据丧失时间：2022. 10. 12</td><td>号码</td><td>16000012</td></tr>
<tr><td>票据丧失地点：深圳市莲花路</td><td>金额</td><td>¥70, 000. 00</td></tr>
<tr><td rowspan="5">票据丧失事由：
遗失。

失票人签章：（曹启泰印）
2022年10月12日</td><td>付款人</td><td>曹启泰</td></tr>
<tr><td>收款人</td><td>徐洁</td></tr>
<tr><td>出票日期</td><td>2022. 10. 02</td></tr>
<tr><td>付款日期</td><td>2022. 12. 02</td></tr>
<tr><td colspan="3">挂失止付人联系地址（电话）：
深圳市莲花路梅岭小区3栋201，13567930201</td></tr>
</table>

此联是银行给挂失止付人的受理回单

【实训7】申请人曹琳女士持身份证和银行卡来到银行申请办理银行汇票业务。

（1）曹琳女士申请签发一张可再转让的转账汇票，付款类型为有卡折支付，手续费收费方式为转账。柜员根据商业银行汇票申请书（见表6－9）为客户办理银行汇票签发业务。

表6－9 **商业银行汇票申请书（借方凭证）**

申请日期：2022年10月03日 NO. 14569812

<table>
<tr><td>申请人</td><td colspan="2">曹琳</td><td>收款人</td><td colspan="10">李云</td></tr>
<tr><td>账号或住址</td><td colspan="2">7000000683300008274</td><td>账号或住址</td><td colspan="10">7000000683400008275</td></tr>
<tr><td>用途</td><td colspan="2">还款</td><td>代理付款行</td><td colspan="10"></td></tr>
<tr><td rowspan="2">本票金额</td><td colspan="3" rowspan="2">人民币陆万元整
（大写）</td><td>千</td><td>百</td><td>十</td><td>万</td><td>千</td><td>百</td><td>十</td><td>元</td><td>角</td><td>分</td></tr>
<tr><td></td><td></td><td>¥</td><td>6</td><td>0</td><td>0</td><td>0</td><td>0</td><td>0</td><td>0</td></tr>
</table>

此联出票行作借方凭证

上述款项请从我账户内支付
（申请人盖章）（曹琳印）
可转让

科　目（借）__________
对方科目（贷）__________
转账日期：2022年10月03日
复核　　　　记账

（2）银行汇票持有人持银行汇票和进账单到银行办理兑付，柜员根据客户提交的银行汇票第二联（见图6－10）、进账单办理银行汇票兑付业务（见图6－11）。

00101148

银行汇票　　2　　17000011

出票日期（大写）：贰零贰贰年零壹拾月零叁日　　代理付款行：　　行号：

提示付款期限自出票之日起壹个月

收款人：李云	
出票金额 人民币（大写）	陆万元整
实际结算金额 人民币（大写）	陆万元整　亿千百十万千百十元角分　¥6000000

申请人：曹琳　　账号：7000000683300008274

出票行：模拟银行番禺支行　行号：101684000604　　密押：158233

备注：　　多余金额：千百十万千百十元角分

凭票付款

出票行签章　（印章：模拟银行广州番禺支行 101684000604 汇票专用章）　　复核 李四　　记账 张三

此联代理付款行付款后作联行往账借方凭证附件

图6－10　银行汇票第二联

银行进账单　（回　单）　1

2022年11月03日

出票人	全　称	曹琳	收款人	全　称	李云
	账　号	7000000683300008274		账　号	7000000683400008275
	开户银行	模拟银行番禺支行		开户银行	模拟银行番禺支行
金额	人民币（大写）	陆万元整		亿千百十万千百十元角分	¥6000000
票据种类	银行本票				
票据张数	1	票据号码	17000011		
					受理银行签章

注意：本回执不作收款证明，不作提货依据，不作账务处理，仅供查询用。

此联是开户银行交给持（出）票人的回单

图6－11　进账单

（3）曹琳女士签发的另一张现金银行汇票不慎遗失，持挂失止付通知书（如表6－10所示）到银行办理挂失。

【实训8】企业客户广州吉利鞋业有限公司持营业执照、法人身份证、公司印鉴等相关资料到我行申请办理纸质银行承兑汇票业务。

（1）柜员根据广州吉利鞋业有限公司提交的承兑申请表（见表6－11）等资料，为客户办理纸质银行承兑汇票承兑登记业务。

表 6－10

挂失止付通知书

填写日期：2022 年 10 月 06 日

挂失止付人：曹琳	丧失票据记载的主要内容	票据种类	银行汇票
票据丧失时间：2022. 10. 03		号码	17000012
票据丧失地点：广州市天河区南华路		金额	￥40, 000. 00
票据丧失事由： 遗失。 失票人签章：曹琳印 2022 年 10 月 06 日		付款人	曹琳
		收款人	李云
		出票日期	2022. 10. 03
		付款日期	2022. 11. 03
	挂失止付人联系地址（电话）： 广州市天河区南华路 58 号，15067109898		

此联是银行给挂失止付人的受理回单

表 6－11

承兑申请表

编号：00000003

模拟银行广州番禺支行：

一、我公司向贵行申请承兑如下商业汇票：

序号	汇票金额	出票人	收款人	签发日期	汇票到期日	款项内容
1	￥80, 000. 00	广州吉利鞋业有限公司	广州豪中商贸有限公司	2022. 10. 03	2023. 04. 03	货款

二、我公司确认和保证如下：

（一）遵守已与贵行签订的《授信协议》（如有）和《银行承兑合作协议》；

（二）根据贵行的要求，按承兑汇票的票面金额的万分之五向贵行支付承兑手续费；

（三）向保证金账户存入承兑汇票票面金额的 40 % 的保证金。该资金自进入保证金账户之日起视为特定化和移交贵行占有，作为上述商业汇票承兑业务的担保，未经贵行许可我公司不得动用；如本申请书所约定的保证金账号与《银行承兑合作协议》的约定不一致的，以本申请书的约定为准。

（四）本申请书所陈述的各项内容及所附资料真实、合法、有效。

申请人（预留印鉴）：广州吉利鞋业有限公司 财务专用章　邹鑫林印

申请日期：2022. 10. 02

银行确认栏（盖章）：模拟银行广州番禺支行 2022.10.02 业务专用章

主要负责人或授权代理人（签字/盖名章）陈清

日期：2022. 10. 02

（2）广州吉利鞋业有限公司开立的银行承兑汇票不慎遗失，持挂失止付通知书（见表 6－12）到我行申请止付，我行柜员办理银行承兑汇票挂失业务。几天后，财务人员又找回，遂到银行办理解挂业务。解除挂失止付通知书见表 6－13。

表 6－12　　**挂失止付通知书**

填写日期：2022 年 10 月 19 日

挂失止付人：广州吉利鞋业有限公司	丧失票据记载的主要内容	票据种类	银行承兑汇票
票据丧失时间：2022. 10. 19		号码	13000011
票据丧失地点：台山市朝阳区南京路		金额	¥80, 000. 00
票据丧失事由： 遗失。 广州吉利鞋业有限公司 财务专用章 鑫邹印林 失票人签章： 2022 年 10 月 19 日		付款人	广州吉利鞋业有限公司
		收款人	广州豪中商贸有限公司
		出票日期	2022. 10. 03
		付款日期	2022. 04. 03
	挂失止付人联系地址（电话）： 广州市白云区新南路步行新天地和升大厦 619 室，13656923186		

此联是银行给挂失止付人的受理回单

表 6－13　　**解除挂失止付通知书**

填写日期：2022 年 10 月 21 日

解除挂失止付人：广州吉利鞋业有限公司	丧失票据记载的主要内容	票据种类	银行承兑汇票
票据丧失时间：2022. 10. 19		号码	13000011
原挂失时间：2022. 10. 19		金额	¥80, 000. 00
广州吉利鞋业有限公司 财务专用章 鑫邹印林 签章： 2022 年 10 月 21 日		付款人	广州吉利鞋业有限公司
		收款人	广州豪中商贸有限公司
		出票日期	2022. 10. 03
		付款日期	2023. 04. 03
	解除挂失止付人联系地址（电话）： 广州市白云区新南路步行新天地和升大厦 619 室，13656923186		

此联是银行给挂失止付人的受理回单

（3）银行承兑汇票到期后，持票人到其开户行办理委托收款业务，柜员根据银行承兑汇票第二联（见图 6－12）办理委托收款登记业务。

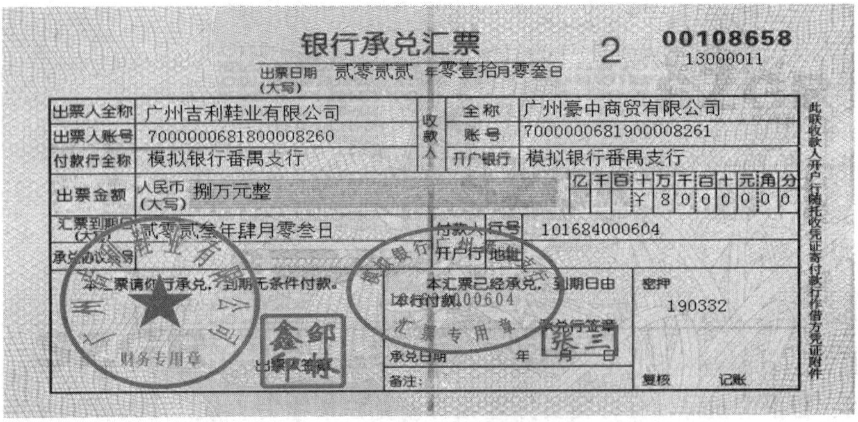
银行承兑汇票　2　00108658
13000011
出票日期（大写）贰零贰贰 年零壹拾月零叁日

出票人全称	广州吉利鞋业有限公司	收款人	全称	广州豪中商贸有限公司
出票人账号	700000681800008260		账号	700000681900008261
付款行全称	模拟银行番禺支行		开户银行	模拟银行番禺支行
出票金额	人民币（大写）捌万元整		亿千百十万千百十元角分	¥8000000
汇票到期日（大写）	贰零贰叁年肆月零叁日	付款行	行号	101684000604
承兑协议编号			地址	
本汇票请你行承兑，到期无条件付款。 出票人签章		本汇票已经承兑，到期日由本行付款。 承兑行签章 承兑日期　年　月　日 备注：		密押 190332 复核　记账

此联收款人开户行随托收凭证寄付款行作借方凭证附件

图 6－12　银行承兑汇票第二联

（4）付款行柜员收到委托收款后，办理结算登记业务。

【实训9】企业客户广州伟鸿信息科技有限公司持营业执照、法人身份证、公司印鉴等资料到银行申请办理电子商业承兑汇票业务。

（1）根据电子商业汇票业务申请表（见图6－13），柜员为客户办理电子商业汇票客户签约业务。

模拟银行广州番禺支行
电子商业汇票业务申请表

2022年　10月03　日

以下客户填写

申请业务：☑开通电子商业汇票业务　☐关闭电子商业汇票业务
☐ 修改签约账号关闭电子商业汇票业务

客户号：70000006826

企业代码：912503762429912869

客户中/英文名称：广州伟鸿信息科技有限公司

签约账号：7000000682600008268

是否已经开通公司网上银行版

是☑否☐

是否已在网上银行设臵操作人员

是☑否☐

是否已在网上银行设臵操作人员的操作权限

是☑否☐

选择“修改签约账号”的请填写：

原签约账号：

新签约账号：

本公司授权　鹿梓晗　办理以上申请业务，申请内容合法有效

授权人签章：鹿梓晗印

公司签章：广州伟鸿信息科技有限公司 财务专用章

授权经办人姓名：鹿梓晗　身份证件类型：身份证

身份证件号码：115626198502256237

以下银行确认

客户号：70000006826　银行业务章：

日期：2022.10.03　流水号：　机构号：　经办：张三　复核：李四

图6－13　电子商业汇票业务申请表

（2）出票人在电子商业汇票系统进行出票信息登记、提示承兑、提示收票、提示付款申请交易。票面信息：出票人广州伟鸿信息科技有限公司，收款人广州莫奈工业有限公司，承兑人广州伟鸿信息科技有限公司，出票日期为2022年10月3日，到期日为2023年4月3

日，票据金额伍拾万元整。

【实训10】对公客户广州莫奈工业有限公司财务人员持公司印鉴等资料到银行办理汇兑业务。

（1）根据客户提交的结算业务申请书（见表6－14），柜员为客户办理跨行汇款业务，并复核发送成功。转账支付手续费，付款人无卡支付，优先级紧急。

表6－14　　结算业务申请书

粤　　NO：15000013

申请日期：2022年10月03日

业务种类：行内汇款□　　境内同业汇款☑　　银行汇票□　　银行本票□

申请人	名称	广州莫奈工业有限公司	收款人	名称	深圳仁鼎仁贸易有限公司
	账号	700000682000008262		账号	999900099900000998
	联系电话			联系电话	（未在我行开户须填写）
	身份证件类型		汇入行名称		中国银行股份有限公司
	身份证件号		汇入行地点		广东省 深圳 市（县）

金额	人民币（大写）	亿	千	百	十	万	千	百	十	元	角	分
	捌万元整				¥	8	0	0	0	0	0	0

扣账方式：转账☑　现金□　其他□		收费账号：
现金汇款请填写	国籍：　　职业：	用途：
支付密码：		附言：货款
申请人签章：（印章：广州莫奈工业有限公司 财务专用章）（印章：周小倩印）		核准：　　经办：

（2）付款行对该笔业务存在疑问，在大小额系统里面发起查询业务，收款行进行查复。

【实训11】企业客户广州豪中商贸有限公司持纸质商业承兑汇票到我行办理委托收款业务。

（1）根据托收凭证（见表6－15），柜员为客户办理委托收款登记业务，同时寄出纸质票据和托收凭证第三、四、五联等。

表 6－15

托收凭证（受理回单）

委托日期：2022 年 10 月 03 日　　　　1

<table>
<tr><td>业务类型</td><td colspan="16">委托收款（邮划、√电划）　　托收承付（邮划、电划）</td></tr>
<tr><td rowspan="3">付款人</td><td>全称</td><td colspan="3">广州兴旺工业股份有限公司</td><td rowspan="3">收款人</td><td>全称</td><td colspan="10">广州豪中商贸有限公司</td></tr>
<tr><td>账号</td><td colspan="3">7000000682700008269</td><td>账号</td><td colspan="10">7000000681900008261</td></tr>
<tr><td>地址</td><td></td><td>开户行</td><td>模拟银行</td><td>地址</td><td colspan="4"></td><td colspan="3">开户行</td><td colspan="3">模拟银行</td></tr>
<tr><td rowspan="2">金额</td><td colspan="5" rowspan="2">人民币壹拾万元整
（大写）</td><td>万</td><td>千</td><td>百</td><td>十</td><td>万</td><td>千</td><td>百</td><td>十</td><td>元</td><td>角</td><td>分</td></tr>
<tr><td></td><td></td><td>¥</td><td>1</td><td>0</td><td>0</td><td>0</td><td>0</td><td>0</td><td>0</td><td>0</td></tr>
<tr><td>款项内容</td><td colspan="2">货款</td><td>托收凭证名称</td><td colspan="2">商业承兑汇票</td><td colspan="5">附寄单证张数</td><td colspan="6">1</td></tr>
<tr><td>商品发运情况</td><td colspan="2">正常</td><td>合同名称编号</td><td colspan="13">202210037892210</td></tr>
<tr><td colspan="3">备注：
复核：李 四　记账：张 三</td><td colspan="3">款项受托日期
年　月　日</td><td colspan="11">模拟银行营业部
业务受理章
收款人开户银行签章
2022 年 10 月 03 日</td></tr>
</table>

此联作收款人开户银行给收款人的受理回单

（2）付款行收到委托收款申请后，进行付款操作，并复核。

（3）收款行收到付款人开户行划来的款项，及时转入收款人账户。

项目七
柜面代理业务实训与练习

【学习目标】

通过本项目学习，了解代理业务种类及特点，了解代收代付业务、代理证券业务、代理外汇买卖业务流程，能熟练办理代收代付、代理证券、代理外汇买卖业务。

【标志性成果】

办理代收水费、代发工资、代理证券业务、代理外汇买卖业务而开立的账户及重要凭证单据。

【重点难点】

重点：能熟练办理代收水费、代发工资、代理国债发行及兑付业务、银证转账开通及银证转账资金划转业务、代理人民币与外币兑换业务。

难点：代理国债发行及兑付业务、银证转账开通及银证转账资金划转业务。

【主要业务】

知识点/技能点	主要内容	处理方法
1. 代收业务	1.1 定义	银行代收业务是银行利用自身网点、人员、汇兑网络等优势，接受行政管理部门、社会团体、企事业单位和个人的委托，代为办理指定范围收款的服务性中间业务
	1.2 种类	代收通信类（电话费、传真费、电子银行服务费等）、物业管理类（水费、电费、燃气费、有线电视费、物业管理费等）、税费类（增值税、企业所得税、印花税等各类税金及附加，其他税务机关和事业单位收取的各种费用等）、交通类（养路费、交通管理费、过桥费等）、社会保障类（医疗保险、失业保险、工伤保险、养老保险、生育保险等）、其他类（代收学费、货款等）

续表

知识点/技能点	主要内容	处理方法
1. 代收业务	1.3 特点	能为客户提供省时、方便、快捷的服务；资金结算及时；方便收款单位统管资金。对于商业银行来说，虽然代收业务金额偏小，但其普及面广、资金成本低、是商业银行扩大市场、提高社会信用度的重要工具
	1.4 处理方式	（1）实时代缴方式 （2）主机批量扣划方式
	1.5 流程	（1）开立账户，签订代收费（代扣费）协议 （2）收费单位将代收费数据传送至代理银行 （3）银行按照收费单位提供的数据收取费用
2. 收付业务	2.1 定义	代付业务是银行利用自身网点、人员、汇兑网络等优势，接受行政管理部门、社会团体、企事业单位和个人的委托，代为办理指定范围付款的服务性中间业务
	2.2 代发款	常见的代付业务是代发款。代发款业务是指银行接受委托单位的委托，将委托单位向单位职工发放的工资、奖金等收入，通过转账方式划入指定职工在本行开立的活期储蓄账户
	2.3 流程	（1）开立存款账户，签订代付业务协议 （2）付款单位按时将代付款数据传送至银行 （3）银行审核后，进入系统操作；款项划入相应的收款人账户
3. 代付业务—代发工资	3.1 特点	代发工资是指银行受机关、企事业单位或其他经济组织的委托，通过转账方式，按约定的时间将员工的薪金收入划转到员工在银行开立的活期存款账户的一项中间业务
	3.2 相关规定	（1）代理行应与发薪单位签订《委托银行代发工资协议书》。代理行按代发工资的实际金额向发薪单位收取一定的手续费。收费标准由双方商定并在协议中明确 （2）如果用数据文件传输方式办理代发业务，则必须对发薪单位的数据文件格式加以规范化 （3）代发工资实行“实名制”，个人有效身份证号码由发薪单位统一提供和确认 （4）代理行营业网点不得为委托单位垫款
	3.3 流程	（1）委托单位与银行签订委托银行代发工资协议。协议内容包括双方的职责、操作程序、代理费用等 （2）委托单位在银行开立基本存款账户，银行为委托单位员工开立活期账户 （3）委托单位发送数据文件，银行及时代发工资
4. 代理证券业务	定义	代理证券业务是指银行代理发行、兑付、买卖各类有价证券业务，接受委托代办债券还本付息、代发股票红利、代理证券资金清算等业务
5. 代理证券业务—国债	5.1 含义	国债是由国家发行的债券，是中央政府为筹集财政资金而发行的一种政府债券，是中央政府向投资者出具的、承诺在一定时期支付利息和到期偿还本金的债权债务凭证

续表

知识点/技能点	主要内容	处理方法
5. 代理证券业务—国债	5.2 分类	按发行的凭证为标准，可分为凭证式国债和记账式国债。凭证式国债是指国家用填制国库券收款凭证的方式发行的债券；记账式国债，是指财政部通过记账式国债承销团向社会各类投资者发行的以电子方式记录债权的可流通国债。
	5.3 发行流程	（1）认购人持现金、身份证及填好的现金存款凭条交柜员 （2）柜员审核资料，点收现金 （3）进入系统操作 （4）打印国债凭证及收款凭证，签章后将相关凭证、身份证交给客户
	5.4 兑付业务流程	（1）客户交来身份证、凭证式国债 （2）柜员审核资料 （3）进入国债凭证兑付界面操作 （4）打印国债凭证、利息清单交客户
6. 代理证券投资基金	6.1 定义	代理证券投资基金业务是指银行接受基金管理人委托，从事代理销售证券投资基金及注册登记的业务。代理证券投资基金销售业务的方式有营业网点柜台、自助终端、电话银行、网上银行
	6.2 开户流程	（1）客户将《基金开/销户申请书》、身份证原件及复印件、资金账户卡交柜员 （2）柜员审核资料 （3）系统操作，建立客户基金交易账户与基金资金账户唯一对应关系 （4）打印、签章将相关凭证交客户
	6.3 认购/申购流程	（1）将代理基金申/认购申请表、基金账户卡、基金交易卡交柜员 （2）柜员审核资料后进行系统操作，确定认购（申购）交易 （3）将相关凭证签章后交客户
	6.4 赎回流程	（1）将代理基金赎回申请表、资金账户卡、基金交易卡交柜员 （2）柜员系统操作，确定赎回交易 （3）打印代理基金赎回凭证，签章后交客户
7. 代理银证转账	7.1 第三方存管	境内个人和机构投资者开通银证转账进行证券投资时，需要将本人资金在银行结算账户和证券资金账户之间转账，“第三方存管”是专用于办理人民币证券交易资金转账的服务和唯一途径
	7.2 银证转账	银证转账是指将投资者在银行开立的结算存款账户（或借记卡）与证券公司的资金账户建立对应关系，实现资金在银行和证券公司之间的划转
	7.3 业务流程	（1）客户到证券机构网点申请开通银证转账业务 （2）证券机构网点为客户开立股东账户、证券资金账户 （3）客户到储蓄所或证券机构网点，填写《银证资金转账业务协议书》和开户登记表 （4）办理开户
	7.4 划转业务流程	（1）接到客户提交的银行账户卡（储蓄卡）、证券资金卡等 （2）进行系统操作 （3）提交成功后，打印相关凭证签章后同银行卡、证券资金卡交客户

续表

知识点/技能点	主要内容	处理方法
8. 代理外汇买卖业务	8.1 含义	代理外汇买卖业务是指银行利用其交易系统（包括柜台、自助终端、电话银行及网上银行），为客户提供调换外汇币别和期限，帮助客户管理外汇资产、优化外汇资产币别结构，达到防范汇率风险谋取较大收益的代理业务
	8.2 业务流程	（1）客户将身份证、个人外汇储蓄存款账户活期一本通、填好的个人外汇买卖申请书交给柜员 （2）柜员审核资料，无误后进行系统操作。交易完成后将打印证实书交客户

【习题】

一、单选题

1. 商业银行的代理业务不包括（　　）。

A. 代发工资　　B. 代理财政性存款

C. 代理财政投资　　D. 代销开放式基金

2. 商业银行接受客户委托，代为办理客户指定的经济事务、提供金融服务并收取一定费用的业务称为（　　）。

A. 资金交易业务　　B. 柜台业务

C. 个人信贷业务　　D. 代理业务

3. 以下不适用于公用事业费转账业务的有（　　）。

A. 水电、煤气（天然气）费　　B. 市内电话费

C. 联通、移动手机话费　　D. 公房房租

E. 交通违章罚款

4. 委托单位代发工资款项应来源于（　　）或经财政部门同意设立的零余额账户。

A. 基本账户　　B. 一般账户

C. 临时账户　　D. 专用账户

5. 下列账户中，不属于机构投资者办理第三方存管业务可使用的账户是（　　）。

A. 定期存款账户　　B. 借记卡

C. 基本存款联户　　D. 专用存款账户

6. 我行《代理付款协议书》中规定代付业务按（　　）收取手续费。

A. 次　　B. 笔　　C. 合同约定　　D. 金额

7. 银行网点发行的国库券为凭证式国债，（　　），使用专用凭证。

A. 可记名，可上市转让，但不可挂失　　B. 不记名，不挂失，可上市转让

C. 可记名，可挂失，但不可上市转让　　D. 不记名，不挂失，不可上市转让

8. 国债的起存金额为（　　）元。

A. 10　　B. 50　　C. 100　　D. 500

9. 如果直系亲属代理办理购、结汇的需提供：直系亲属关系证明、委托人身份证材料、受委托人证明材料和（　　）。

A. 户口本　　B. 直系关系公证书

C. 超额结售汇证明材料　　D. 委托人授权书

10. 境外个人在办理个人结售汇业务，由于名字过长，银行业务人员在“个人结售汇系统”（　　）录入姓名全位。

A. “个人结售汇系统”“备注栏”处　　B. “个人结售汇系统”“空白”处

C. 无须注明　　D. 以上均正确

二、多选题

1. 银行的代理业务包括（　　）。

A. 代理财政投资　　B. 代理银行业务

C. 代理证券业务　　D. 代理保险业务

E. 代收代付业务

2. 需批量录入的各项代理业务，必须坚持（　　）原则。

A. 双人办理　　B. 换人复核

C. 打印清单　　D. 专人处理

3. 代发工资业务收费采取按（　　）等方式进行，需进行收费减免的，应当全面考虑委托单位的综合收益，参照各银行中间业务收费减免的相关政策。

A. 按笔收费　　B. 按金额

C. 协议收费　　D. 不收费

4. 对公批量付款渠道在系统中有（　　）。

A. 大额实时　　B. 交换提出

C. 行内汇划　　D. 小额支付

5. 以下对公批量付款交易操作说法正确的有（　　）。

A. 对于由磁盘导入的数据，所有导入数据不可修改或删除

B. 批量付款每批笔数上限100笔

C. 客户提交纸质明细清单应检查内容是否涂改，涂改的应视为无效洁单

D. 批量明细数据在执行批付款交易前支持整批删除

6. 基金是指通过发售基金份额，将众多投资者的资金集中起来，形成独立财产，由基金托管人托管，基金管理人管理，以投资组合的方式进行证券投资的一种（　　）、（　　）的集合投资方式。

A. 利益共享　　B. 分享财富增值

C. 风险共担　　D. 规避风险

7. 必须到原开户网点办理的凭证式国债业务有（　　）。

A. 正式挂失　　B. 挂失补发

C. 司法冻结　　D. 支取兑付

8. 下列说法正确的是（　　）。

A. 居民个人和居民机构办理结汇按外汇资金来源审核材料

B. 居民个人和居民机构办理售汇按外汇资金用途审核材料
C. 非居民个人和非居民机构办结汇按外汇资金来源审核材料
D. 非居民个人和非居民机构办售汇技人民币资金来源审材料

三、判断题

1. 公用事业费转账业务是指银行代收水、电、煤气各类公用事业费以及市话，电信，联通和移动信费，同时也是一项免除“缴费难”困扰的便民服务。（　　）
2. 代理收付业务本质为客户与第三方发生业务关系，银行仅作为资金的代收和代付方。（　　）
3. “批量开户制盘文件清单”及客户申请资料等作为当日会计凭证的附件。（　　）
4. 代理业务不为客户垫付款项，只收取相关的手续费。（　　）
5. 对于证券公司在存管银行开设的客户交易结算资金专用存款账户中属于所有客户共有的资金，法院不得冻结、扣划。（　　）
6. 储蓄国债发行对象为个人投资者、企事业单位、行政机关和社会团体等。（　　）
7. 现汇账户无法办理外币现钞取现。（　　）
8. 年度额度内个人结售汇业务可以由直系亲属代办。（　　）

【实训】

【实训1】

（1）广州自来水有限公司（营业执照为91440300MA5K5DBW9A；企业类型为有限责任公司；行业类别为商业客户；成立日期为2022年8月30日；注册资金为1,200万元；公司地址为广州市番禺区新碧路13号；联系人为习中继；手机号码为13915284671；法定代表人为尹棠泱；身份证号码为440306197305189878；手机号码为13968581257）财务人员来我行办理水费代收业务并且开立商业存款基本户，开户存入现金128,000元。

（2）代理明细管理时，明细信息来源为手工录入。代扣费明细见表7－1，代收个人客户陆永航的1笔水费，金额为100.89元，陆永航选择用I类借记卡账户转账交易，凭证类型为借记卡，我行柜员完成逐笔代收（有代理清单）操作。

表7－1　　代扣费明细

广州自来水有限公司（代扣费明细）					
姓名	卡号	身份证号	金额	电话	备注
陆永航	0020000097600001168	440205198205271536	100.89	13526972525	

（印章：广州自来水有限公司；张琳）

【实训2】

（1）广州市公安局交警大队支队（统一社会信用代码为91440300MA1254M968；企业

类型为集体所有制，行业类别为其他企业客户，成立日期为2022年8月30日，注册资金800万元人民币，公司地址为广州市番禺区市桥镇禺山大道5号，联系人为苗宁恬；手机号码为13969587582；法定代表人为俞君杵；身份证号码为440306197503187531；手机号码为13978451265）财务人员来我行开立行政事业单位存款活期基本户，开户存入现金116,500元，并且办理行政事业罚没基金代收业务。

（2）代收夏雨先生之前欠缴的多起交通违章罚款，总计金额为500元。

（3）夏雨先生用I类借记卡账户进行转账交易，凭证类型为借记卡，涉及对象标志为标识1，我行柜员完成逐笔代收（无代理清单）业务。

（此处印制公安机关交通管理部门名称）

公安交通管理行政处罚决定书

X公交决字[2018]第1967001号

被处罚人：夏雨 联系方式：15017425706

机动车驾驶证/居民身份证号码：440151198901162532

机动车驾驶证档案编号：440150767576 准驾车型：C1

发证机关：广东省广州市公安局交通警察支队

车辆牌号：粤AM567 车辆类型：小轿车

现查明被处罚人于2022年8月30日9时23分，在沙湾市良路1206号路段实施 闯红灯 违法行为（代码023）。

以上事实有 摄像监控 等证据证明。

根据《道路交通安全管理条例》，决定给予：

□罚款 200 元 持本决定书在15日内到___省内建设银行___银行缴纳。到期不缴纳罚款的，每日按罚款数额3%加处罚款。

□暂扣机动车驾驶证___月 机动车驾驶证是否转递：□是 □ 否

___年___月___日后到______________领取。

□吊销机动车驾驶证

如不服本决定，可以在收到本决定书之日起60日内向______申请行政复议；或者在3个月内向______________人民法院提起行政诉讼。

（公安机关交通管理部门盖章）

广州市公安局交通警察大队支队

2022年 8月 30 日

被处罚人签名：__________ 年 月 日

备注：______

图7－1 公安交通管理行政处罚决定书

【实训3】

（1）广州市兴源商贸有限公司（统一社会信用代码为91203535159841001F；企业类型为有限责任公司；行业类别为商业客户；成立日期为2022年8月30日；注册资金为2000万元；公司地址为广州市番禺区校园路2号；联系人为卫兰；手机号码为13826910357；法定代表人为周雨辰；身份证号码为110127198404181837；手机号码为18259571697）的财务人员携带相关证件来我行开立商业存款活期基本户一个，开户存入现金200,000元。

（2）广州市兴源商贸有限公司财务人员与我行签订代发工资合同。其中，明细信息来源为手工录入，共1笔，总金额为9,600元，代发员工何嘉瑞工资9,600元，我行柜员为该公司处理完成代发工资业务。《中国××银行代付业务申请表》见表7-2，代发工资明细见表7-3。

姓名：何嘉瑞

手机号：15218976927

证件号：443129197601231950

邮箱：1271616861@qq.com

邮编：511431　　　　　地址：广州市番禺区滨江路5巷

表7-2　　　　　　　　　中国××银行代付业务申请表

功能	☑签约　　　　□维护　　　　□解约		
客户填写			
客户名称	广州市兴源商贸有限公司	客户编号	00200000983
单位证件类型	☑营业执照　□其他＿＿＿＿	单位证件号码	91203535159841001F
单位经办人	卫兰	经办人证件类型及号码	□身份证号码 110127198404181837 □其他＿＿＿＿
单位经办人电话	13826910357	单位通讯地址	广州市番禺区校园路2号
签约账户	0020000098300001175	签约账户名称	广州市兴源商贸有限公司
生效日期	2022-8-30	失效日期	
产品使用渠道	□企业网银 □银企直联		
业务范围	□默认（建行+跨行业务）　□建行业务　□跨行业务		
代付业务用途	☑工资　□资金　□报销　□补助　□费用　□福利　□差旅费 □劳务费　□检测费　□设计费　□住宿费　□伙食费　□生活费　□其他＿＿		
交易限额	日交易限额：500万元	月交易限额：1,000万元	
	代发工资年限额：5,000万元	对私单笔限额：5万元	
交易路径	□默认　　□大小额　　□超级网银		
扣费账户	□同签约账户　　□其他＿＿＿＿		
扣费账户名称	□同签约账户名称　　□其他＿＿＿＿		
银行填写			
收费标准	□按笔数	建行同城：□基准价格	□＿＿元/笔
		建行异城：□按人民银行汇划标准	□＿＿元/笔
		跨行同城：□按人民银行汇划标准	□＿＿元/笔
		跨行异城：□按人民银行汇划标准	□＿＿元/笔
	□协议定价	□包年包月一口价：＿＿＿＿（元）按年/月	
		□阶梯定价：＿＿＿＿	
手续费收取周期	□实时计扣　□按日计扣　□按月计扣　□按提计扣		
扣费日期	＿＿月＿＿日（按年计扣设置扣费月和扣费日；按月计扣设置扣费日）		

续表

银行打印		
功能：	单位名称：	单位编号：
产品合约编号：	产品合约名称：	签约账户：
签约账户名称：	扣费账户：	扣费账户名称：
产品使用渠道：	电子合约编号：	签约日期：
我单位保证以上所填内容完全属实，同意中国××银行按上述内容进行业务处理。 法定代表人（负责人）卫兰 或授权代理人（签章） 卫兰 （单位公章） 年 月 日	银行审核意见： 经办：刘娟 审核：谢洪 经办机构： 机构号： 谢洪 （单位公章） 年 月 日	

表7－3　代发工资明细

广州市兴源商贸有限公司（代发工资明细）				
姓名	卡号	身份证号	金额	电话
何嘉瑞	0020000098300001175	110127198404181837	9，600	13826910357

卫兰

【实训4】

（1）广州市景致物业管理有限公司（统一社会信用代码为914403003598959986；企业类型为有限责任公司；行业类别为商业客户；成立日期为2022年8月30日；注册资金为1，000万元；公司地址为广州市番禺区螺山路7号；联系人为卫未；联系人手机号码为15274303987；法定代表人为公孙致和；身份证号码为440305198506061979；手机号码为15274359889）的公司财务人员携带相关证件来我行开立商业存款活期基本户一个，开户存入现金185，000元。

（2）广州市景致物业管理有限公司的经办人来我行办理电费托收业务。

（3）代理批量管理时，明细信息来源为手工录入，托收个人客户金洗电费，总笔数1笔，总金额为238.17元（代扣费明细见表7－4），金洗选择用Ⅰ类借记卡账户转账交易，凭证类型为借记卡，我行柜员完成批量托收（代扣）业务。

表 7-4　　代扣费明细

广州市景致物业管理有限公司（代扣费明细）				
姓名	卡号	身份证号	金额	电话
金洗	0020000009850001177	440305198506061979	238.17	15274303987
		卫未		

项目八
日终处理实训与练习

【学习目标】

通过本项目学习，熟悉柜员日终平账、签退流程，了解网点日终平账、签退流程。

【标志性成果】

柜员平账并成功签退，网点平账并顺利签退、关闭网点。

【重点难点】

重点：柜员日终平账、签退流程。
难点：网点日终平账、签退流程。

【主要业务】

知识点/技能点	主要内容	处理方法
1. 柜员日终轧账签退	1.1 定义	柜面日终操作处理是在一天营业结束后，柜员轧账、账实核对、上缴钱箱、签退，机构轧账、凭证整理、库箱送库、签退、关机等工作，以确保当天业务处理的正确性，保证资金安全，为第二天的营业作铺垫
	1.2 结平现金	（1）核对现金账实 （2）上缴实物钱箱：上缴钱箱时，库管员会同柜员在监控下清点款项，如果发现差错首先应该如数退还给柜员重新清点款项

续表

知识点/技能点	主要内容	处理方法
1. 柜员日终轧账签退	1.3 核对重要空白凭证	（1）账实核对。每日营业终了，柜员应将空白的重要凭证与相关登记簿进行账实核对，确保账实、账账核对相符 （2）打印“柜员重要空白凭证轧账单”。核对柜员保管的各种重要空白凭证的数量和起始号码，并与“柜员重要空白凭证轧账单”上的凭证数量、号码进行核对
	1.4 柜员轧账	（1）检查柜员平账器 （2）打印柜员平账报告表、重要空白凭证核对表 （3）整理核对交易清单 （4）检查账实是否相符，见业务一 （5）重要空白凭证的核对与上缴
	1.5 柜员日终签退	（1）完成日终平账，移交平账报告表及交易清单 （2）办理柜员签退。坐班主任、主管或复核员复核各柜员提交的平账报告表及交易清单无误后，临柜柜员办理签退手续
2. 营业网点日终业务	2.1 业务流程	（1）银行柜员清点现金，进入系统完成核对现金账实，核对现金发生额、上缴现金和上缴钱箱操作，同时将实物现金上缴给库管员 （2）银行柜员进入系统查询并打印空白重要凭证记录，清点空白重要凭证并与记录核对，核对存折账实情况 （3）银行柜员轧打凭证后，进入系统进行轧账操作，打印柜员轧账表和现金交接登记簿 （4）柜员完成系统签退，并整理好柜台物品，将印章、空白重要凭证以及各类重要物品入库上锁保管 （5）库管员填写或打印网点款箱、封包上送清点，待库车到达后，会同营业经理将库箱交给押运员，并办理好交接手续 （6）银行柜员与营业经理双人复打当日传票 （7）各柜员完成当日工作后，营业经理进行安全检查，开启报警器，最后关闭网点
	2.2 营业网点日终平账	（1）汇总轧差。各柜员轧账平衡后，由营业网点主管对本网点当日处理的业务进行汇总轧差，确保网点借贷方发生额与各柜员轧账发生额汇总数一致 （2）打印清单。网点轧差平衡后，打印网点平账报告表、会计平账移交单、现金收付汇总表、现金借贷汇总表等各种清单 （3）账务核对。营业网点平账报告表的现金余额=现金余额结计表的现金余额=各柜员实际现金余额+库存现金余额 报告表上的凭证余额=各柜员实际凭证余额+库房存放凭证余额 （4）凭证整理移交。营业网点主管将柜员移交凭证整理后交事后监督
	2.3 营业网点日终签退	（1）完成网点日终平账。营业网点主管或主办认真审核各临柜柜员提交的柜员平账报告表及交易清单，使用各种“查询”交易进行账账、账实核对，无误后打印网点平账报告表，完成网点日终平账 （2）营业网点日终签退。网点业务主管或主办完成网点日终平账后，办理日终签退 （3）关闭网点。营业经理待网点所有工作处理完成后，检查银行各项安全措施是否到位，开启报警系统，关闭网点

【习题】

一、单选题

1. 柜员将款项交给库管员，库管员会同柜员在监控下清点款项，如果发现差错首先应该（　　）。

A. 如数退还给柜员重新清点款项

B. 长款部分退给柜员并让柜员查明原因

C. 短款部分由柜员贴补并查明原因

D. 将差错部分记录在登记簿次日查明原因并解决

2. 营业终了，柜员对当日无法核销的过渡账项，经运营主管审批，登记（　　）后，作挂账处理。

A. 重要事项登记簿　　B. 柜员交接登记簿

C. 运营主管工作日志　　D. 会计档案调阅登记簿

3. 柜员签退前必须做好自身传票与（　　）的核对工作。

A. 原始凭证　　B. 附件

C. 核证行　　D. 其他票据

4. 营业终了网点签退时，由（　　）以上主管办理营业机构的行所签退。

A. 一级（含）　　B. 二级（含）

C. 三级（含）　　D. 以上均可

5. 柜员正式签退联动打印（　　）并签章。

A. 网点日终平账报告表　　B. 柜员日间对账报告表

C. 柜员日终平账报告表　　D. 部门平账报告表

6. 柜员每日必须自查的内容（　　）。

A. 库存现金每日账款核对

B. 重要空白凭证每日账实核对

C. 每日日终，现金要全部上缴库管员

D. 根据交易流水与当日会计凭证进行勾兑

E. 以上都必须

二、多选题

1. 日终柜员将自身传票按（　　）。

A. 顺序整理，并确保传票顺序号连续

B. 传票号由大到小

C. 传票号由小到大

D. 传票业务种类无所谓

2. 柜员日终处理的主要工作是核对、确认账务，做到账实、账账、账证相符，主要包括（　　）。

A. 清点钱箱现金、重空、有价单证等会计事项，做到账实、账证相符

B. 换人核对现金、重空、有价单证账实相符后，双人装箱上锁，并在柜员钱箱清单中由核对柜员签章确认

C. 如柜员日结不平，必须逐笔查找，核对正确后再做日结

3. 整理核对交易清单时要注意（　　）。

A. 传票数量与柜员轧账表上的交易清单数是否相符，传票号是否保持连续

B. 按传票号从小到大的顺序整理、排列交易清单，原始凭证作为交易清单的附件

C. 由系统直接打印出来的业务凭证需重点核对该笔业务的真实性

D. 由客户（或柜员）手工填写的原始业务凭证需重点核对发生额、账号等要素是否一致

4. 柜员因故暂离岗位，需要（　　）。

A. 操作系统签退　　B. 私人印章进保险箱

C. 重要空白凭证锁入保险箱　　D. 现金锁入保险箱

5. 网点轧差平衡后，需要打印的资料有（　　）。

A. 网点平账报告表　　B. 会计平账移交单

C. 现金收付汇总表　　D. 现金借贷汇总表

三、判断题

1. 柜员轧账后不可以再进行业务操作，如果尚有业务需要处理，必须进行柜员平账解锁，才可以继续做业务。（　　）

2. 柜员或机构签退时，若出现警告信息，但不影响签退的，可不予理会。（　　）

3. 营业网点出现异常情况，柜员无法轧账时，必须向一级支行（县市机构）汇报，并将柜员的结存现金和网点的结存凭证如实上报一级支行（县市机构）。（　　）

4. 柜员日终上缴给库管的现金尾数袋，不需要上锁或封包。（　　）

5. 柜员自行清点好当日结存的空白重要凭证，即可直接上缴给重空管理人员。（　　）

6. 柜员办理移交，必须由会计主管指定专人负责接管，双方当面办理交接手续，并由会计主管监交。（　　）

【实训】

请按照规定的程序进行日终结平现金业务的操作。

参考答案

项目一　岗前准备工作实训与练习参考答案

【习题】

一、单选题

1.【答案】C。【解析】单柜员制是柜员制发展的初始形式，一般应用于储蓄业务领域，即柜员独立处理储蓄业务。

2.【答案】B。【解析】综合柜员岗位主要负责前台柜面业务处理和现金、凭证、尾箱管理工作。其中包括优先办理VIP叫号的客户业务，办理对公业务，对公现金业务、对公账户的开立和撤销、批量开卡、代发工资等工作。

3.【答案】D。【解析】在客户服务工作中，遇到客户的正确批评时要虚心接受，客户的正确批评是我们改进服务的动力，要认真解决。

4.【答案】A。【解析】在工作岗位服务中，语言要清楚，语调要适中，语气要平和，提倡说普通话，非特殊原因不说方言和土语。

5.【答案】D。【解析】男员工身着工装时，应配穿黑色皮鞋、系领带。领带要保持挺括、干净，系戴端正，长短适度。夏季身着制式衬衣时，衣摆应扎入裤内；头发长短适宜，不蓄胡须，不佩戴饰物。

6.【答案】B。【解析】柜员在办理现金业务中发现假币，应立即换人复核，并由两名持有“反假货币上岗资格证书”业务人员在持有人视线范围内办理假币收缴手续。

7.【答案】A。【解析】重要空白凭证是指无面额的经银行或单位填写金额并签章后即具有支付效力的空白凭证。重要空白凭证包括支票、银行汇票、商业汇票、不定额银行本票及其他重要空白凭证等。

8.【答案】C。【解析】对假外币和假硬币，应当着持有人的面用“金融机构收缴假币专用封装袋”封装，并在封口处加盖“假币”戳记，在专用袋上注明相关信息，加盖柜员名章。

9.【答案】B。【解析】冻结客户存款，必须由县级或县级以上司法部门向银行出具正式冻结通知，冻结期限不得超过6个月，否则应重新办理冻结手续。

10.【答案】D。【解析】在办理现金业务中，客户如对假币收缴程序有异议的，可在60个工作日内向人民银行当地分支机构申请行政复议或依法提起行政诉讼。

二、多选题

1.【答案】ABD。【解析】银行客户服务原则是“以客户为中心”，一般体现在如下几个方面：根据客户的需求开发服务产品、创新服务功能；从满足客户需要出发创新经营管理体制、完善业务管理制度、改造业务经办流程；以让客户满意为宗旨建立服务文化。

2.【答案】BCD。【解析】柜长主要负责后台综合业务和对综合柜员在业务权限中的授权、密押管理、系统开机、日终平账等工作。具体包括：负责每天早上系统地开机及日终工作；负责每天对前台柜员尾箱的现金和重要空白凭证核打，确保账实相符；按规定对权限内的业务进行授权复核等工作。

3.【答案】ABCDE。【解析】网点柜台人员每日营业前应提前到达网点，并做好以下工作：打扫营业柜台内的卫生；清洁ATM及各种电脑、机器设备；检查并开启各类机器设备，并摆放整齐，保证设备正常运行；检查印章是否齐全，并摆放有序；整理营业厅及柜台摆放的资料；检查便民服务措施是否齐全；检查利率牌及日历牌的内容是否正确；检查自身着装并挂好工号牌，做到整洁、庄重、规范；检查随身携带物品、用具是否符合要求等工作。

4.【答案】ABC。【解析】银行柜员工作时间均应使用文明用语和普通话。自觉使用“请”“您好”“谢谢”“对不起”“再见”十字文明用语，做到“请”字当头，“您”字跟上，未达到对方满意时应说“对不起”。坚持“三声服务”，即来有迎声、问有答声、走有送声。凡语气生硬、不耐烦或具讽刺、挖苦、搪塞、埋怨、刁难等意味的语言均属于服务禁语。

5.【答案】ABDE。【解析】柜员上解现金业务规程要求柜员上解现金业务时，管库员使用上解现金交易处理，输入币种、券别、金额、上解柜员号等要素，柜员确认。

6.【答案】CDE。【解析】有权查询、冻结、划扣单位存款与个人存款的执法机关有人民法院、税务机关、海关。

三、判断题

1.【答案】×。【解析】国家安全机关有权查询与冻结单位存款及个人存款，但是无权划扣。

2.【答案】×。【解析】一次性发现假人民币20张（枚）及以上、假外币10张及以上的应当立即报告当地公安机关。

3.【答案】√。【解析】银行员工仪态规范要求银行员工语言得体，说话时使用规范语言，语音适中，吐字清晰。与人交谈时，应尽量避免打哈欠、喷嚏、咳嗽，当难以控制时，应侧面回避，并适当遮掩。

4.【答案】√。【解析】假币持有者如对被没收的货币真伪有异议的，可在7个工作日内向中国人民银行当地分支机构或人民银行授权的鉴定机构申请鉴定；如对假币收缴程序有异议的，可在60个工作日内向人民银行当地分支机构申请行政复议或依法提起行政诉讼。

5.【答案】×。【解析】能辨别面额，票面剩余四分之三及以上，其图案、文字能按原样连接的残缺、污损人民币应按原面额全额兑换。

6.【答案】×。【解析】重要空白凭证管理基本规定银行汇票、银行本票、印鉴卡等银行内部使用的重要空白凭证不允许出售。

7.【答案】√。【解析】重要空白凭证要专人管理，实行"证、印分管，证、机分管，证、账分管"的原则。

8.【答案】√。【解析】非营业室工作人员，不得随意进入营业室内。因公需进入营业室的，必须经过批准并登记后方可进入。上级行检查人员，需由本行有关人员陪同，持介绍信和本人证件，登记后方可进入检查。

项目二　人民币储蓄柜面业务实训与练习参考答案

【习题】

一、单选题

1.【答案】D。【解析】香港、澳门同胞，为港澳同胞回乡证或者出入境通行证。

2.【答案】B。【解析】16周岁以下未成年人，应由监护人代为办理业务。

3.【答案】A。【解析】存款业务先收款，后记账；付款业务先记账，后付款。

4.【答案】A。【解析】自助银行是商业银行为客户提供24小时自助服务的营业场所。

5.【答案】B。【解析】非凭密码支取的个人存款账户办理结清/销户，须在原开户网点网点办理，并审核相关存款凭证和约定的支取方式（如凭印鉴）。凭密码支取的个人存款账户结清/销户可在任意一个联网网点办理，须验证账户支取凭证密码。

6.【答案】B。【解析】人民币整存整取定期储蓄存款起存金额为50元。

7.【答案】B。【解析】定期提前支取时，提前支取部分按支取日当天的活期存款利率计。

8.【答案】C。【解析】人民币零存整取定期储蓄存款是存款时约定存期，按月定额存储，到期一次支取本息的业务。

9.【答案】B。【解析】人民币教育储蓄本金不能超过20,000元。

10.【答案】D。【解析】存本取息定期储蓄起存金额为5,000元。

11.【答案】A。【解析】定活两便储蓄存款存期不足三个月的和打六折后低于活期利率的，按活期利率计息；定活两便储蓄存款存期3个月以上（含3个月）不满半年的，按支取日定期整存整取3个月利率打六折计息；存期半年以上（含半年）不满一年的，按支取日定期整存整取半年期利率打六折计息；存期超过一年，无论多长，一律按一年期定期利率打六折计息。

12.【答案】A。【解析】通知存款支取按支取日挂牌公告的相应利率水平和实际存期计息，利随本清。

二、多选题

1.【答案】ABC。【解析】储蓄账户只能办理本人名下的存取款业务和转账，而不能对他人或单位转账，也不能接受他人或单位的资金转入。

2.【答案】ABC。【解析】Ⅰ类账户的特点是：安全性要求高、资金量大、适用于大额支付；Ⅱ、Ⅲ类账户的特点是：便捷性突出、资金量相对小、适用于小额支付。

3.【答案】ABCDE。【解析】柜员办理取款业务的流程为先询问取款金额、核实证件和凭证、电脑操作、客户签字、配款支付。

4.【答案】BCD。【解析】16 周岁以下未成年人，应由监护人代为办理挂失业务，故 A 错误。

5.【答案】ABCDE。

6.【答案】ABC。【解析】网银开户业务不可代办。

7.【答案】ABCD。【解析】以上业务都需要提供客户及代理人有效身份证件并进行有效身份证件验证核查。

8.【答案】ACD。【解析】整存整取定期储蓄存期分为三个月、半年、一年、两年、三年和五年。

9.【答案】ABC。【解析】人民币零存整取定期储蓄存款存期分为一年、三年和五年。

10.【答案】BCD。【解析】初中在读学生不属于教育储蓄享受免征利息税优惠政策的对象。

11.【答案】ABD。【解析】普通活期存款的凭证为存折。

12.【答案】ABCD。

三、判断题

1.【答案】×。【解析】每个客户在同一银行只有唯一的客户号。

2.【答案】×。【解析】必须进行反洗钱制裁名单检索。

3.【答案】√。【解析】若无卡、无折现金存款必须由客户填写存款凭证。

4.【答案】×。【解析】所有业务均需要客户签字确认。

5.【答案】√。

6.【答案】×。【解析】可以用存折、借记卡开通网银。

7.【答案】√。

8.【答案】×。【解析】活期存折户销户必须要提供原开户的存折即可办理，不可无介质销户。

9.【答案】×。【解析】销户业务办理完毕，柜员将已剪掉一角的存折、现金、身份证件和销户回单联交回客户。

10.【答案】√。

11.【答案】×。【解析】人民币零存整取定期储蓄存款是存款时约定存期，按月定额存储，到期一次支取本息的业务。

12.【答案】√。

13.【答案】√。

14.【答案】×。【解析】定活两便是一种事先不约定存期，一次性存入，一次性支取的储蓄存款，不可部分支取。

15.【答案】×。【解析】通知期限主要分为 1 日、7 日通知期。

【实训】

【实训 1】建立客户号、开立普通活期账户见图 1、图 2。

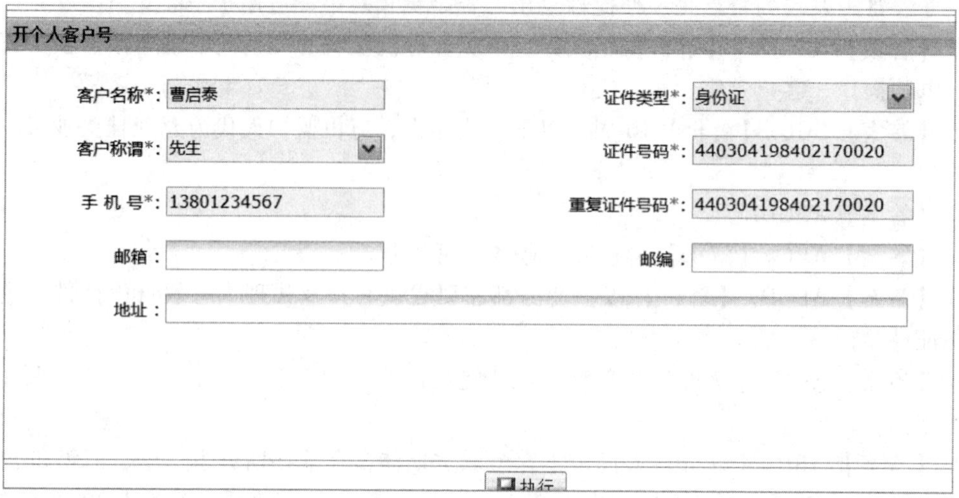

图 1　开立客户号

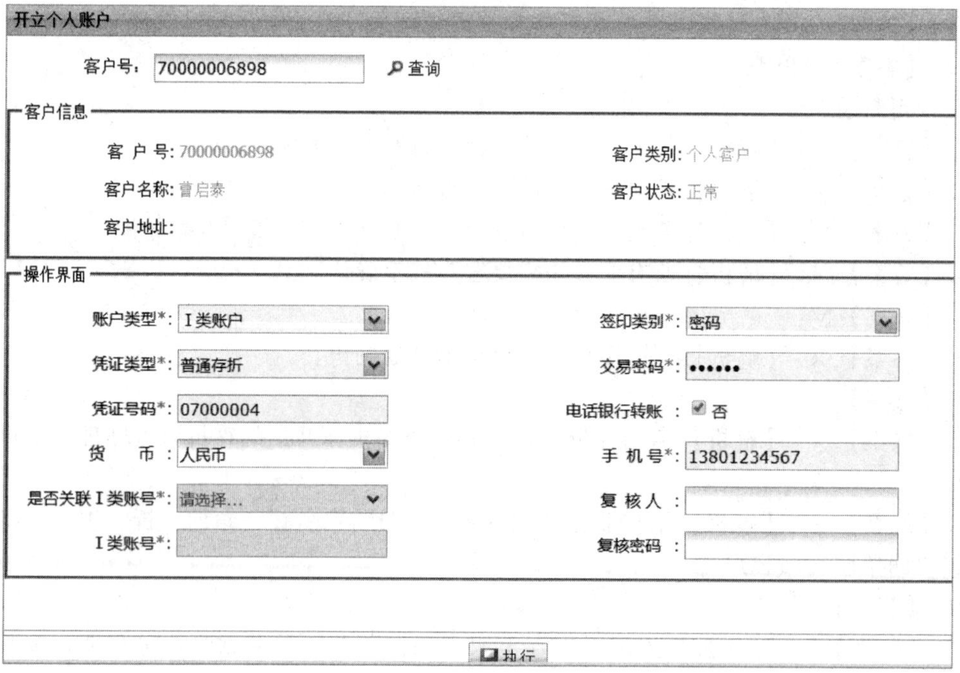

图 2　开立普通活期账户

【实训 2】普通活期续存见图 3。

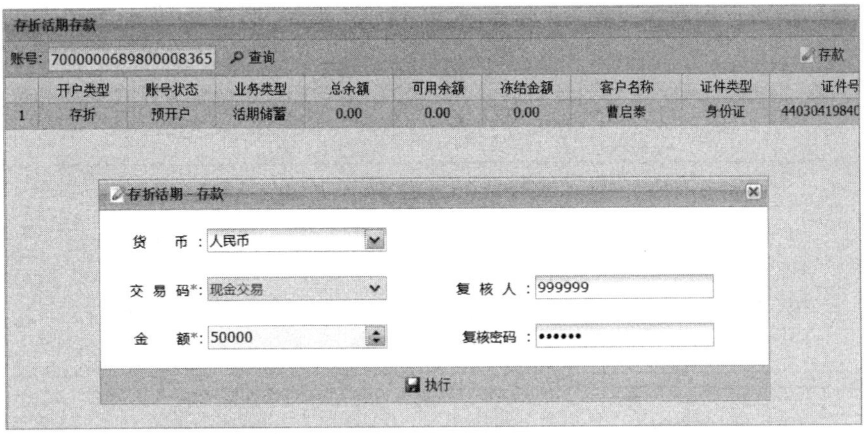

图 3　普通活期续存

【实训 3】普通活期取款见图 4。

图 4　普通活期取款

【实训 4】存折挂失见图 5。

图 5　存折挂失

【实训5】换新存折解挂见图6。

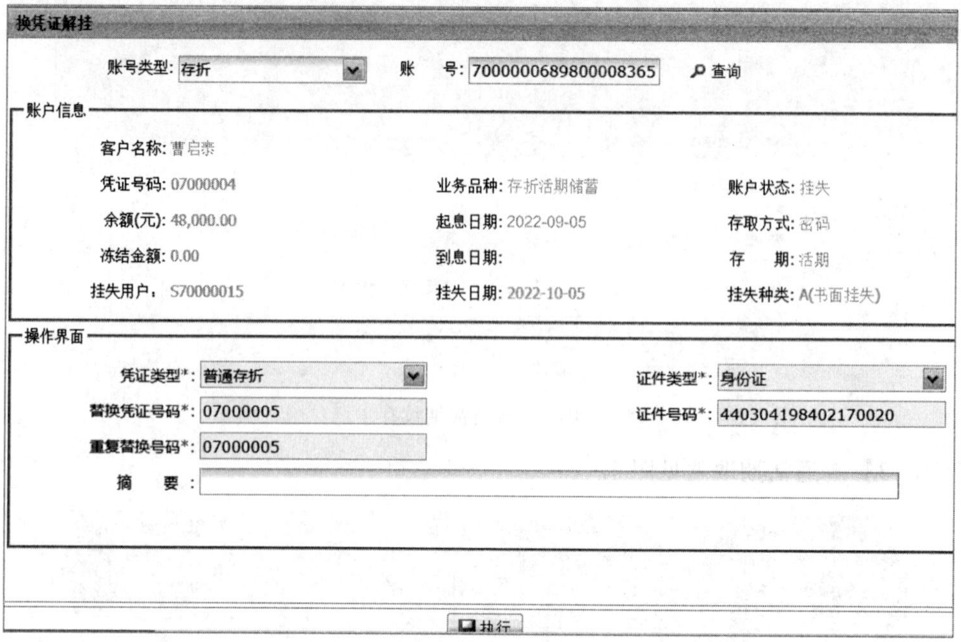

图6 换存折解挂

【实训6】开通网银见图7。

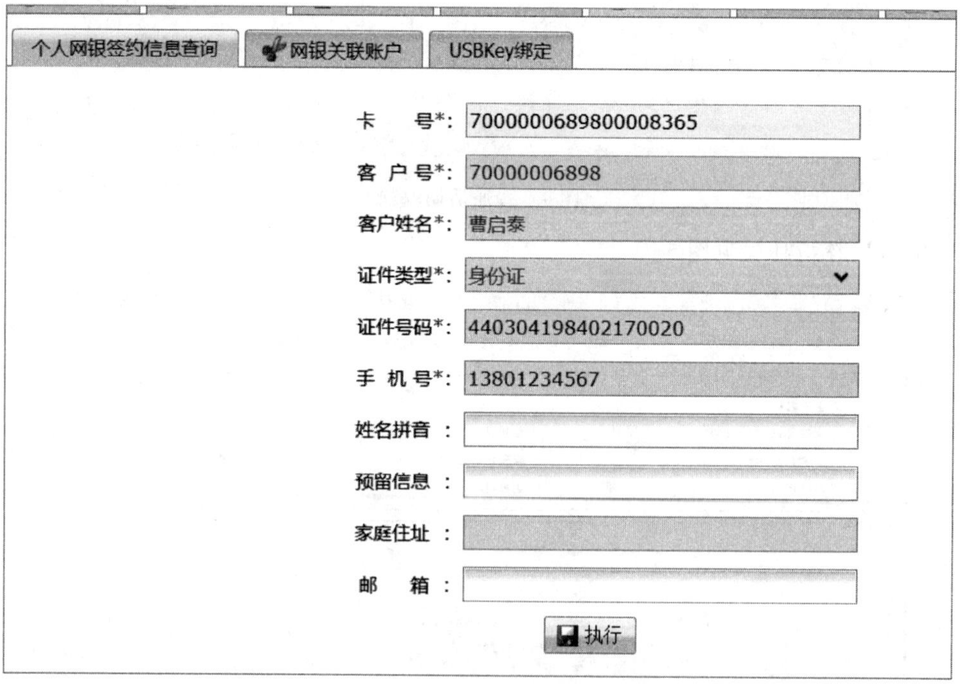

图7 开通网银

【实训7】普通活期销户见图8。

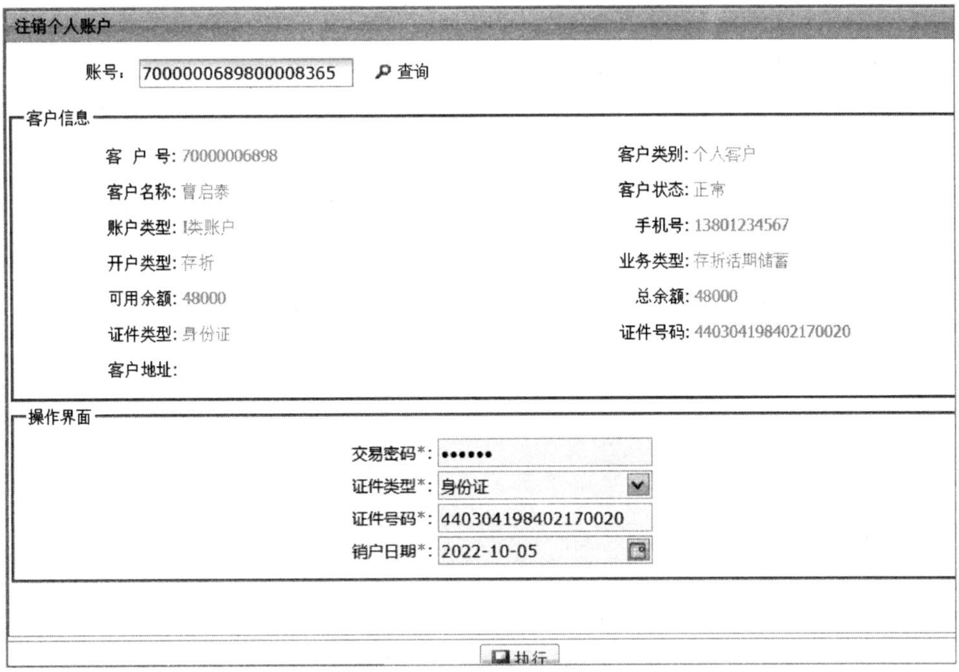

图8　普通活期存折销户

【实训8】整存整取开户见图9。

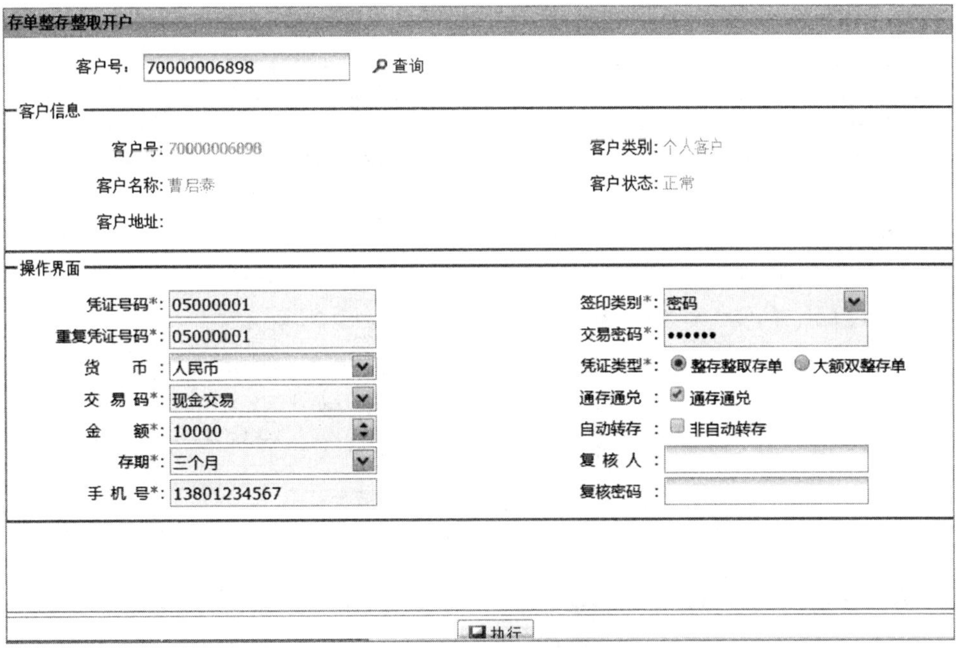

图9　整存整取开户

【实训9】整存整取提前支取见图10。

图10 整存整取提前支取

【实训10】整存整取销户见图11。

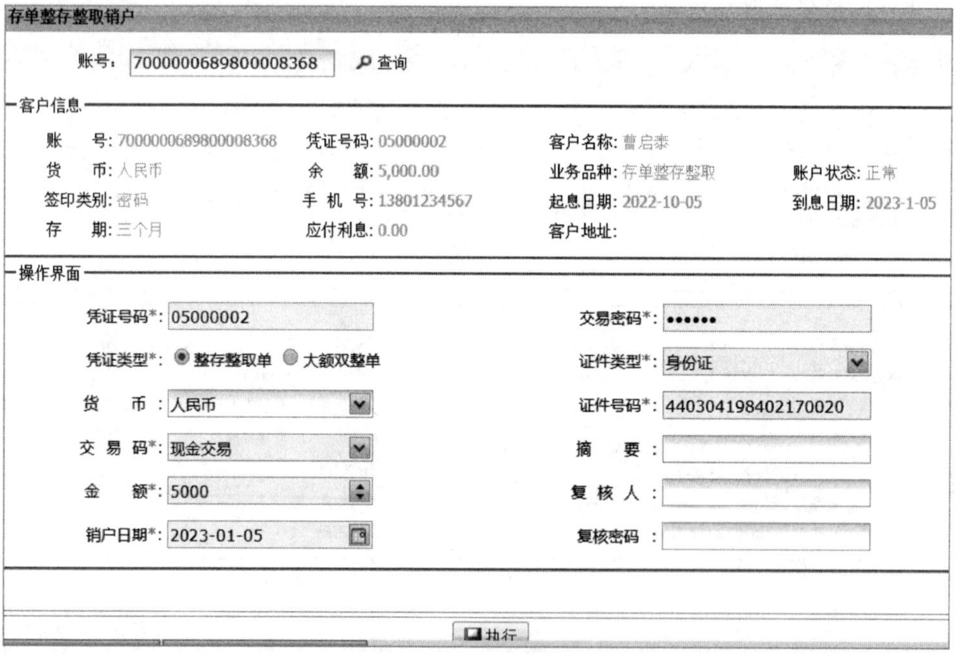

图11 整存整取销户

项目三　对公存款柜面业务实训与练习参考答案

【习题】

一、单选题

1. 【答案】A。【解析】存款人的工资、奖金等现金支取，只能通过基本账户办理。

2. 【答案】B。【解析】临时存款账户是存款人因临时需要并在规定期限内使用而开立的银行结算账户，临时存款账户的有效期最长不得超过两年。

3. 【答案】C。【解析】支票的提示付款期是自出票日起 10 日，中间遇节假日不顺延，到期日遇节假日可顺延。

4. 【答案】C。【解析】单位开立一般存款账户、专用账户和临时账户的，应自开户之日起 3 个工作日内以书面通知基本存款账户开户银行。

5. 【答案】D。【解析】单位定期存款起存金额为 1 万元。

6. 【答案】D。【解析】“单位存款开户证实书”可以挂失。单位存款人遗失证实书后，可到开户行填写挂失申请书办理挂失手续，开户行受理挂失 7 日后，可为挂失存款人补办证实书。

7. 【答案】B。【解析】单位定期存款提前支取部分按支取日挂牌公告的活期存款利率计付利息。

8. 【答案】C。【解析】单位通知存款的最低起存金额为 50 万元，最低支取金额为 10 万元，须一次存入，可一次或分次支取。

9. 【答案】C。【解析】单位协定存款的最低约定额度为人民币 10 万元，客户可根据实际情况与银行约定具体的基本额度。

10. 【答案】B。【解析】协定存款期限，最长不超过 1 年（含），到期时如果任何一方没有提出终止或修改，即视为自动延期；合同期满，如不延期，协定账户做销户处理。

二、多选题

1. 【答案】AD。【解析】单位存款按照存款的币种不同，单位存款可分为人民币单位存款和单位外汇存款。

2. 【答案】ABCD。【解析】人民币单位活期存款主要分为以下几种：基本存款账户、一般存款账户、临时存款账户、专用存款账户。

3. 【答案】ABCDE。【解析】开立基本存款账户需提供的资料：营业执照、“机构信用代码申请表”、机构税收居民身份声明文件、法定代表人或单位负责人身份证件（原件）、若授权他人前往银行办理的还应出具法定代表人或单位负责人的授权书（原件，须盖公章和法定代表人签章）以及被授权人的身份证件（原件）、开户申请书及协议，盖好的预留银行印鉴卡等资料。

4. 【答案】ABCE。【解析】单位客户发生下列情形之一的，存款人向开户银行提出撤销单位银行结算账户的申请：①被撤并、解散、宣告破产或关闭的；②注销、被吊销营业执照的；③因迁址需要变更开户银行的；④其他原因需要撤销银行结算账户的。

5.【答案】ABC。【解析】单位定期存款的存期分为三个月、半年、一年三个档次。

6.【答案】AC。【解析】单位通知存款按存款单位通知的期限可分为1天通知存款和7天通知存款。1天通知存款须提前1天通知约定支取存款，7天通知存款须提前7天通知约定支取存款。

7.【答案】ACE。【解析】存款单位支取单位通知存款，须提交证实书和预留印鉴。单位通知存款账户允许多次部分支取，但支取后的留存金额不得低于单位通知存款的最低开户金额（50万元）；留存部分高于最低起存金额的，开户行须出具新的证实书。单位通知存款部分提取只能在原开户行办理。

8.【答案】BCDE。【解析】保证金存款按照保证金担保的对象不同，可分为银行承兑汇票保证金、信用证保证金、黄金交易保证金、远期结售汇保证金四类。

9.【答案】ABCDE。【解析】根据客户办理业务使用的电子渠道种类，电子银行业务分为网上银行、移动银行、电话银行、短信银行和微信银行五类。

10.【答案】ABC。【解析】单位电子银行客户按权限等级分为三大类，即非注册客户、自助注册客户及认证签约客户。

三、判断题

1.【答案】×。【解析】人民币单位活期存款是一种随时可以存取、按结息期计算利息的存款，其存取主要通过现金或转账办理。

2.【答案】×。【解析】企事业单位只能选择一家银行开立基本存款账户，存款人的工资、奖金等现金支取，只能通过基本账户办理。

3.【答案】×。【解析】一般存款账户是存款人在基本存款账户以外的银行办理银行借款转存、借款归还和其他结算的资金收付，与基本存款账户的存款人不在同一地点的附属非独立核算单位开立的账户。可以办理转账结算和现金缴存业务，但不办理现金支取业务。

4.【答案】√。

5.【答案】√。

6.【答案】×。【解析】单位定期存款账户不能用于结算和提现，只能以转账方式存入其基本存款账户。

7.【答案】√。

8.【答案】×。【解析】单位定期存款可以全部或部分提前支取，部分提前支取仅限于一次。

9.【答案】×。【解析】单位定期存款客户逾期支取的，逾期部分按支取日挂牌公告的活期存款利率支付利息。定期存款支取时要计提应付利息，并要严格执行分级授权制度，防范支付风险。

10.【答案】√。

11.【答案】×。【解析】存款单位部分支取单位通知存款时，支取金额不足最低部分支取金额的按支取日活期利率计息。

12.【答案】×。【解析】每个通知存款账户每天只能建立一个通知。

13.【答案】√。【解析】单位协定存款账户不是一个独立存款账户，协定存款账户禁止对外办理支付业务，客户可以通过结算户办理日常结算业务，协定存款账户的操作和管理由银行负责。

14. 【答案】×。【解析】单位协定存款的结算户存款按照单位活期存款计息规则计息；协定户存款按中国人民银行公布的协定存款利率计息，遇利率调整分段计息。

15. 【答案】×。【解析】对协定存款账户销户的，假如在结息日销户，超过基本存款额度的存款按协定存款利率计息；假如不在结息日销户，超过基本存款额度的存款从上一结息日起到销户日止，不再按协定存款利率计息，而按销户日活期存款利率计息。

16. 【答案】×。【解析】保证金存款支取／销户时只能以转账方式处理，不能以现金方式处理。

17. 【答案】×。【解析】自助注册客户，是指客户在电子银行网站或使用应用软件自助注册成为银行的客户，仅可办理部分低风险业务。

18. 【答案】√。

【实训】

【实训 1】

（1）建立客户信息（见图 12）、开立基本账户见图 13。

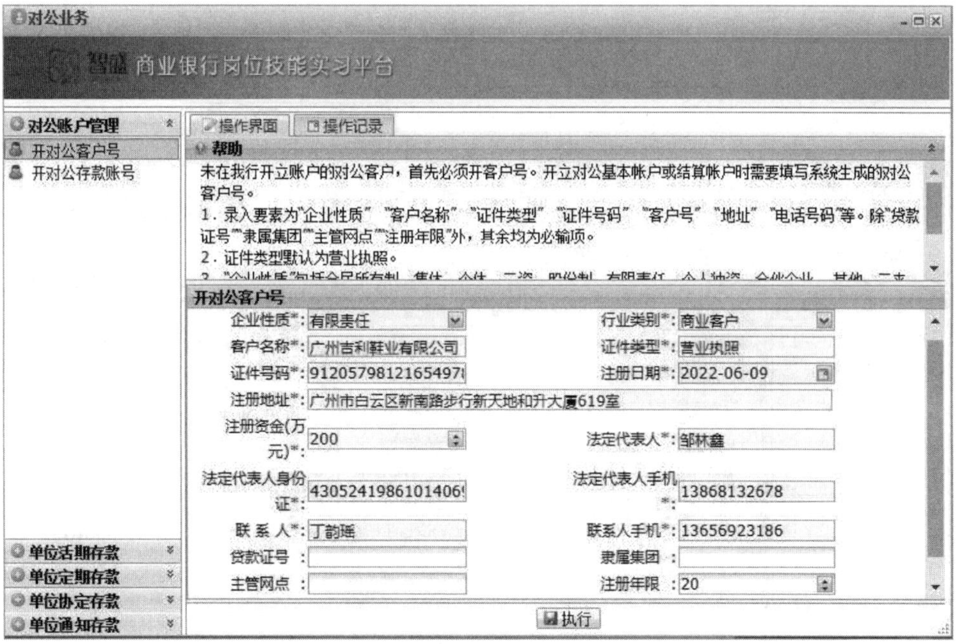

图 12 建立客户信息

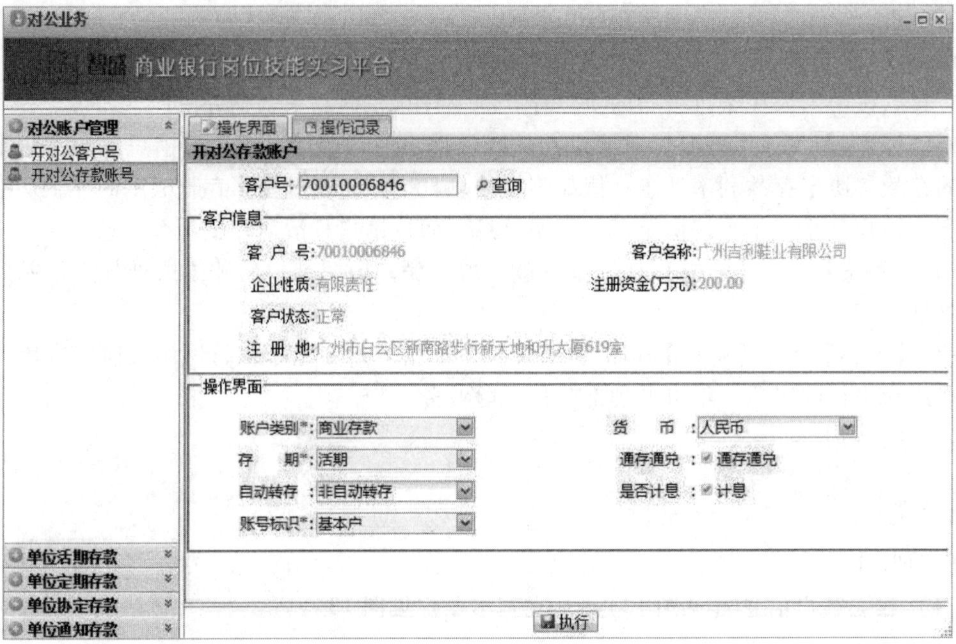

图 13　开立单位基本存款账户

（2）现金存款见图 14。

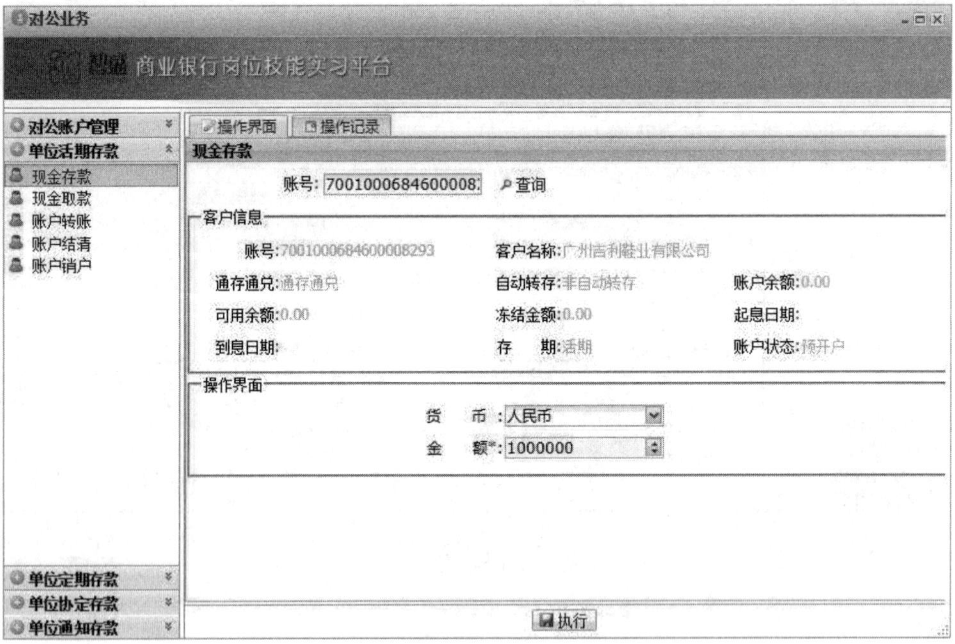

图 14　基本账户现金存款

（3）开立定期存款账户见图15。

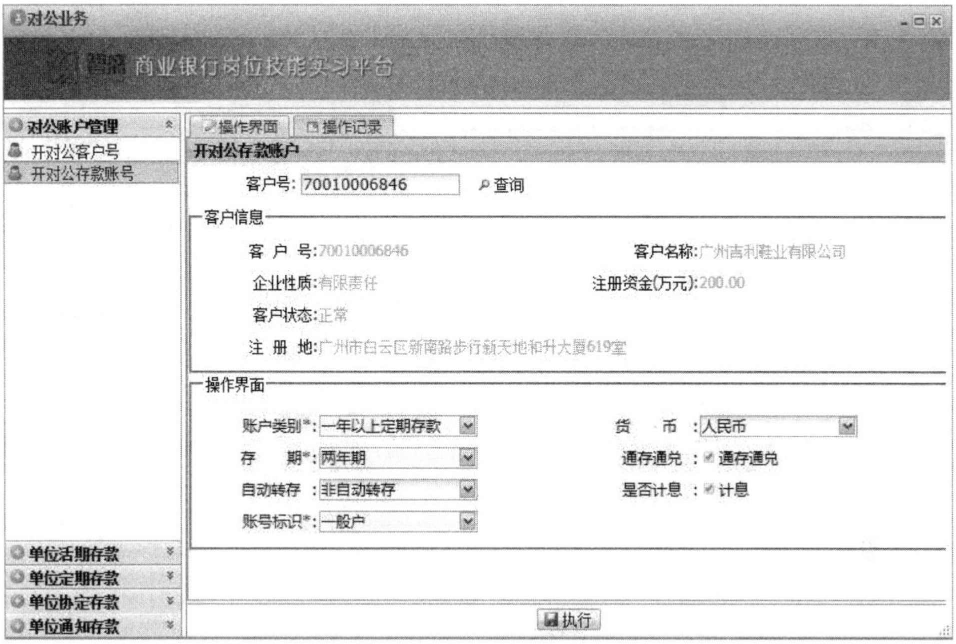

图15 开立定期存款账户

（4）新开户转账见图16、图17。

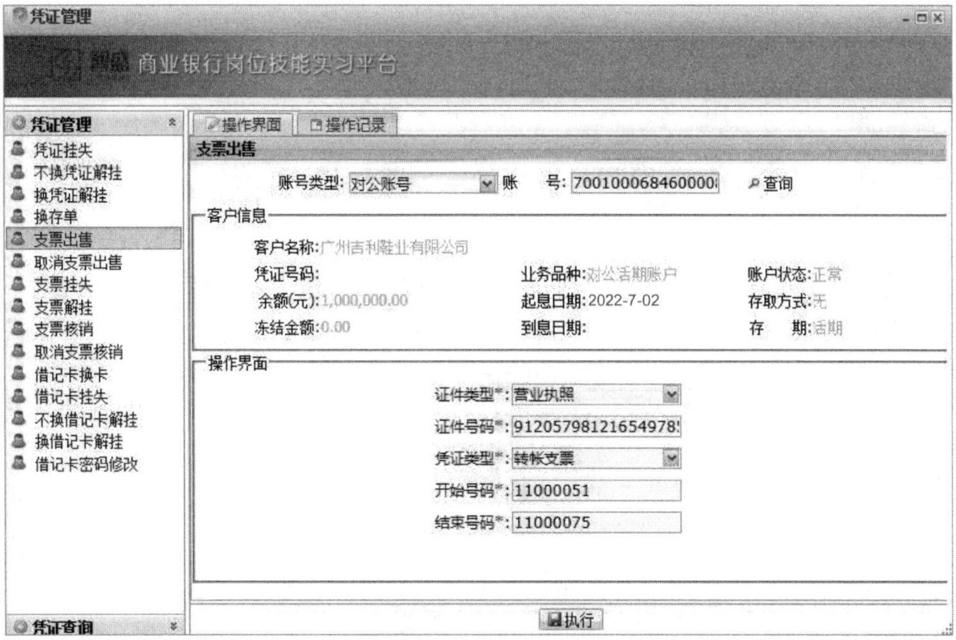

图16 出售转账支票

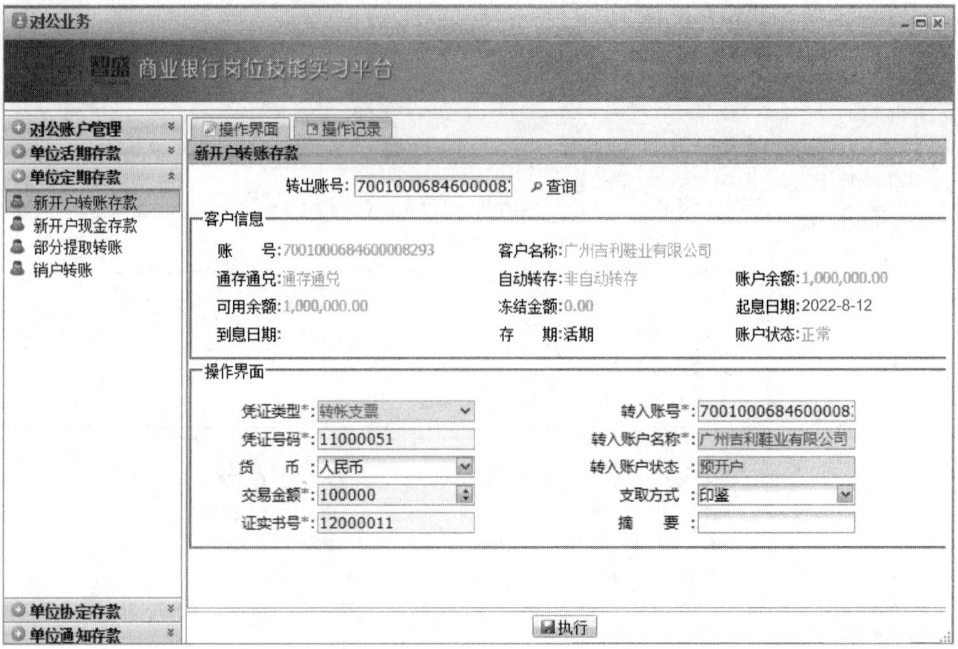

图 17　单位定期存款账户——新开户转账存款

（5）现金提取见图 18、图 19。

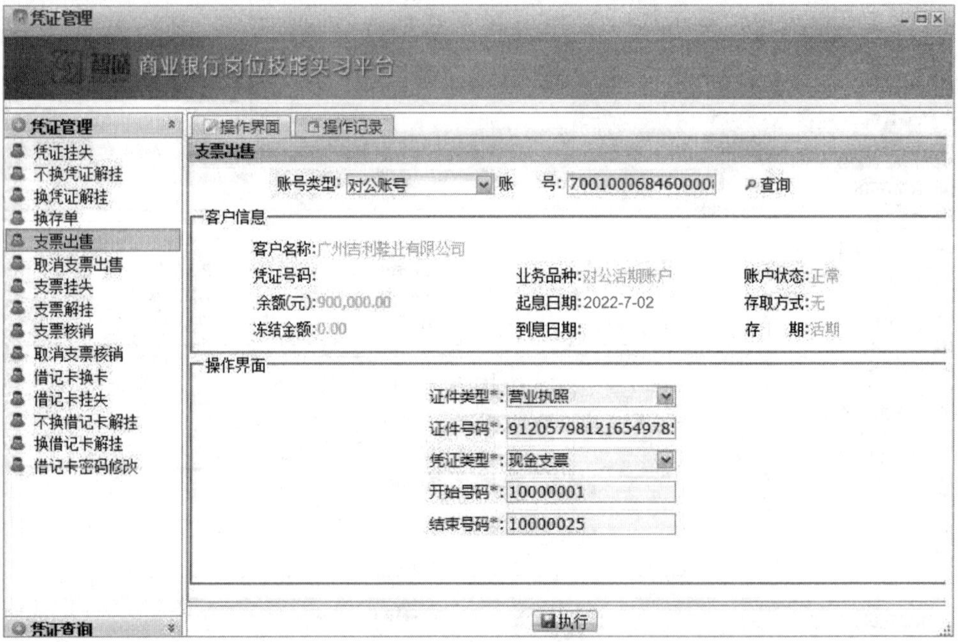

图 18　出售现金支票

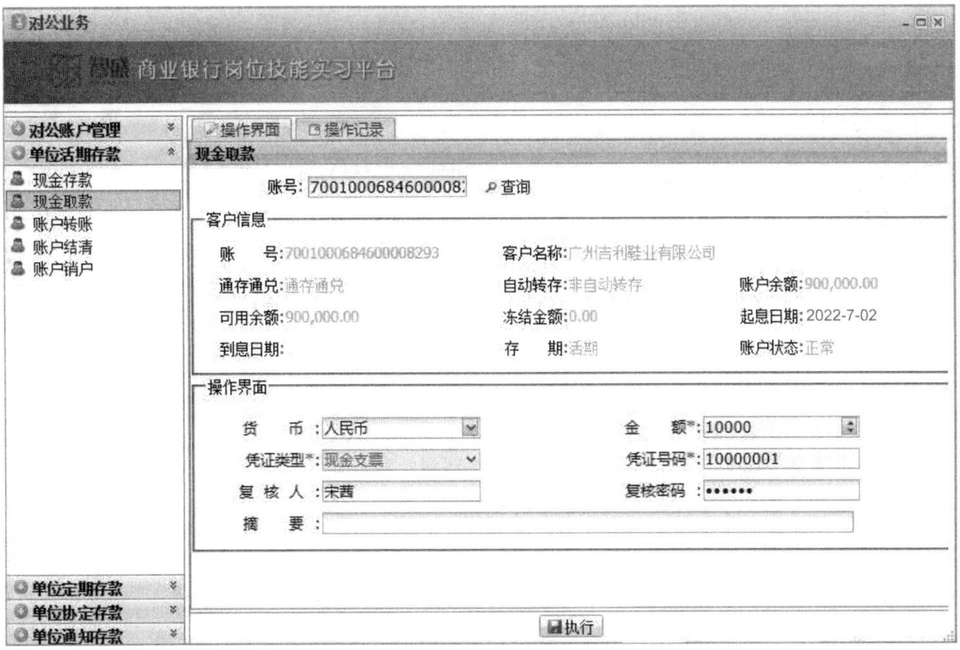

图 19　支取现金

（6）定期存款销户见图 20。

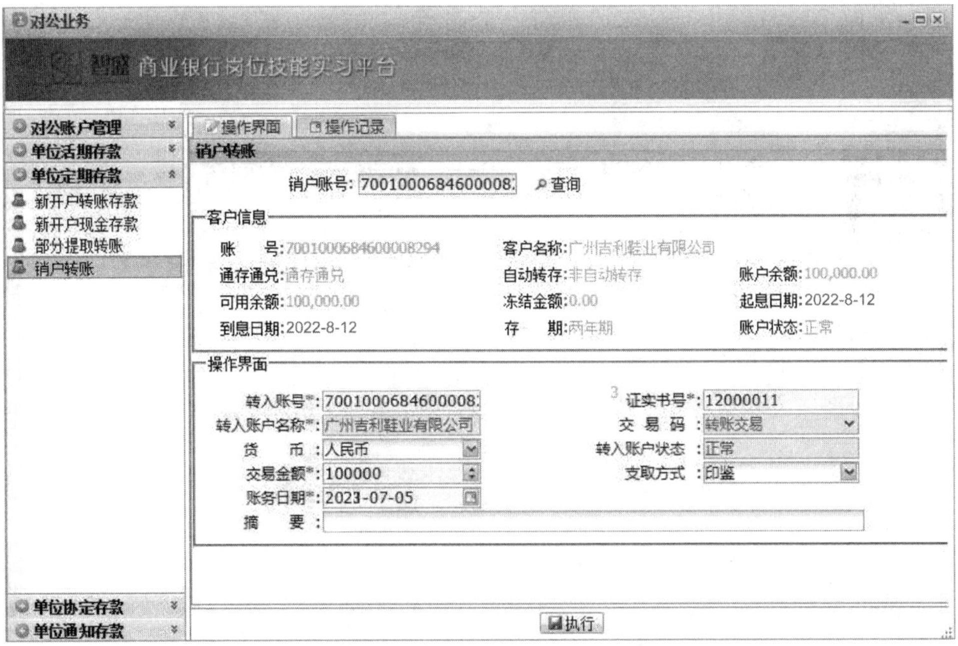

图 20　定期存款账户销户

【实训 2】（1）、（2）、（3）题操作同上；（4）定期存款账户存入现金见图 21，注意存款证实书在凭证出库操作界面领取；（5）基本账户转账支取见图 22、图 23；（6）基本户销户见图 24、图 25。

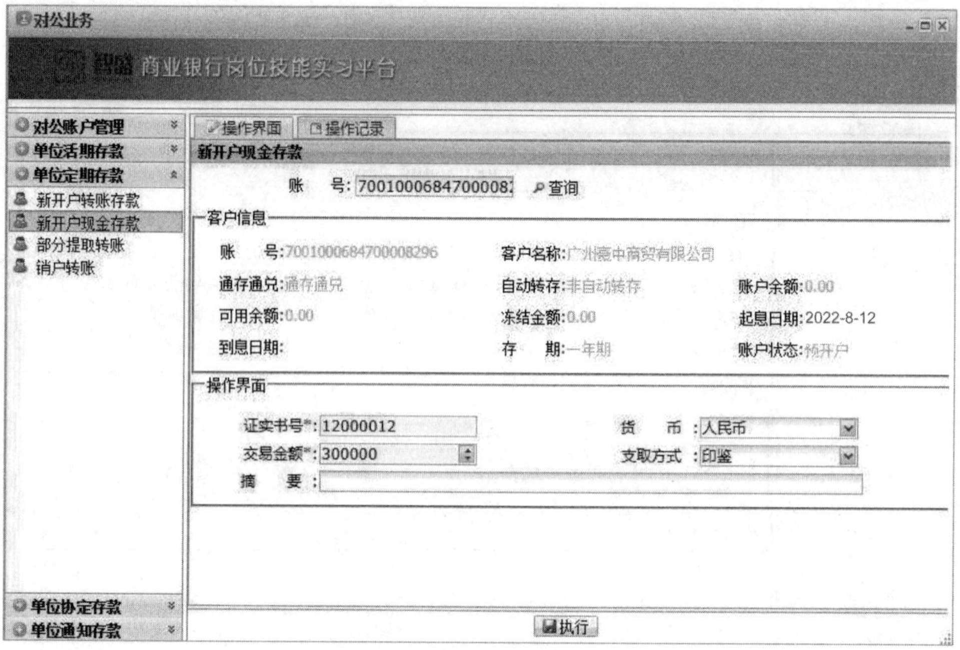

图 21 单位定期存款账户存入现金

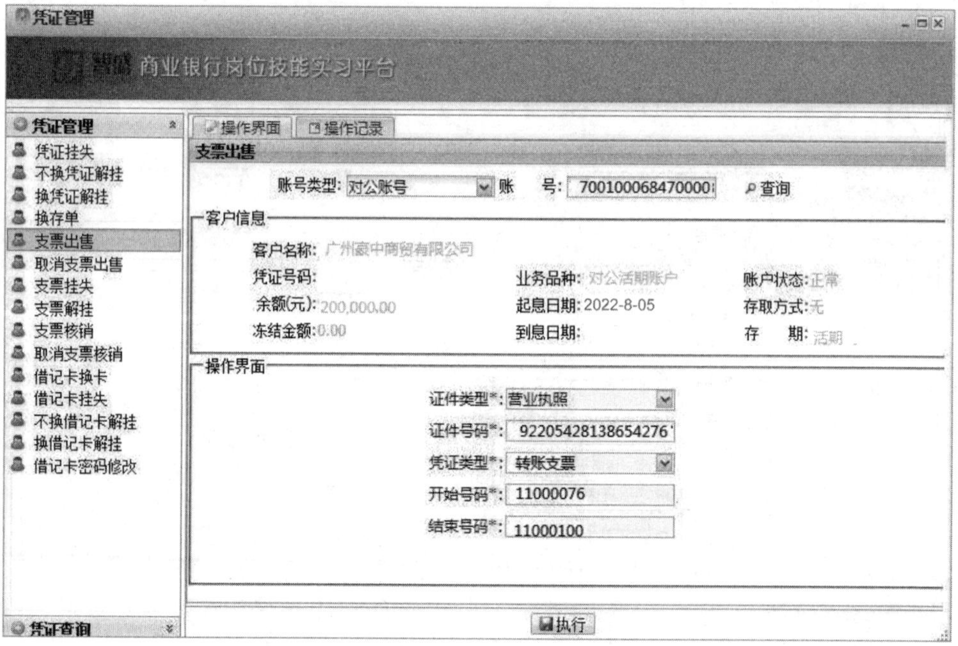

图 22 出售转账支票

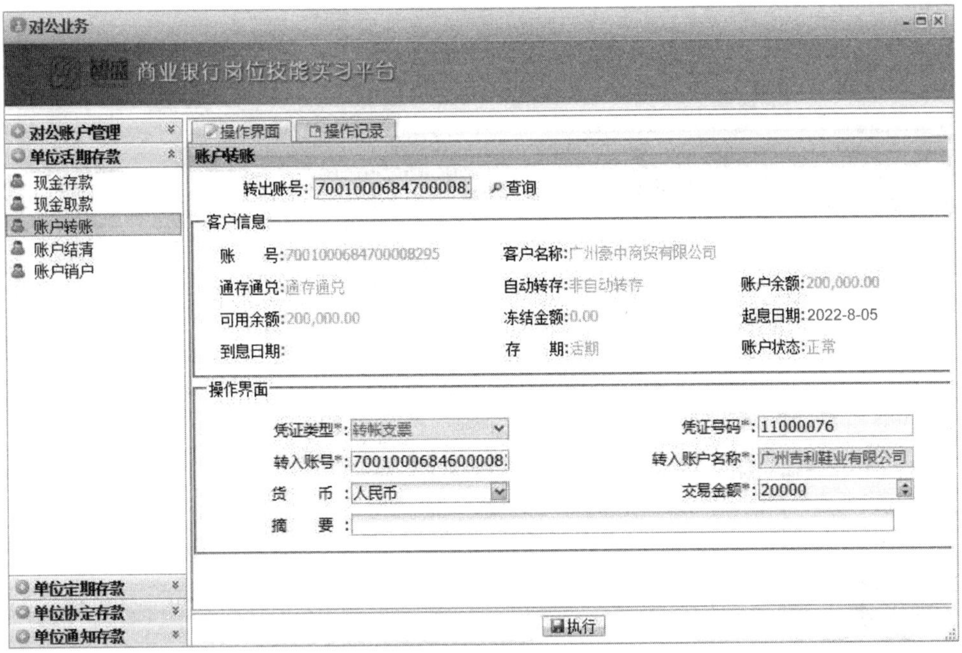

图 23 账户转账

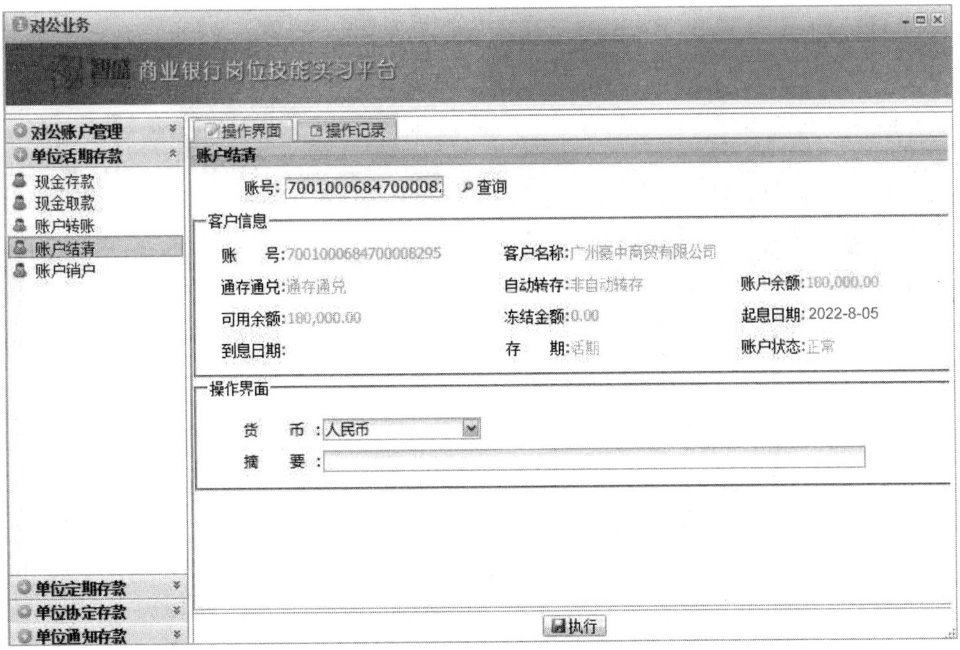

图 24 账户结清

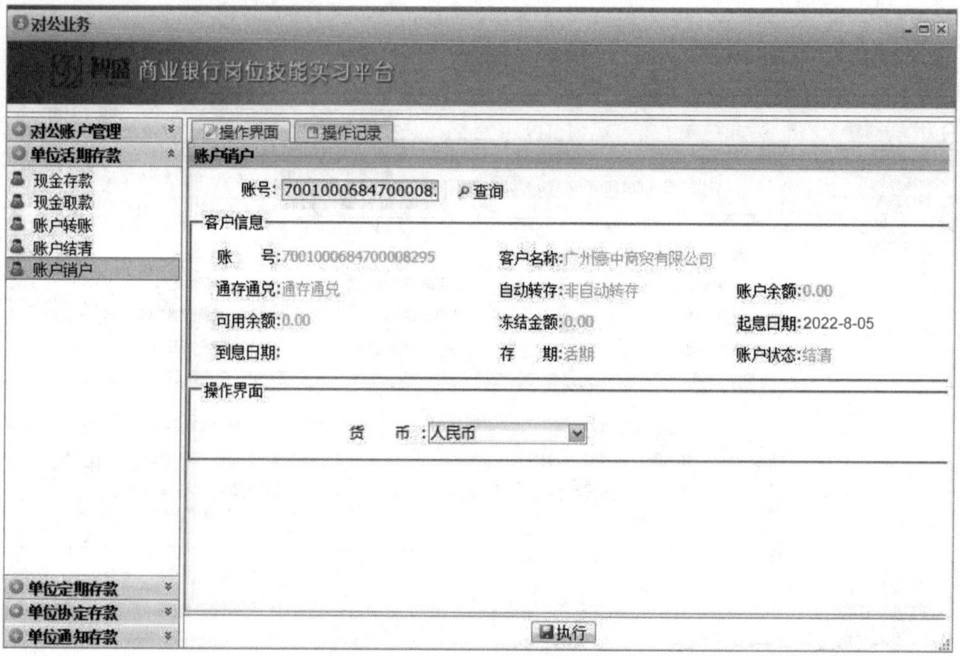

图25 账户销户

【实训3】（1）开立通知存款账户及存入现金见图26、图27；（2）通知存款部分支取见图28；（3）通知存款账户销户见图29。

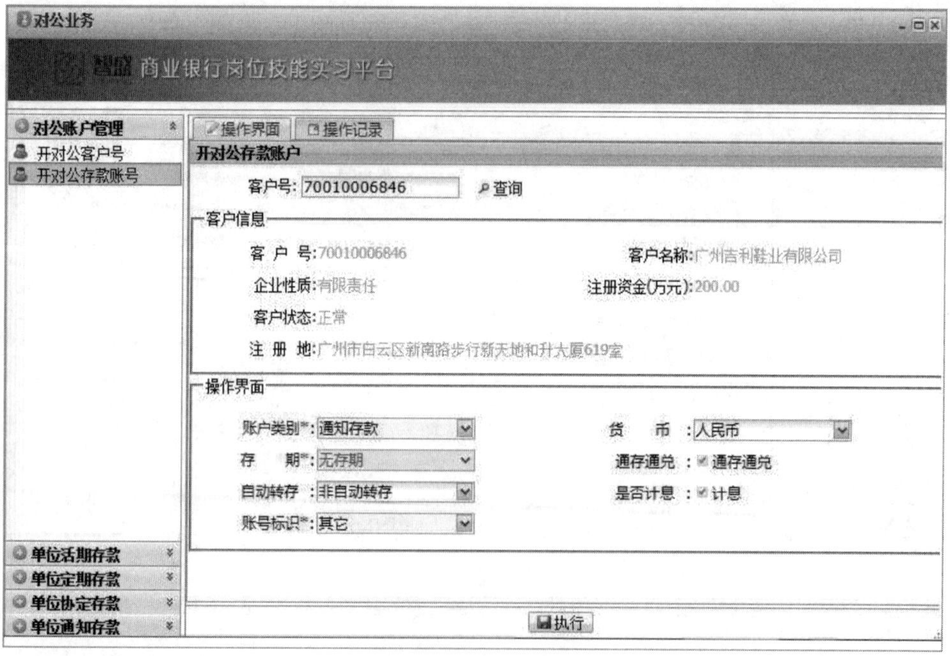

图26 开立通知存款账户

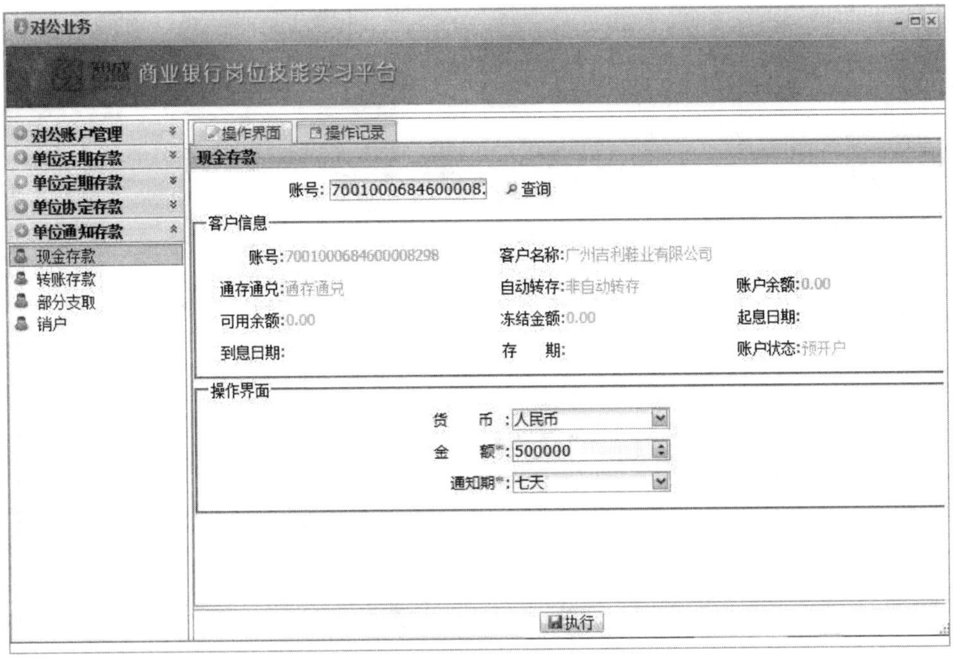

图 27　通知存款账户现金存款

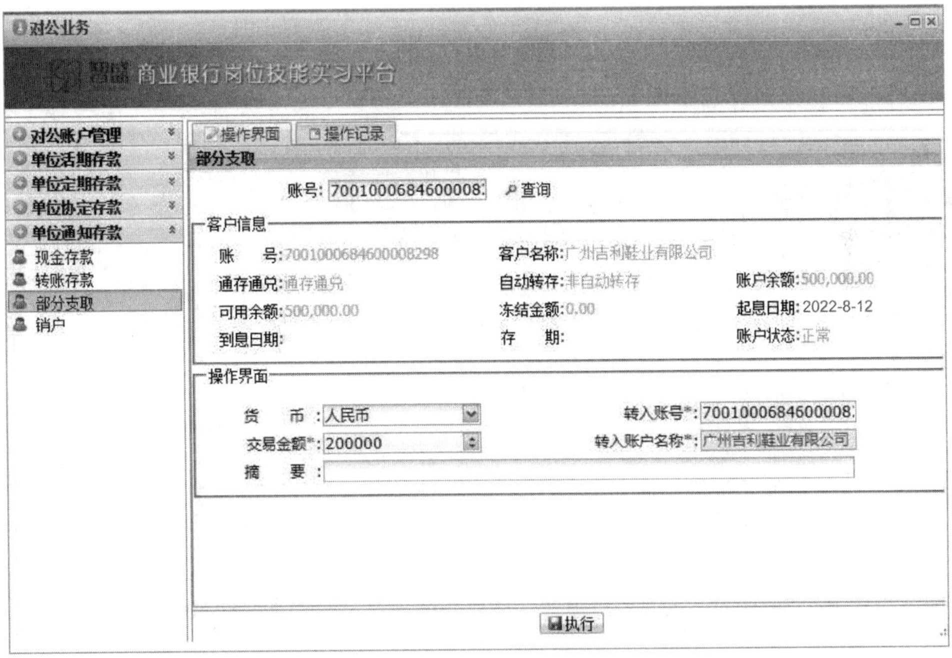

图 28　通知存款账户部分支取

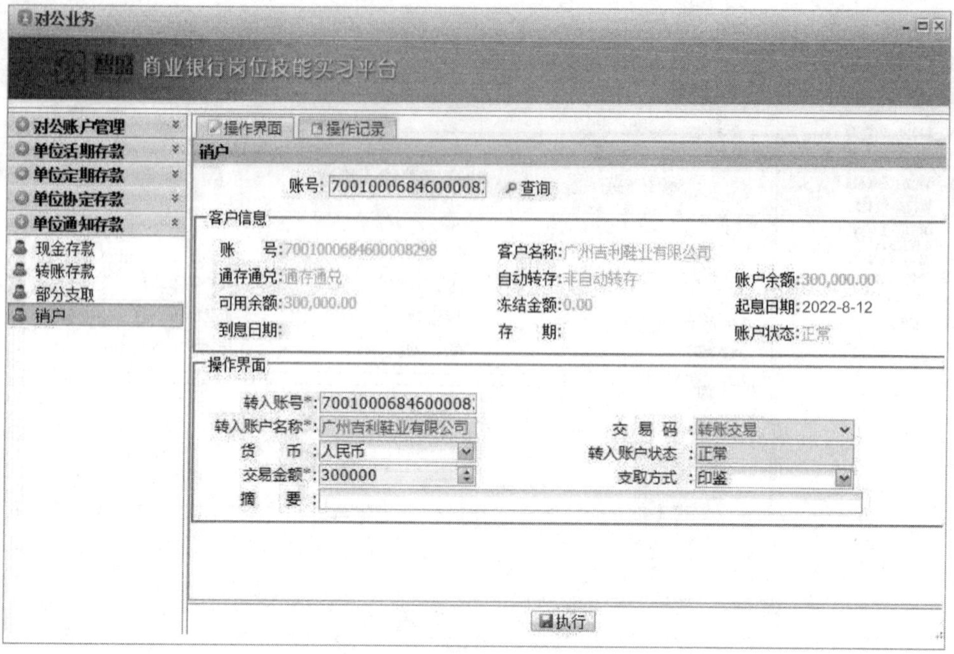

图 29　通知存款账户销户

【实训 4】

（1）开户及存现业务操作同上。注意选择存款账户种类。

（2）协定存款账户开立见图 30。

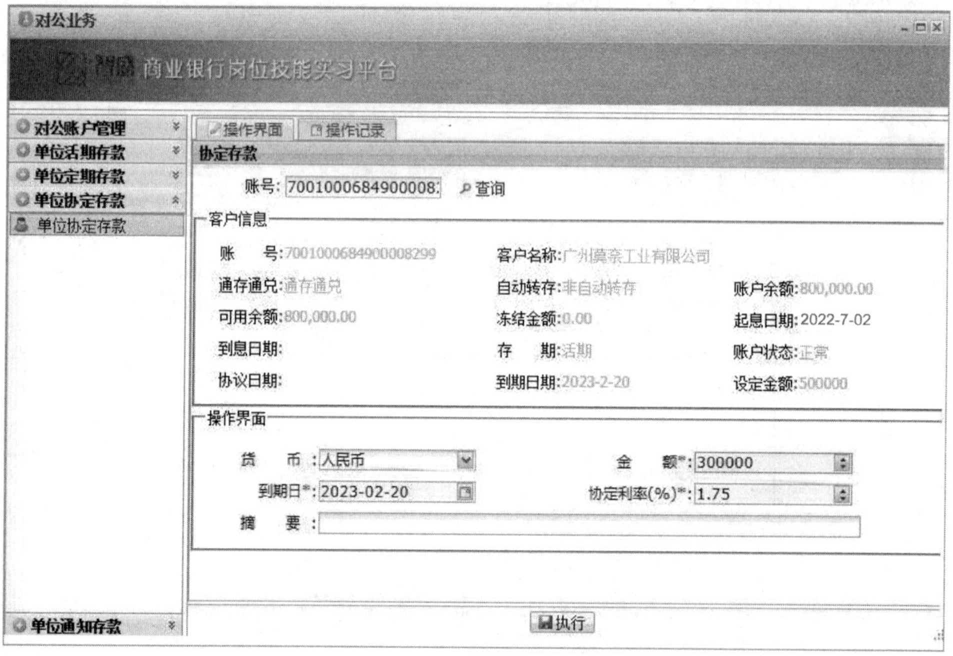

图 30　协定存款账户开立

(3) 保证金账户开户见图 31。

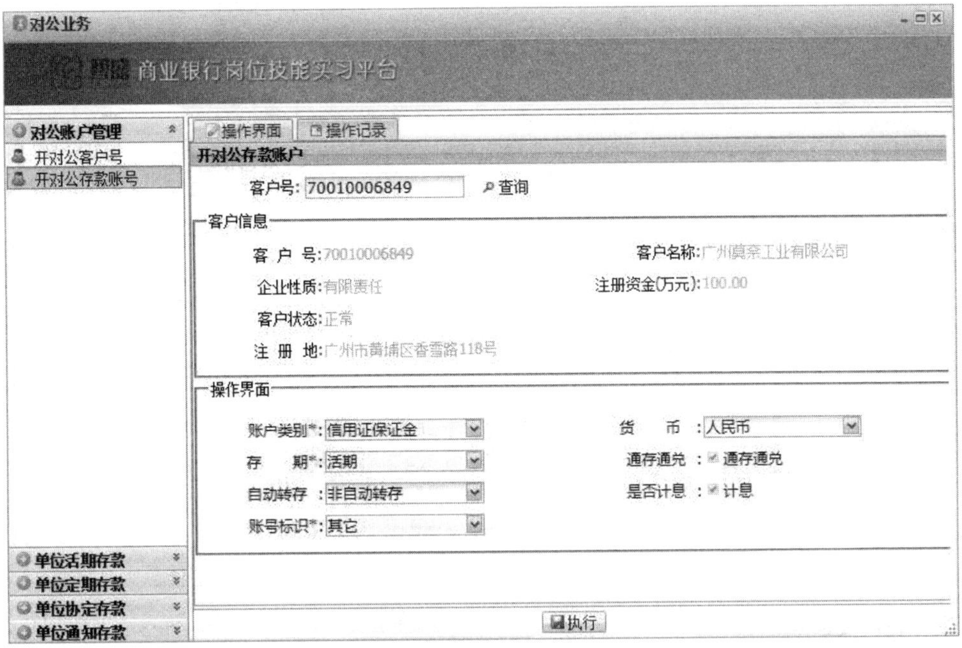

图 31 信用证存款账户开立

(4) 保证金账户现金存入见图 32。

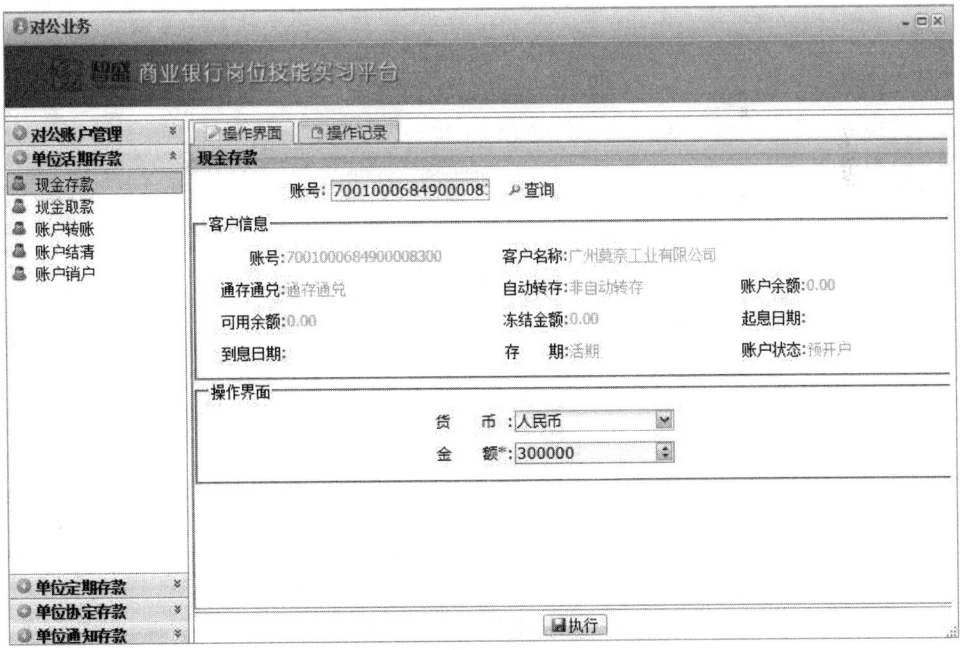

图 32 信用证存款账户现金存入

（5）保证金账户提取见图33、图34。

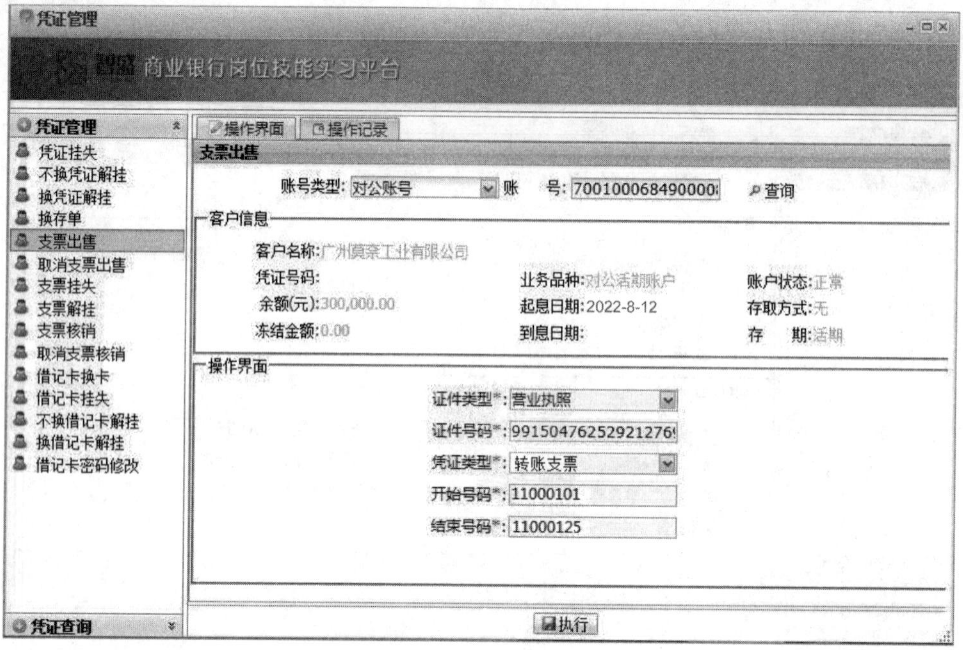

图33　出售转账支票

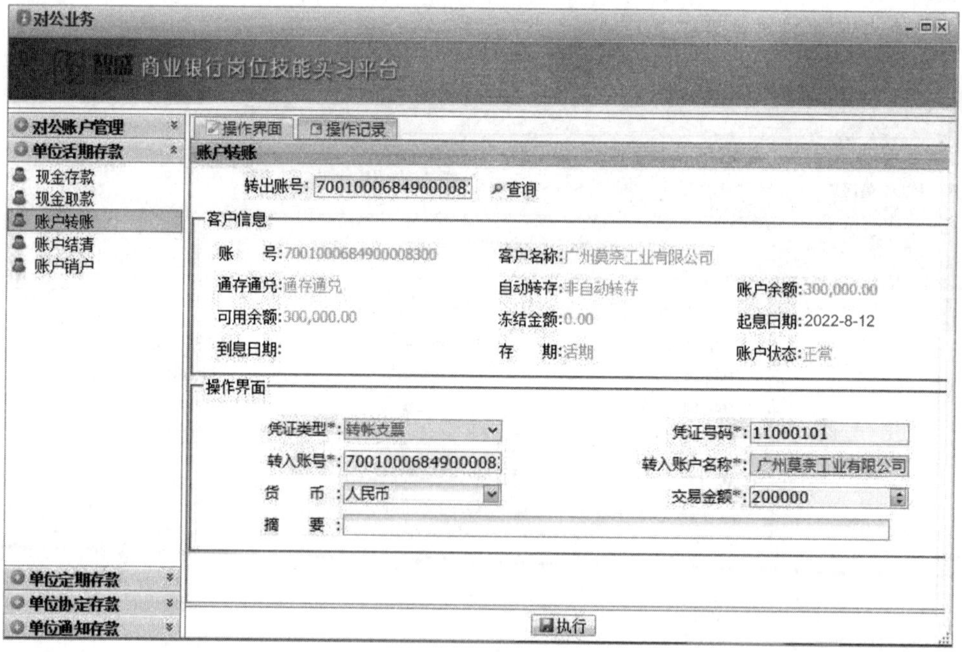

图34　信用证存款账户支取资金

（6）保证金存款账户销户见图 35、图 36。

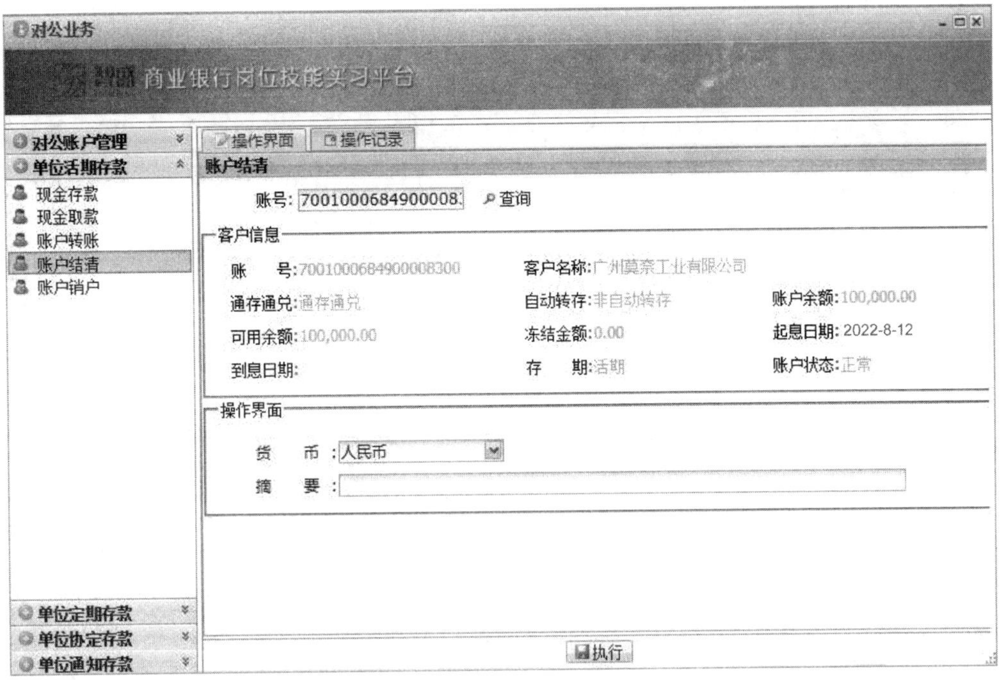

图 35 信用证账户结清

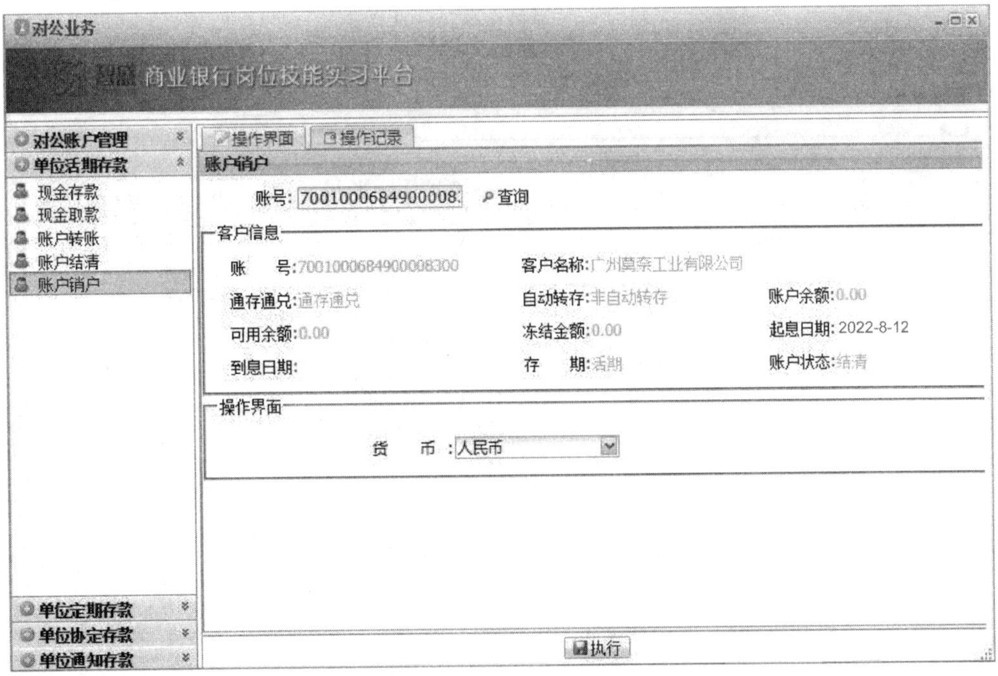

图 36 信用证账户销户

【实训5】

（1）企业网银签约见图37、图38。

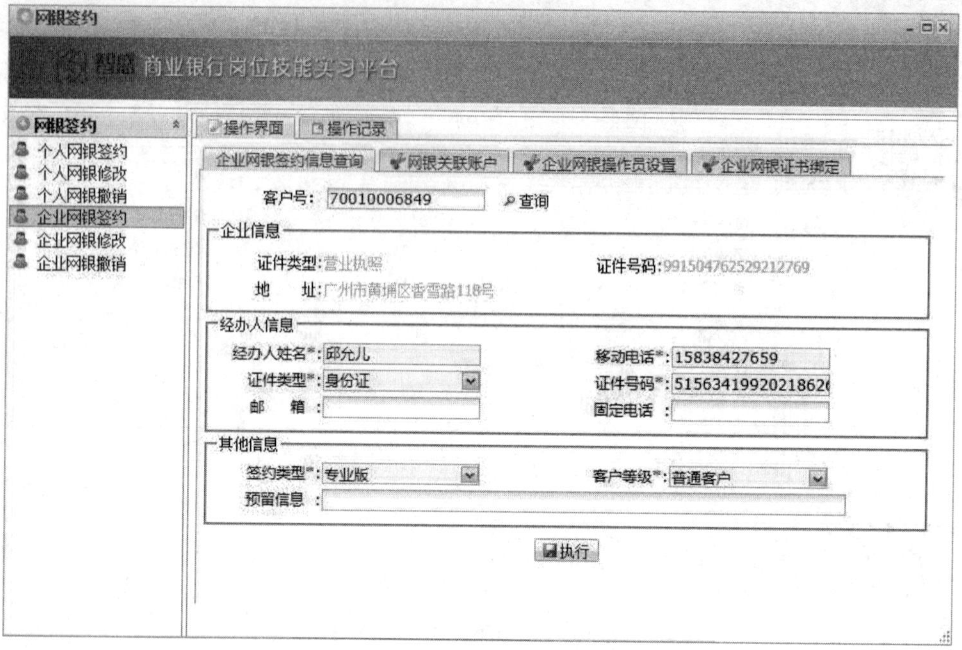

图37 企业网银签约信息登记

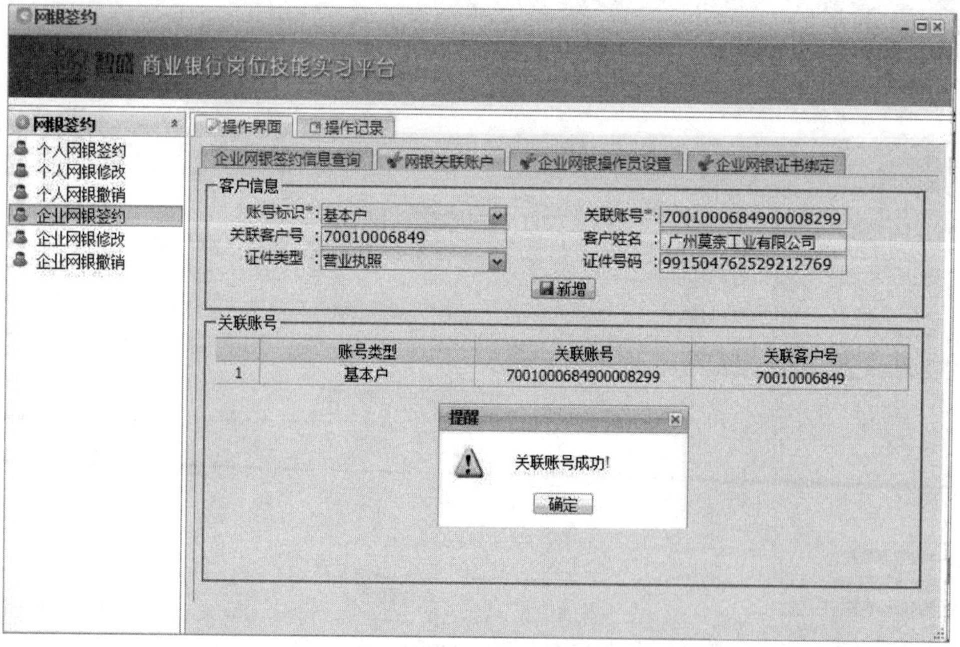

图38 企业网银关联账户

（2）操作员设置见图 39。

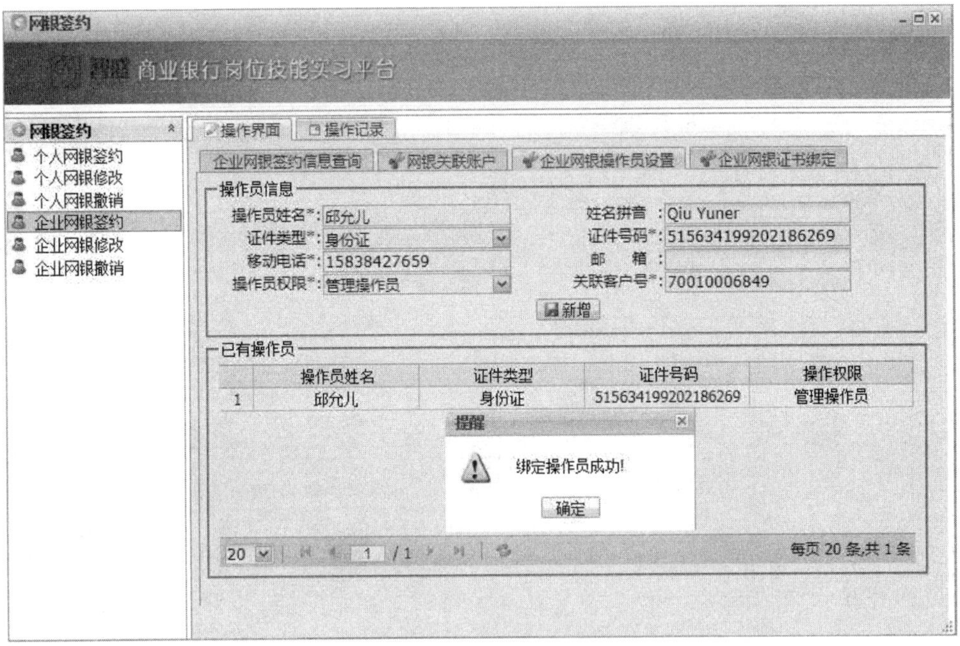

图 39　企业网银操作员设置

（3）证书绑定见图 40。

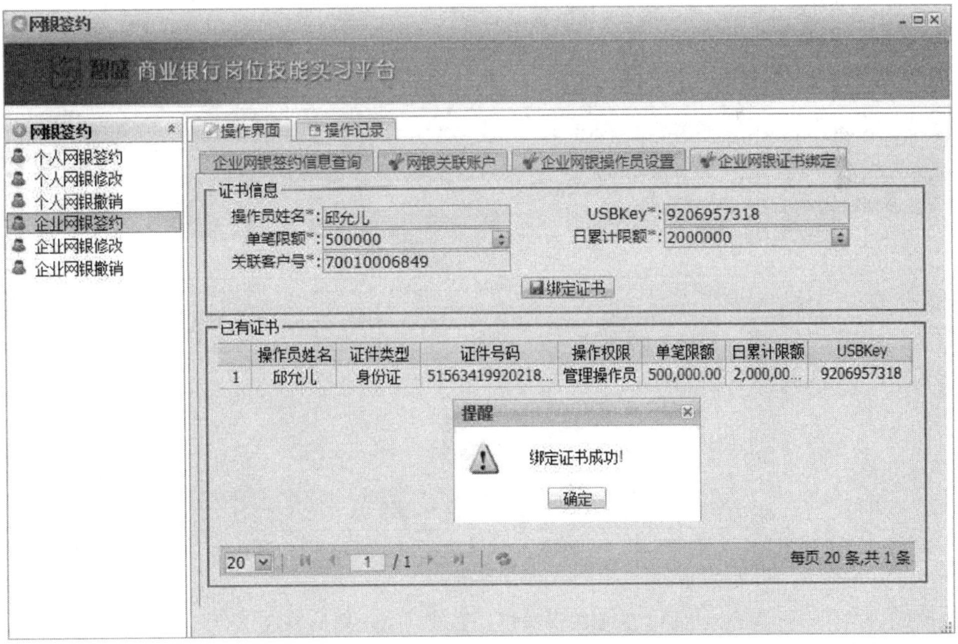

图 40　企业网银证书绑定

（4）企业网银修改见图41至图44。

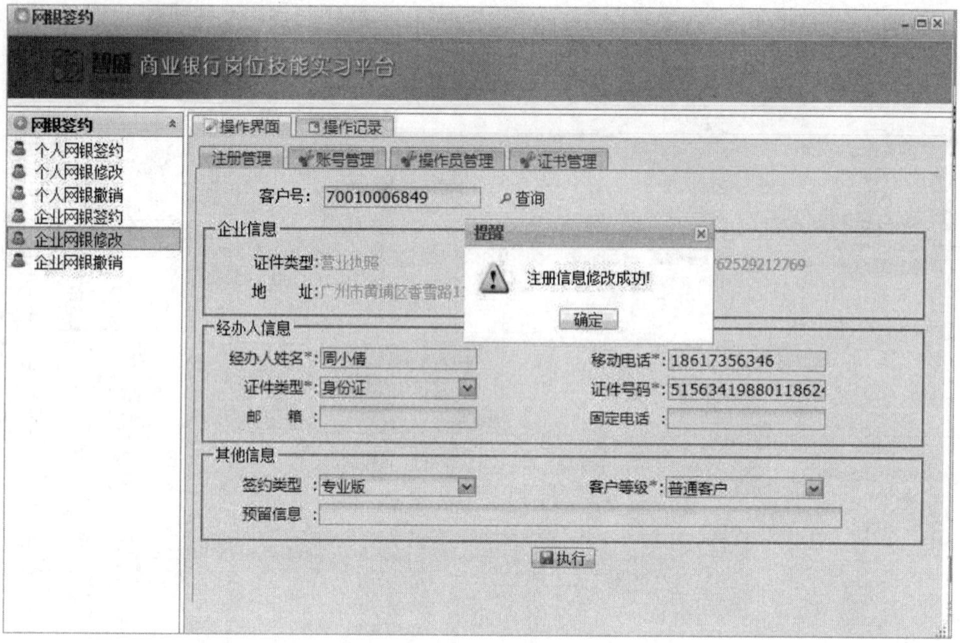

图41　企业网银注册管理

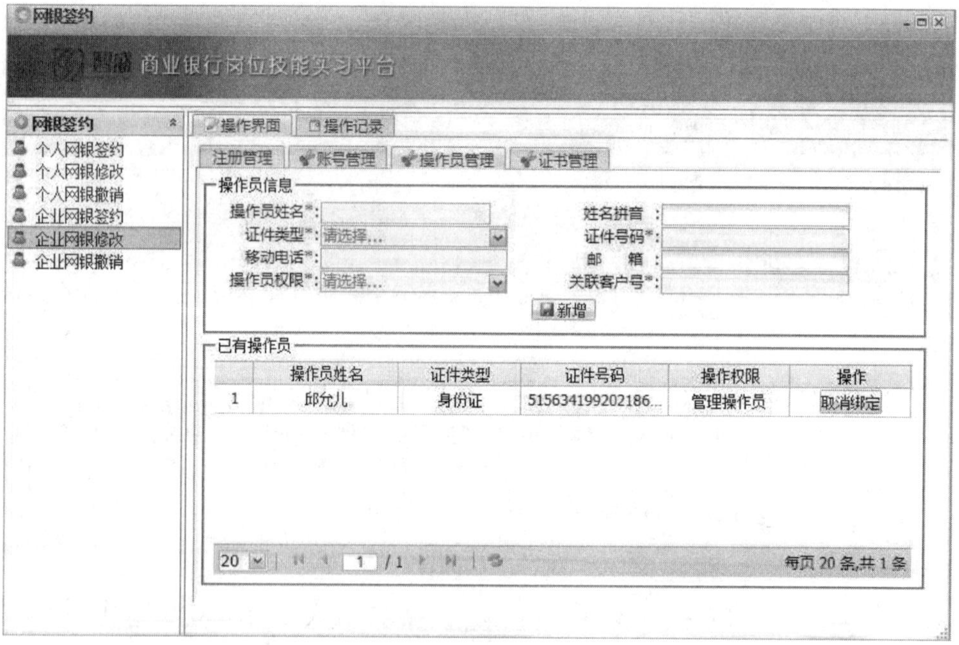

图42　企业网银操作员管理（点击取消绑定）

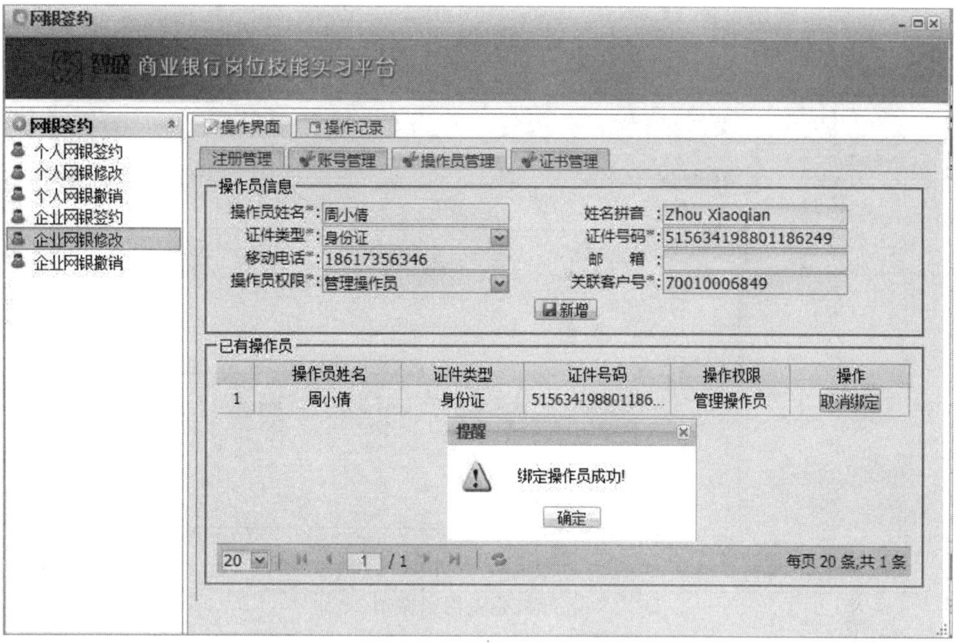

图 43　企业网银操作员管理（新增操作员）

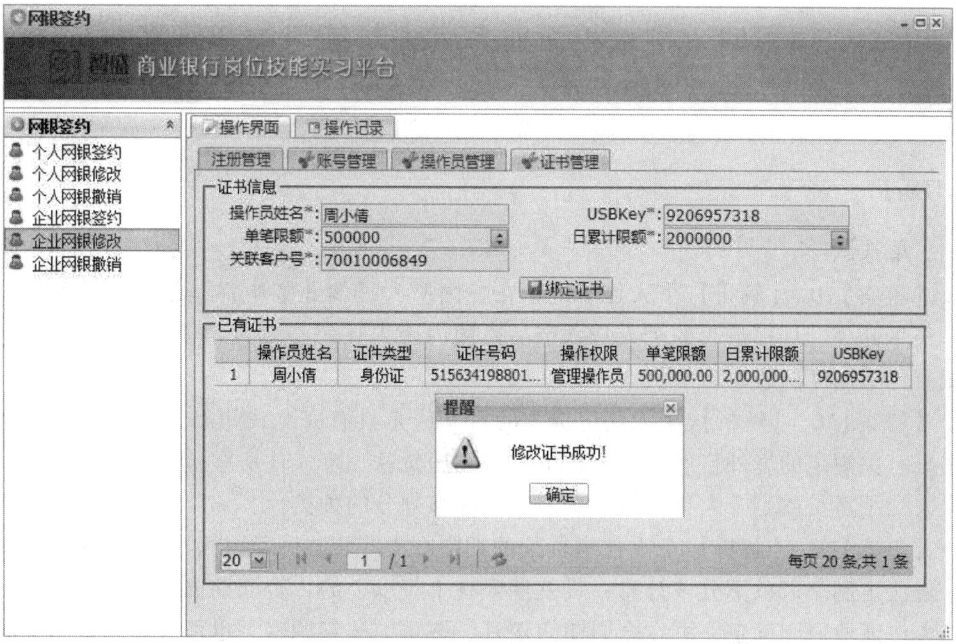

图 44　企业网银证书管理（修改证书）

（5）企业网银撤销见图45。

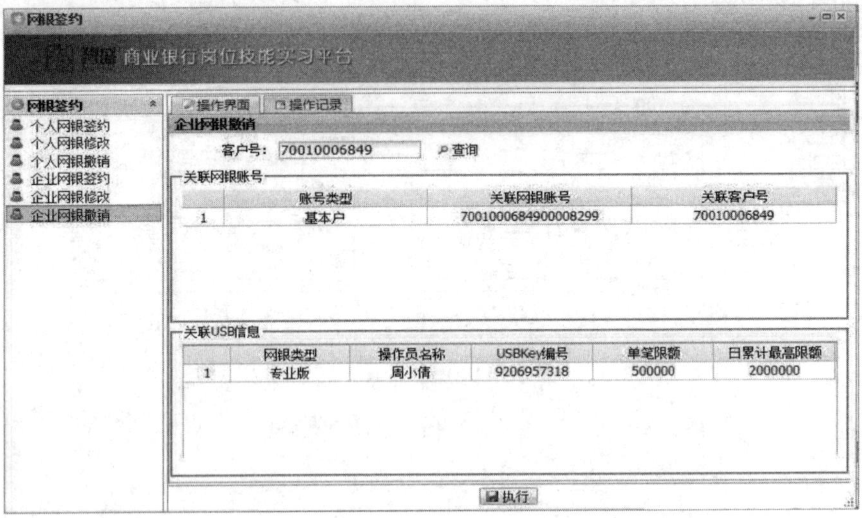

图45　企业网银撤销

项目四　贷款柜面业务实训与练习参考答案

【习题】

一、单选题

1.【答案】D。【解析】个人住房贷款在各国个人贷款业务中都是最主要的产品，在我国也是最早开办、规模最大的个人贷款产品。国内个人住房贷款最早萌芽于改革开放初期，源于城市住宅制度的改革。

2.【答案】C。【解析】个人住房贷款的对象应是具有完全民事行为能力的中国公民或符合国家有关规定的境外自然人。公积金个人住房贷款、个人住房组合贷款、个人一手房贷款和个人二手房贷款是个人住房贷款按照不同标准划分的种类。

3.【答案】B。【解析】个人住房贷款的期限在1年以内（含1年）的贷款，实行合同利率，遇法定利率调整不分段计息；贷款期限在1年以上的，合同期内遇法定利率时，可由借贷双方按商业原则确定，可在合同期间按月、按季、按年调整，也可采用固定利率的确定方式。但实践中，银行多于次年1月1日起按相应的利率档次执行新的利率规定。

4.【答案】B。【解析】个人住房贷款相对其他个人贷款而言金额较大，期限较长，通常为10—20年，最长期限可达30年。

5.【答案】B。【解析】相对商业贷款，公积金个人贷款利率较低。

6.【答案】D。【解析】D是住房贷款的特征。

7.【答案】C。【解析】个人汽车贷款的贷款期限（含展期）不超过5年，其中，二手车贷款的贷款期限（含展期）不得超过 3 年。

8.【答案】B。

9.【答案】C。

10.【答案】D。【解析】根据《中华人民民法典》第三百九十五条规定，债务人或者第三人有权处分的下列财产可以抵押：建筑物和其他土地附着物；建设用地使用权；海域使用权；生产设备、原材料、半成品、产品；正在建造的建筑物、船舶、航空器；交通运输工具；法律、行政法规未禁止抵押的其他财产。

11.【答案】D。【解析】保证人是指具有代为清偿票据债务能力的法人、其他组织或者个人。国家机关、以公益为目的的事业单位、社会团体、企业法人的分支机构和职能部门不得为保证人，但法律另有规定的除外。

12.【答案】A。【解析】自主支付是指贷款资金可以由借款人自行使用，无须经过银行审批，但如果借款人违反借款合同约定使用贷款资金的话，银行有权随时提前清收。与“自主支付”方式相比，贷款人“受托支付”的最大区别就在于，在贷款发放前增加了“银行对贷款资金用途的审核”环节，从而将贷款资金与贷款用途捆绑在一起。这种捆绑将使借款人对贷款资金的“自由”使用受到限制，从而有效解决贷款资金被挪用的问题。

二、多选题

1.【答案】ABCDEF。个人贷款包括个人住房贷款、个人汽车贷款、个人耐用消费品贷款、个人经营性贷款、个人有价单证质押贷款、个人小额信用贷款等。个人贷款具有贷款品种多、消费用途广泛、贷款额度较高、贷款期限灵活、担保形式多样、贷款风险分散等特点。

2.【答案】BCD。【解析】个人住房贷款的三个特点：贷款金额大、期限长；以抵押为前提建立的借贷关系；风险因素类似，风险具有系统性特点。

3.【答案】ABCD。【解析】申请个人汽车贷款，借款人须提供一定的担保措施，包括纯车辆抵押、“车辆抵押 + 担保机构”“车辆抵押 + 自然人担保”和“车辆抵押 + 履约保证保险”等。

4.【答案】ABC。【解析】流动资金贷款期限可根据客户具体需要灵活安排，分为临时、短期［1 年内（含 1 年）］、中期［1—3 年（含 3 年）］三种类型，最长不超过 3 年。

5.【答案】ABCDE。【解析】可以出质的权利类型包括汇票、本票、支票、债券、存款单、仓单、提单；依法可以转让的股份、股票；依法可以转让的商标专用权，专利权、著作权中的财产权；依法可以转让的债权；公路桥梁、公路隧道或者公路渡口等不动产收益。

6.【答案】ABCD。【解析】根据《中华人民共和国民法典》第三百八十九条规定，担保物权的担保范围包括主债权及其利息、违约金、损害赔偿金、保管担保财产和实现担保物权的费用。当事人另有约定的，按照其约定。

7.【答案】ABD。【解析】根据《中华人民共和国民法典》第三百八十八条规定，设立担保物权，应当依照本法和其他法律的规定订立担保合同。担保合同包括抵押合同、质押合同和其他具有担保功能的合同。担保合同是主债权债务合同的从合同。

8.【答案】BCDE。【解析】根据《中华人民共和国民法典》第三百九十九条规定，下列财产不得抵押：土地所有权；宅基地、自留地、自留山等集体所有土地的使用权，但是法律规定可以抵押的除外；学校、幼儿园、医疗机构等为公益目的成立的非营利法人的教育设施、医疗卫生设施和其他公益设施；所有权、使用权不明或者有争议的财产；依法被查封、扣押、监管的财产；法律、行政法规规定不得抵押的其他财产。

三、判断题

1.【答案】×。【解析】公积金个人住房贷款是一种政策性个人住房贷款，它不以营利为目的，实行“低进低出”的利率政策，带有较强的政策性，贷款额度受限制。

2.【答案】×。【解析】公积金个人住房贷款资金必须以转账支付的方式划拨给售房人，不可以取现金。

3.【答案】√。

4.【答案】√。

5.【答案】√。

6.【答案】√。【解析】对于有明确市场价格的质押品，其公允价值即为该质押品的市场价格。

7.【答案】×。【解析】根据《中华人民共和国民法典》第三百九十七条规定，以建筑物抵押的，该建筑物占用范围内的建设用地使用权一并抵押。以建设用地使用权抵押的，该土地上的建筑物一并抵押。抵押人未依据前款规定一并抵押的，未抵押的财产视为一并抵押。

8.【答案】√。【解析】按照五级分类方式（正常贷款、关注贷款、次级贷款、可疑贷款、损失贷款），不良个人住房贷款包括五级分类中的后三类贷款，即次级、可疑和损失类贷款。银行应按照银行监管部门的规定定期对不良个人住房贷款进行认定。

9.【答案】√。【解析】保证金质押是指借款人将金钱交存于其在银行开立的专用账户，并承诺以该账户中的款项作为偿还借款的保证。当借款人不履行债务时，贷款银行有权在保证金专用账户中直接扣划保证金用于偿还贷款的担保方式。

10.【答案】√。【解析】对认定为呆账贷款的个人住房贷款，贷款银行应按照财政部、中国人民银行和商业银行有关呆账认定及核销的规定组织申报材料，按规定程序批准后核销。对银行保留追索权的贷款，各经办行应实行“账销案存”，建立已核销贷款台账，定期向借款人和担保人发出催收通知书，并注意诉讼时效。

【实训】

【实训1】建立客户信息、开立账户、借据管理、贷款发放、提前还贷见图46至图50。

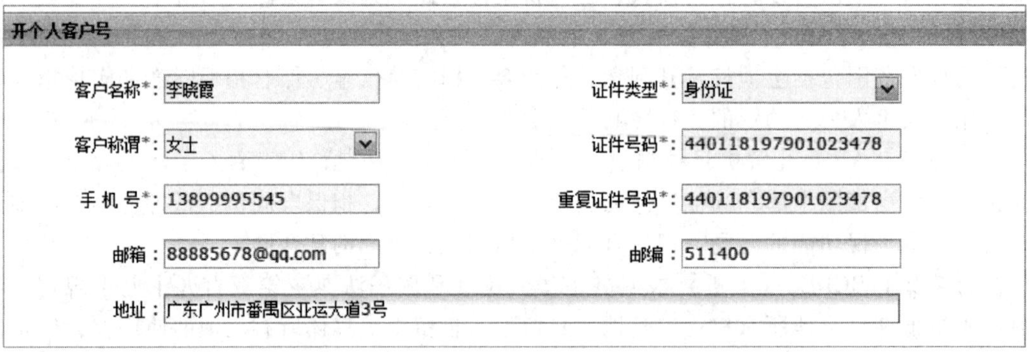

图46 建立客户信息

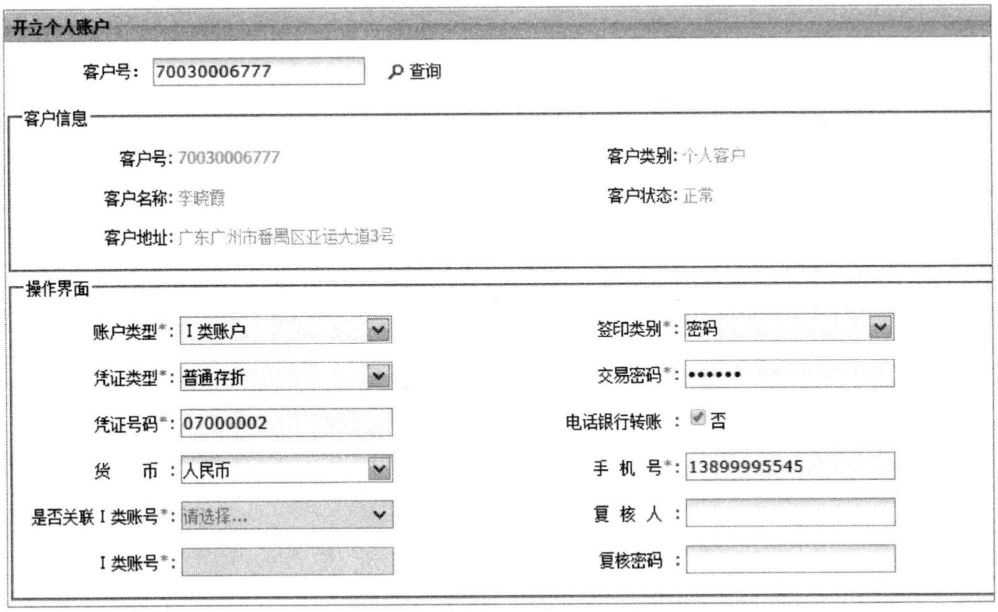

图 47　开立个人存款账户

图 48　个人贷款合同管理

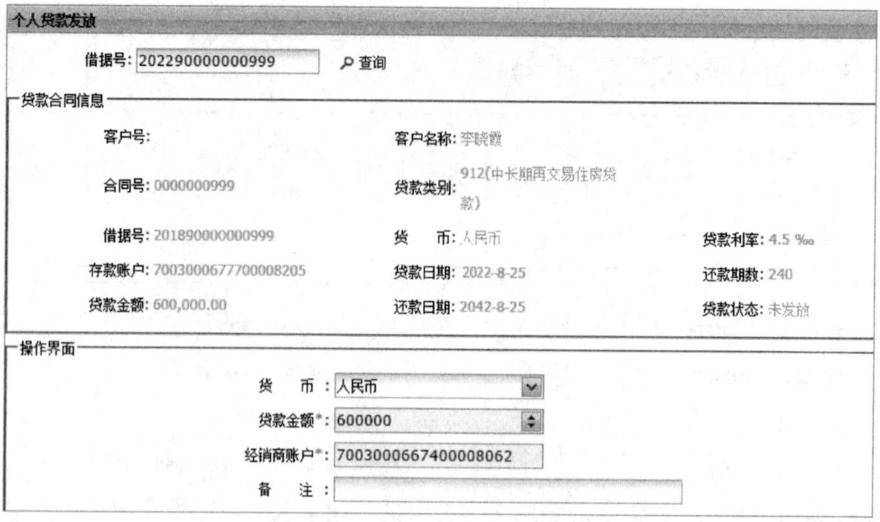

图49　个人贷款发放

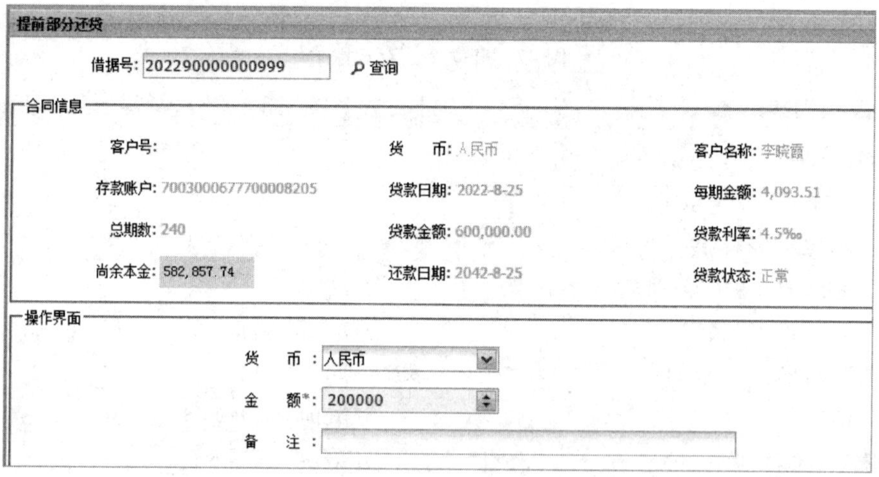

图50　个人住房贷款提前部分还贷

【实训2】(1)、(2)、(3)题操作同上。(4)调息操作见图51。

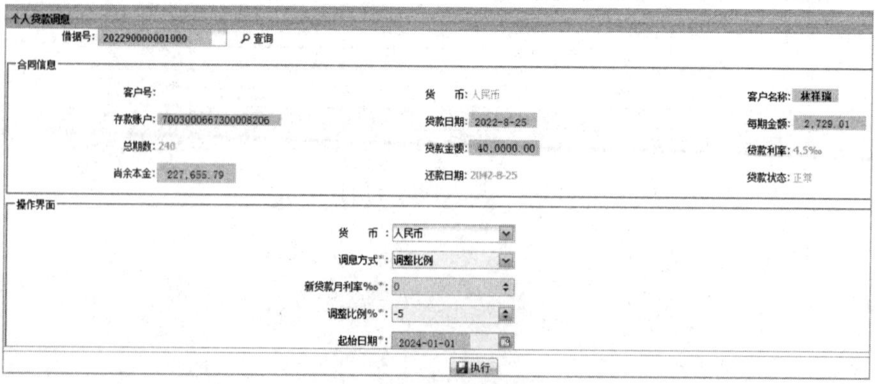

图51　个人住房贷款调息

【实训 3】个人汽车贷款借据管理、发放、提前还贷见图 52 至图 54。

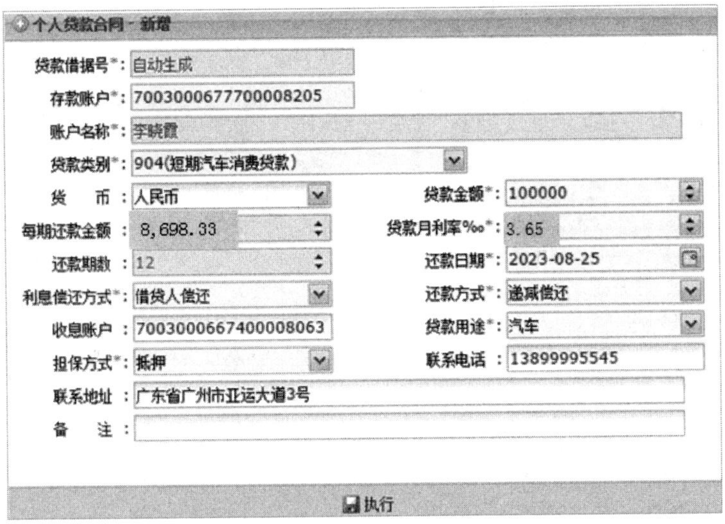

图 52 个人汽车贷款借据管理

图 53 个人汽车贷款发放

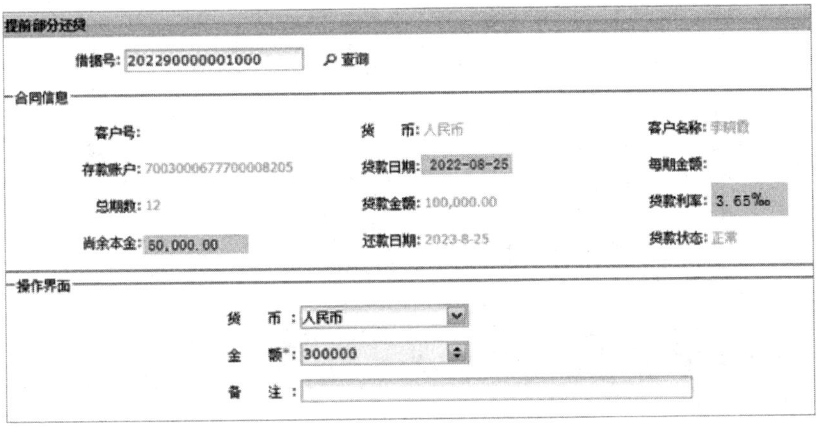

图 54 个人汽车贷款提前部分还贷

【实训4】个人汽车贷款借据管理、发放、提前还贷的操作同上。注意中长期汽车贷款种类选项、等额本金与等额本息的区别。

【实训5】个人旅游贷款的操作处理见图55至图59。

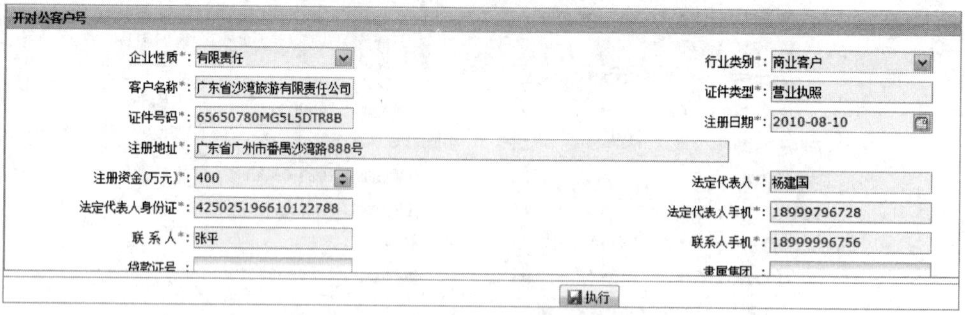

图55 为旅游公司建立客户信息

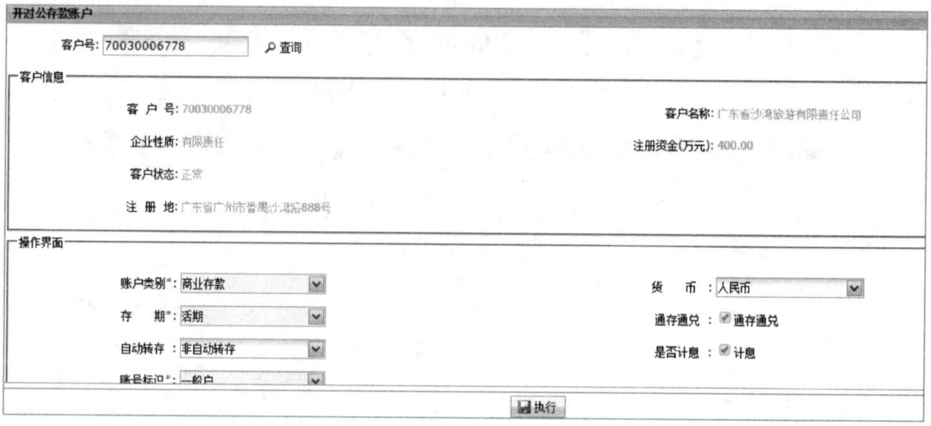

图56 为旅游公司开户

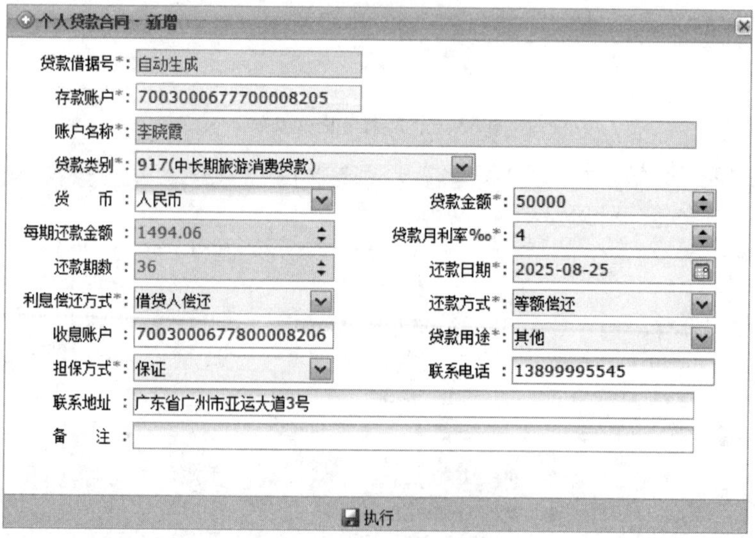

图57 旅游贷款借据管理

图 58 旅游贷款发放

图 59 旅游贷款提前全部还贷

【实训 6】助学贷款。

(1)“个人贷款合同管理”操作界面新增个人助学贷款（见图 60）。

图 60 助学贷款——个人贷款合同管理

（2）“助学贷款单位合同管理”，此功能作用是新增一个助学贷款单位合同（见图61、图62）。

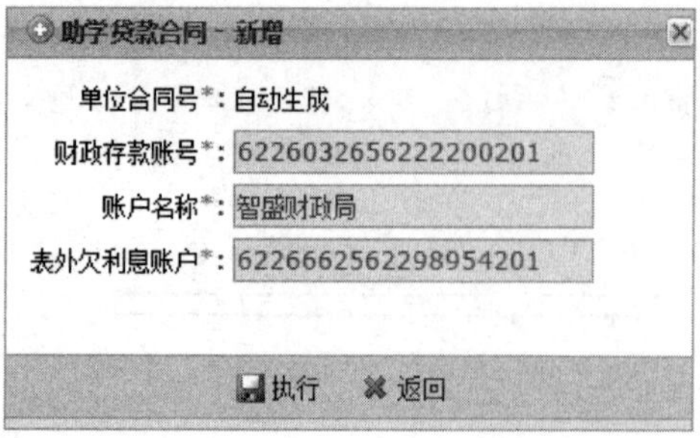

图61　助学贷款——单位合同号1

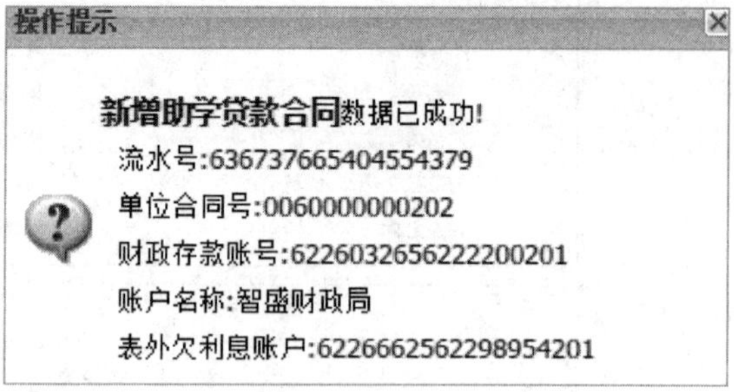

图62　助学贷款——单位合同号2

（3）“助学贷款借据管理维护”，见图63、图64。贷款借据号为贷款类别为助学贷款的个人贷款的借据号，单位合同号为新增的助学贷款单位合同号，此功能作用是将贷款借据号与单位合同号进行绑定，组成新的助学贷款合同。

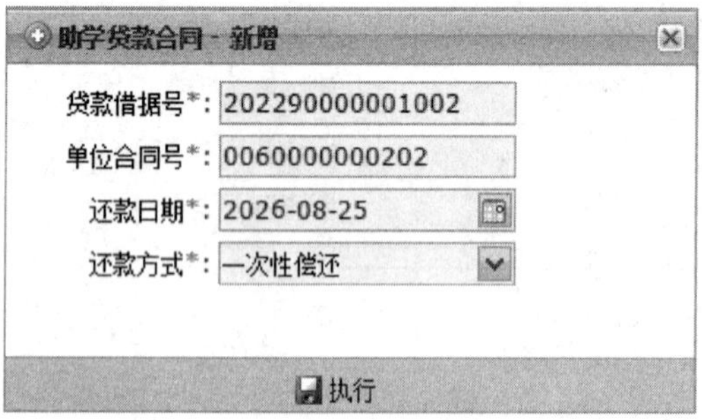

图63　助学贷款借据维护

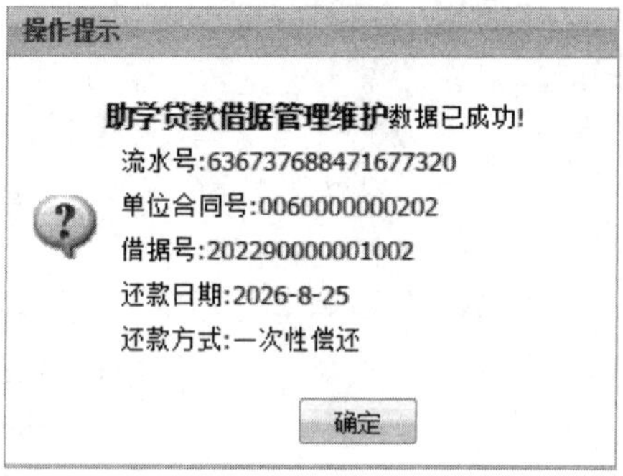

图64　助学贷款借据维护成功

（4）“个人贷款发放”，发放助学贷款界面见图65。

图65　助学贷款发放

【实训 7】对公短期抵押质押贷款。

新客户需要先建立客户信息，开立存款账户。为客户进行借据管理、进行贷款发放、展期、全部还贷见图 66 至图 69。7 个月后全部还贷，到期一次还本付息 $=1,000,000\times 5‰\times 6+(1,000,000+1,000,000\times 5‰\times 6)\times 6‰=36,180$（元），本息合计 1,036,180 元。

图 66　借据录入

图 67　贷款发放

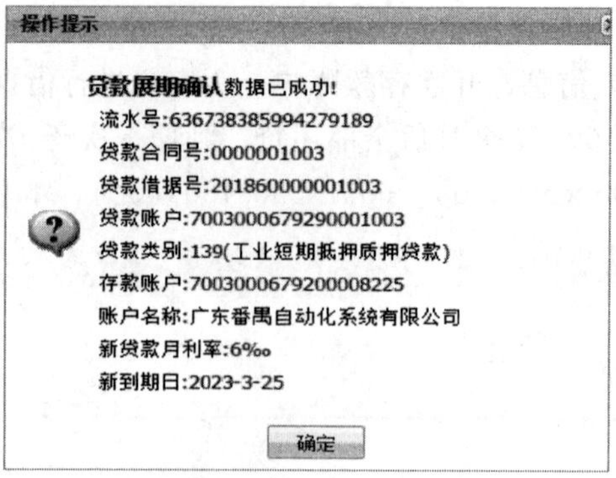

图68　展期录入成功

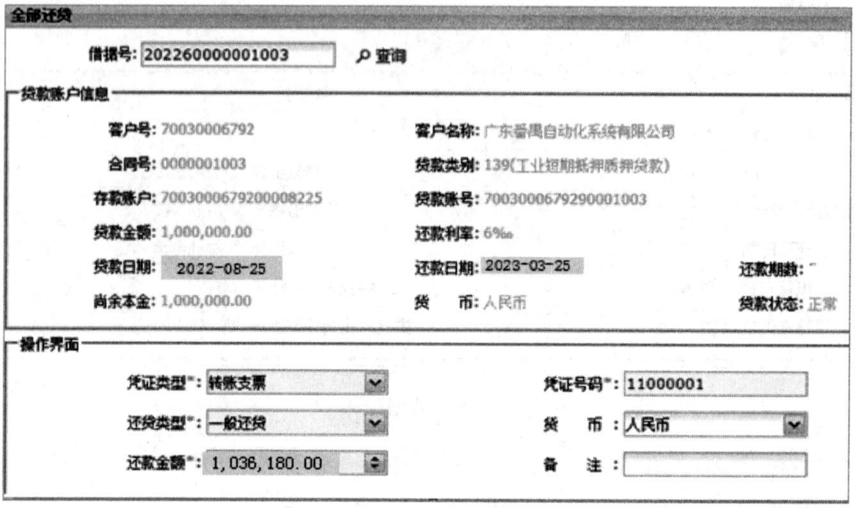

图69　全部还贷

【实训8】“商业短期抵押质押贷款”业务。操作见图70至图77（注：由于模拟系统的时间设置原因，在此忽略计息，只展示操作界面）。

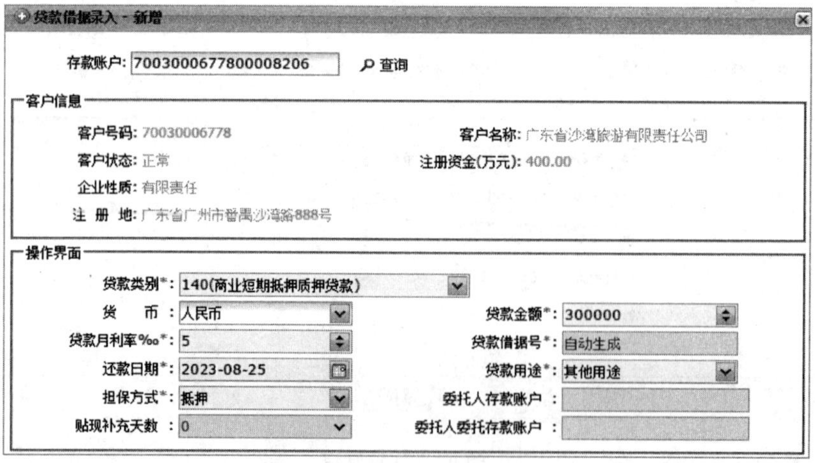

图70　贷款借据录入

图 71 贷款发放

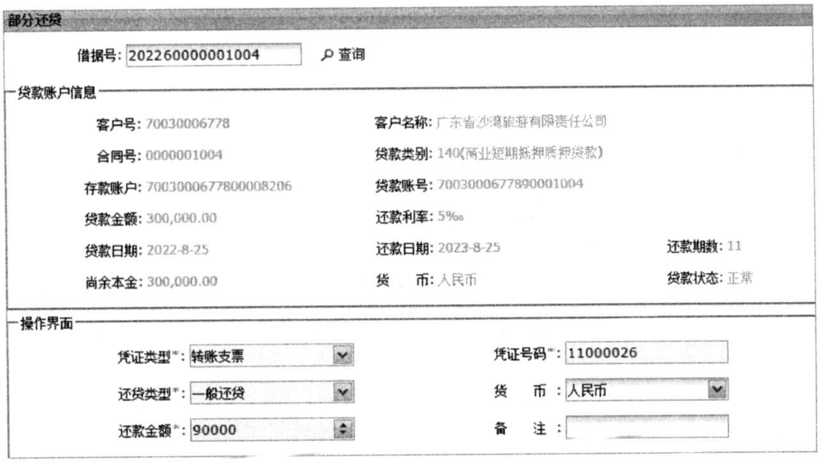

图 72 提前还贷

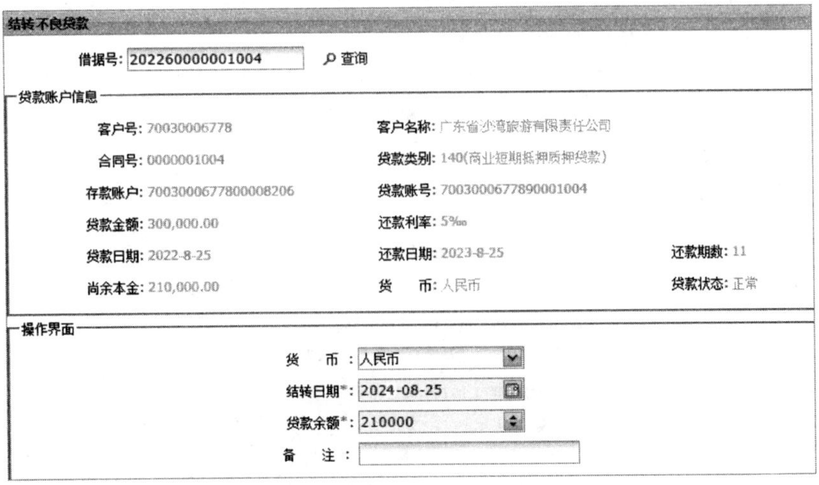

图 73 转为不良贷款

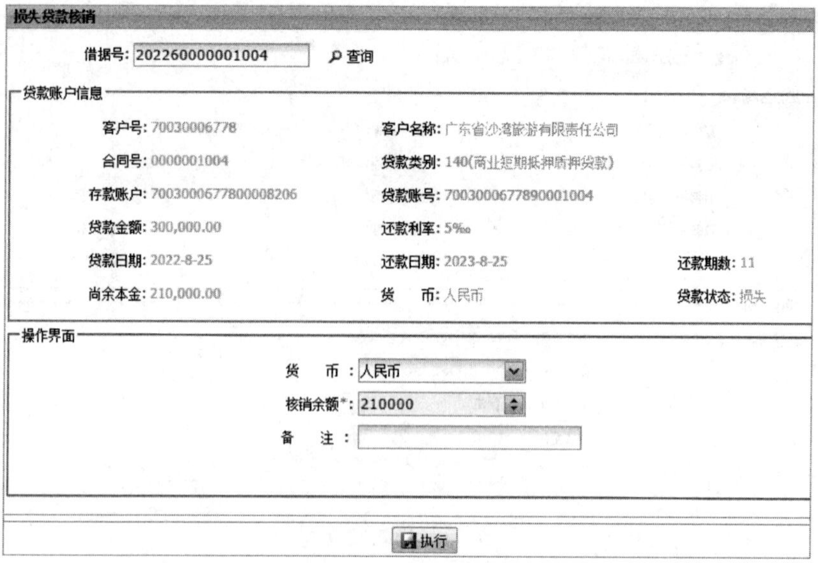

图74　损失贷款核销

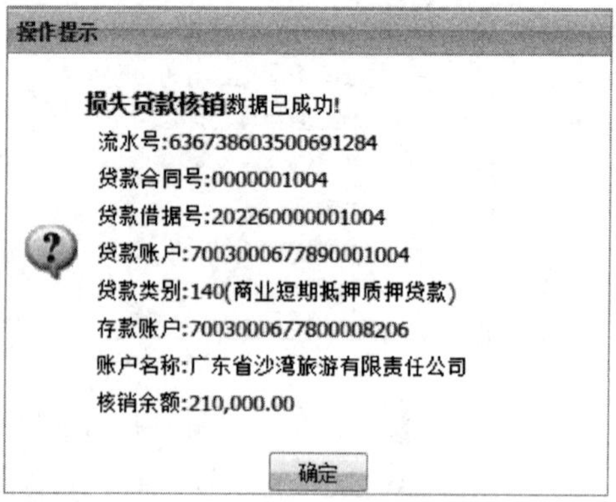

图75　损失贷款核销成功

图76　拆笔自动收息

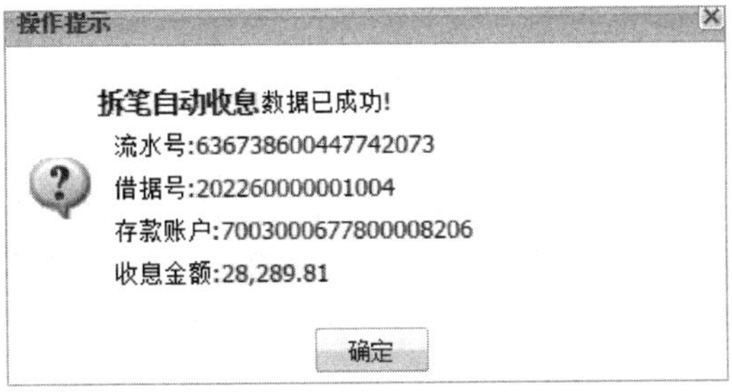

图 77　拆笔自动收息成功

项目五　银行卡业务实训与练习参考答案

【习题】

一、单选题

1.【答案】A。【解析】按发行主体不同分为境内卡和境外卡。境内卡是由境内商业银行发行的，既可以在境内使用，也可以在境外使用的银行卡；境外卡由境外设立的外资金融机构或外资非金融机构发行，可以在境内使用。

2.【答案】C。【解析】银行卡按发行对象不同分为单位卡（商务卡）、个人卡；个人卡是发卡银行向个人发行的银行卡；单位卡是发卡银行向企业、机关、事业单位和社会团体法人签发，由法人代表授权特定人使用。

3.【答案】C。【解析】联名卡是银行与社会上信誉和经营状况较好的营利性机构，如大型企业或单位联名发行的产品。持卡人可享受由银行和联名单位约定给持卡人提供的特殊服务和一定的折扣优惠。

4.【答案】D。【解析】认同卡是发卡行与以非营利为目的的机构合作发行的银行卡附属产品，持卡人领用认同卡表示对认同单位事业的支持。

5.【答案】A。【解析】转账卡是实时扣款的借记卡。具有转账结算、存取现金和消费功能；专用卡是具有专门用途（是指百货、餐饮、娱乐行业以外的用途）、在特定区域使用的借记卡。具有转账结算、存取现金功能；储值卡是发卡行根据持卡人要求将其资金转至卡内储存，交易时直接从卡内扣款的预付钱包式借记卡；准贷记卡是指持卡人须先按发卡银行要求交存一定金额的备用金，当备用金账户余额不足支付时，可在发卡银行规定的信用额度内透支的信用卡。

6.【答案】B。【解析】储值卡是发卡行根据持卡人要求将其资金转至卡内储存，交易时直接从卡内扣款的预付钱包式借记卡。

7.【答案】D。【解析】根据《银行卡业务管理办法》的规定，银行记账日至发卡银行规定的到期还款日之间为免息还款期。免息还款期最长为 60 天。

8.【答案】A。【解析】根据《银行卡业务管理办法》的规定，发卡银行对准贷记卡及借记卡（不含储值卡）账户内的存款，按照中国人民银行规定的同期同档次存款利率及计息办法计付利息。发卡银行对贷记卡账户的存款、储值卡（含IC卡的电子钱包）内的币值不计付利息。

9.【答案】C。【解析】借记卡的通存通兑功能：持卡人可在发卡行网点、发卡行和他行张贴有“银联”标识字样的自动柜员机上办理存款、取款，异地存取款业务（存款仅限于发卡行网点柜台和自动柜员机），异地存款可实现资金实时到账。通过网点、网上银行还能向他行客户账户内转账。

10.【答案】B。

11.【答案】B。【解析】客户在柜台进行银行卡的销户后，柜员应将银行卡剪角作附件，柜员整理归档凭证。

12.【答案】D。【解析】信用卡新卡制好后通过邮寄的方式送至持卡人。新卡的卡号、背面CVV码三位数字要变更，但原有效期及其他资料不变。新卡需重新开通，激活后使用。

二、多选题

1.【答案】ABD。【解析】目前常见的实体银行卡，有两种载体，分别为磁条卡与芯片卡，也有同时具有磁条和芯片的一体卡。

2.【答案】AC。【解析】信用卡按是否向发卡银行交存备用金分为贷记卡、准贷记卡两类。贷记卡是指发卡银行给予持卡人一定的信用额度，持卡人可在信用额度内先消费、后还款的信用卡。准贷记卡是指持卡人须先按发卡银行要求交存一定金额的备用金，当备用金账户余额不足支付时，可在发卡银行规定的信用额度内透支的信用卡。

3.【答案】BC。【解析】根据《银行卡业务管理办法》的规定，发卡银行对准贷记卡及借记卡（不含储值卡）账户内的存款，按照中国人民银行规定的同期同档次存款利率及计息办法计付利息。发卡银行对贷记卡账户的存款、储值卡（含IC卡的电子钱包）内的币值不计付利息。

4.【答案】ABCD。【解析】随着技术手段的进步和金融服务的日益丰富，借记卡已逐渐发展成为集储蓄、转账结算、消费和买基金、炒股等众多个人理财功能于一体的一种安全、方便、灵活的消费、理财工具。

5.【答案】ABC。【解析】转账卡是实时扣账的借记卡。具有转账结算、存取现金和消费功能。

6.【答案】ABCD。【解析】借记卡的基本功能有：综合账户功能、通存通兑功能、商户消费功能、代收代付功能、理财服务功能。

7.【答案】ABD。【解析】目前信用卡可以通过多种渠道进行申请，一般渠道有柜台、银行专设展台、银行官方网站、银行官方APP等。ATM机的功能有现金取款、现金存款、余额查询、本行或异行转账、修改密码等，但目前没有申请信用卡的功能。

8.【答案】ABC。【解析】信用卡持卡人可在信用额度内先消费、后还款。信用卡持卡人非现金交易享受如下优惠条件：①免息还款期待遇。银行记账日至发卡银行规定的到期还款日之间为免息还款期。免息还款期最长为60天。持卡人在到期还款日前偿还所使用全部银行款项即可享受免息还款期待遇，无须支付非现金交易的利息。②最低还款额待遇。持卡人在到期还款日前偿还所使用全部银行款项有困难的，可按照发卡银行规定的最低还款额还款。发卡银行对贷记卡账户的存款内的币值不计付利息。

9. 【答案】ABC。【解析】信用卡主卡持卡人可为其配偶和直系亲属（父母、子女）申请附属卡。

三、判断题

1. 【答案】√。

2. 【答案】√。

3. 【答案】×。【解析】贷记卡持卡人支取现金；准贷记卡透支，不享受免息还款期和最低还款待遇，应当支付现金交易额或透支额自银行记账日起，按规定利率计算的透支利息。

4. 【答案】×。【解析】转账卡除了转账功能以外，还有存取现金和消费功能。

5. 【答案】×。【解析】芯片卡与磁条卡相比，具有下列优点：安全性高、快捷消费、信息存储量大。

6. 【答案】√。

7. 【答案】√。

8. 【答案】√。

9. 【答案】×。【解析】代理他人办理银行卡挂失时，须同时提供代理人和被代理人的有效身份证件。

10. 【答案】×。【解析】在提供代理人和被代理人的有效身份证件前提下，可以由代理人办理。临时挂失还可以通过电话、网络等方式办理。

11. 【答案】×。【解析】单位卡账户销户时，账户内的资金余额可以转入其基本存款账户，但不得提取现金。

【实训】

【实训1】建立客户信息、开立借记卡账户、普通活期存款、普通活期取款操作见图78至图81。

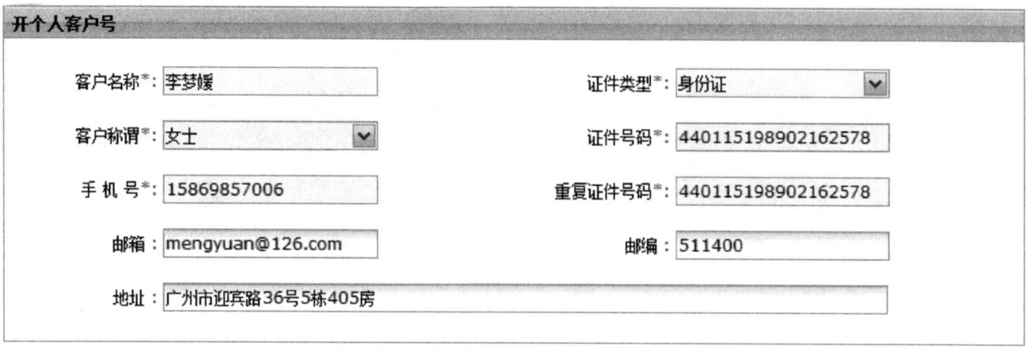

图78　建立客户信息

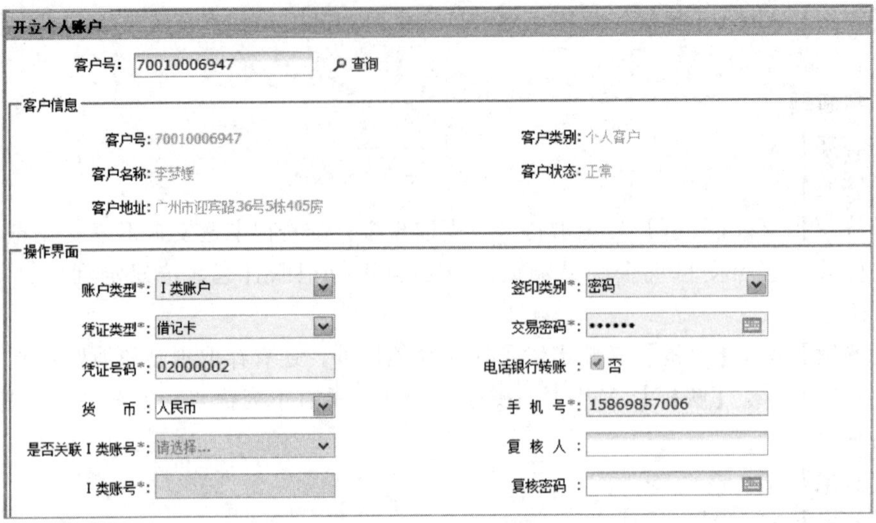

图 79 开立个人存款账户

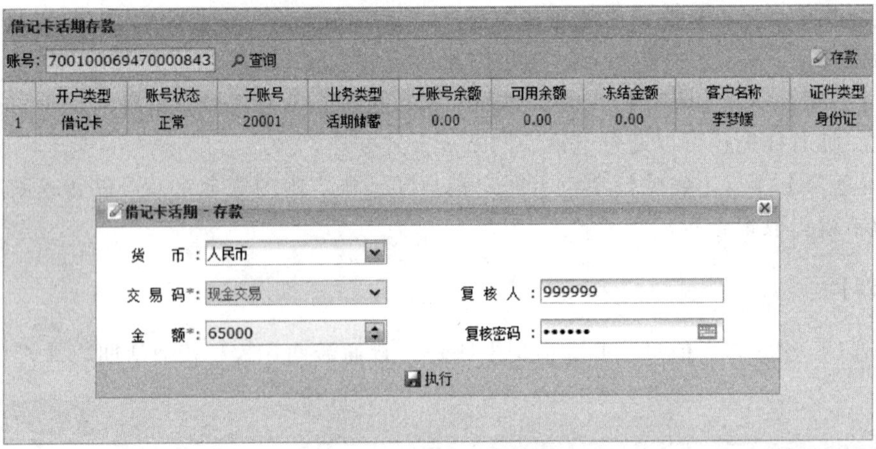

图 80 借记卡活期存款

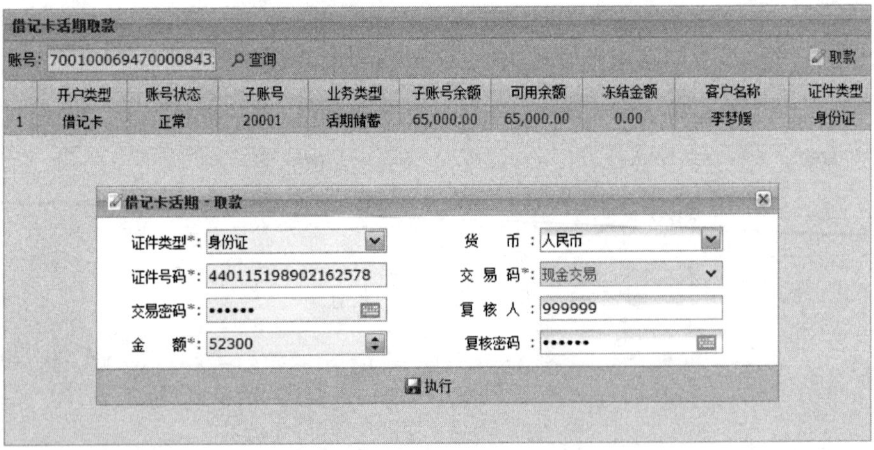

图 81 借记卡活期取款

【实训 2】（1）、（3）题操作同【实训 1】。（2）借记卡整存整取开户与存款操作见图 82。（4）借记卡整存整取取款与销户操作见图 83、图 84。

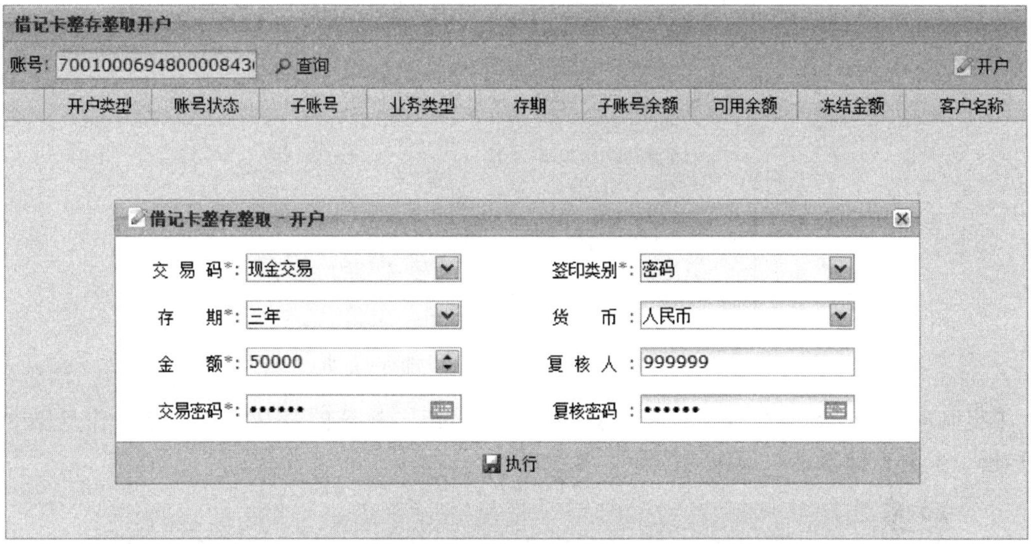

图 82　借记卡整存整取开户与存款

图 83　借记卡整存整取取款与销户

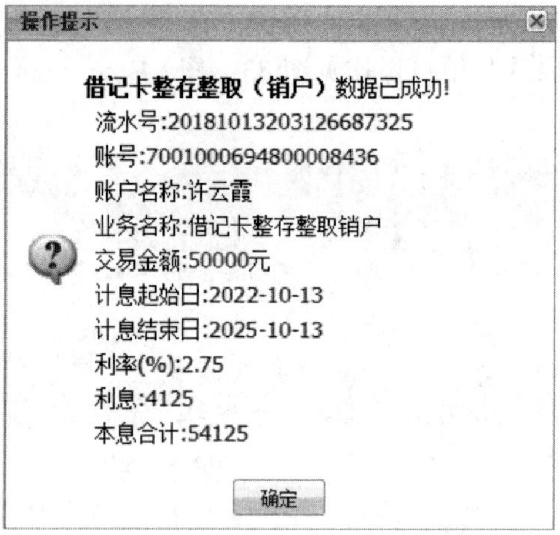

图 84　借记卡整存整取取款与销户成功

【实训 3】（1）题操作同【实训 1】。（2）中借记卡教育储蓄开户与存款操作见图 85。（3）借记卡教育储蓄销户操作见图 86、图 87。

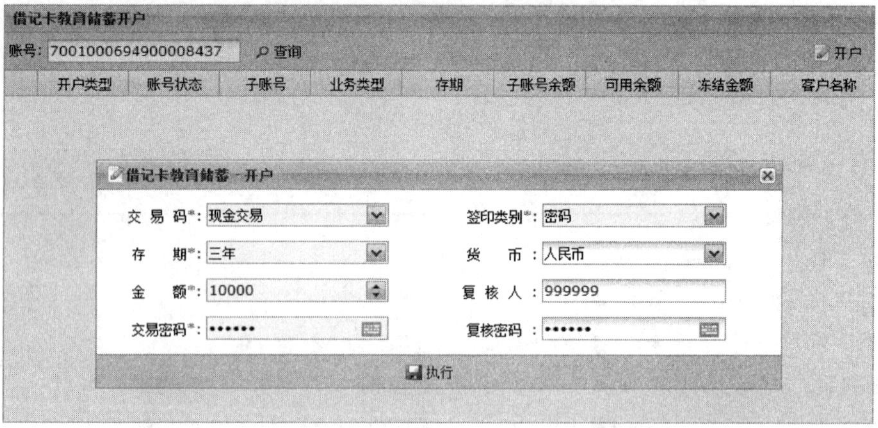

图 85　借记卡教育储蓄开户与存款

图 86　借记卡教育储蓄销户

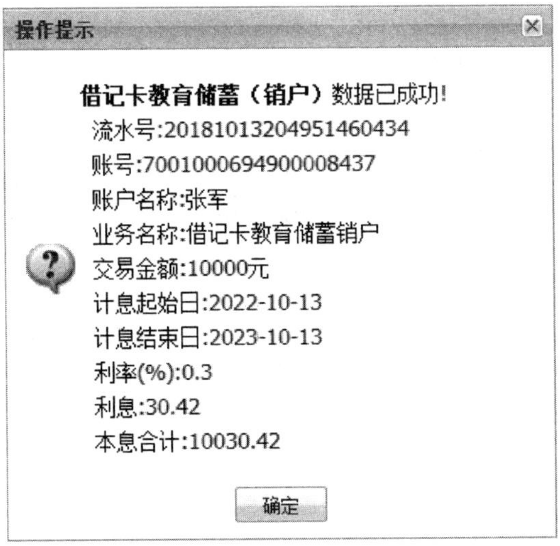

图 87　借记卡教育储蓄销户成功

【实训 4】借记卡挂失和解挂的操作处理见图 88、图 89。

图 88　借记卡挂失

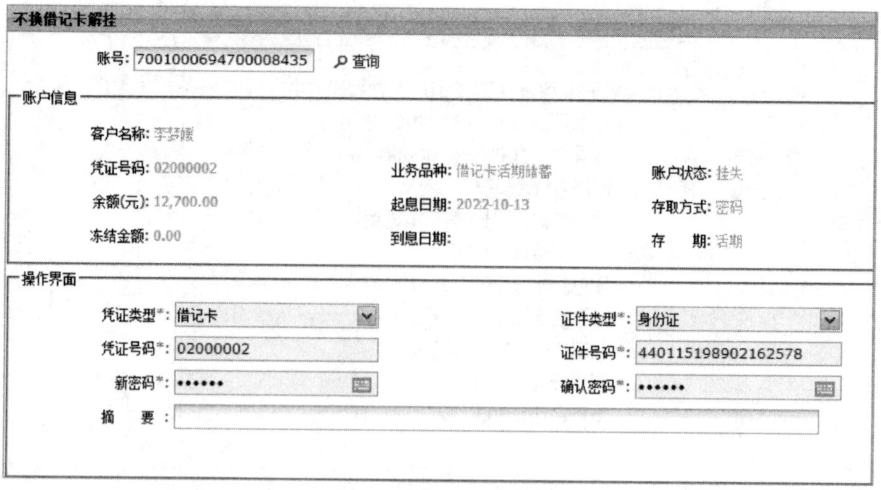

图 89　借记卡不换卡解挂

【实训5】(1) 贷记卡开户和激活的操作见图90、图91。(2) 贷记卡存入现金操作见图92。

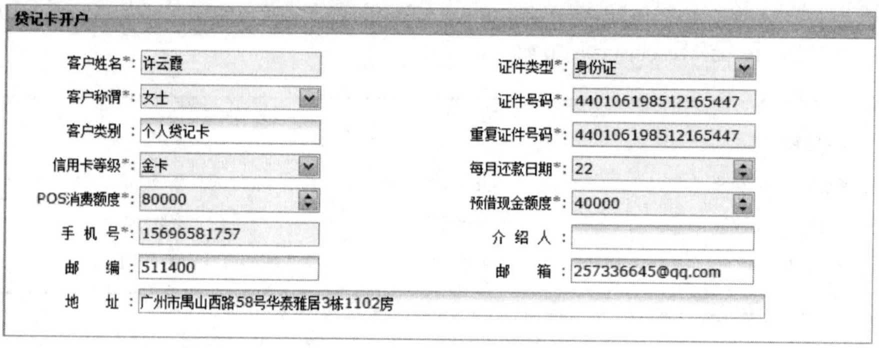

图 90　贷记卡开户

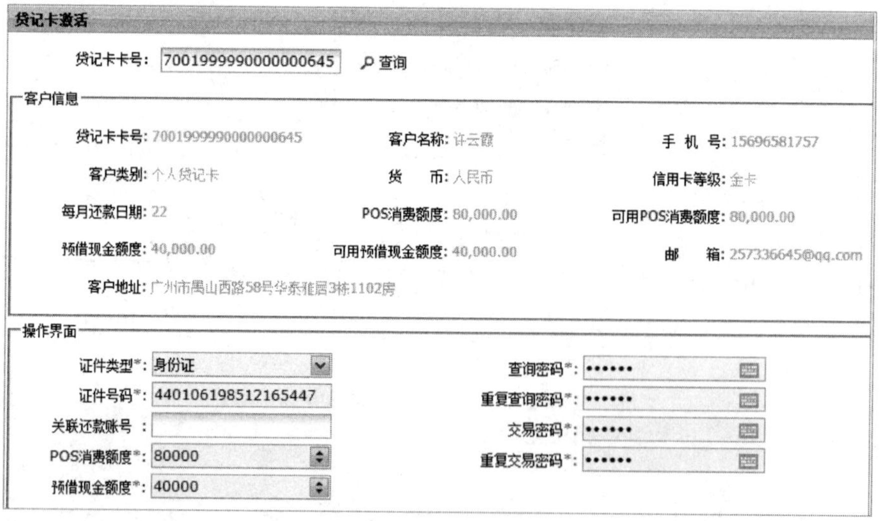

图 91　贷记卡激活

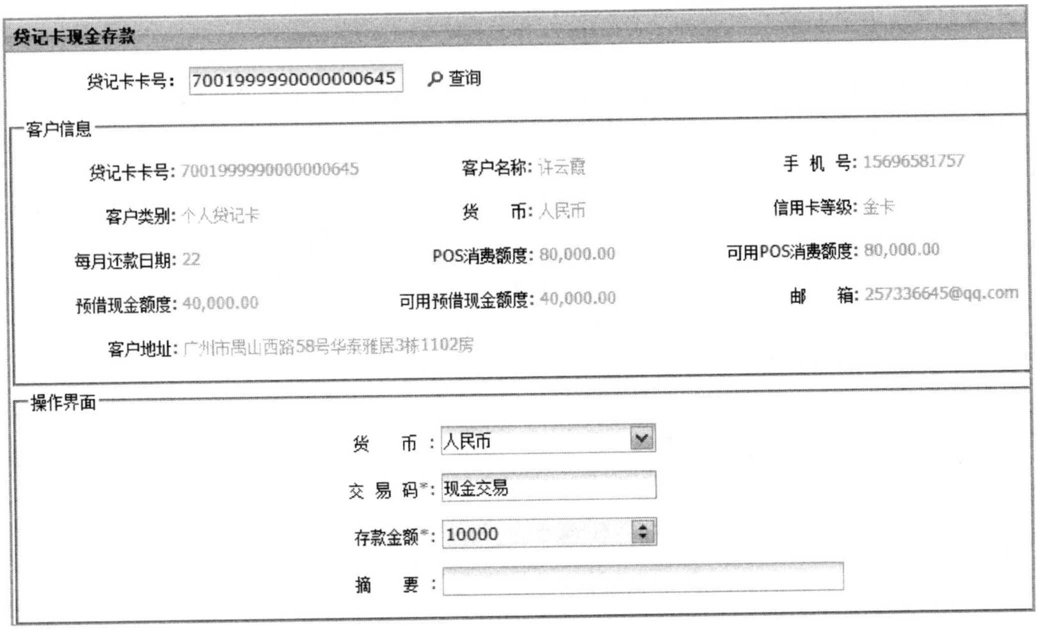

图 92　贷记卡现金存款

【实训 6】（1）题操作同【实训 5】。（2）建立借记卡与信用卡自动还款业务操作见图 93。

图 93　建立借记卡与信用卡自动还款

【实训7】贷记卡销户申请和销户结清的操作处理见图94、图95。

图94 贷记卡销户申请

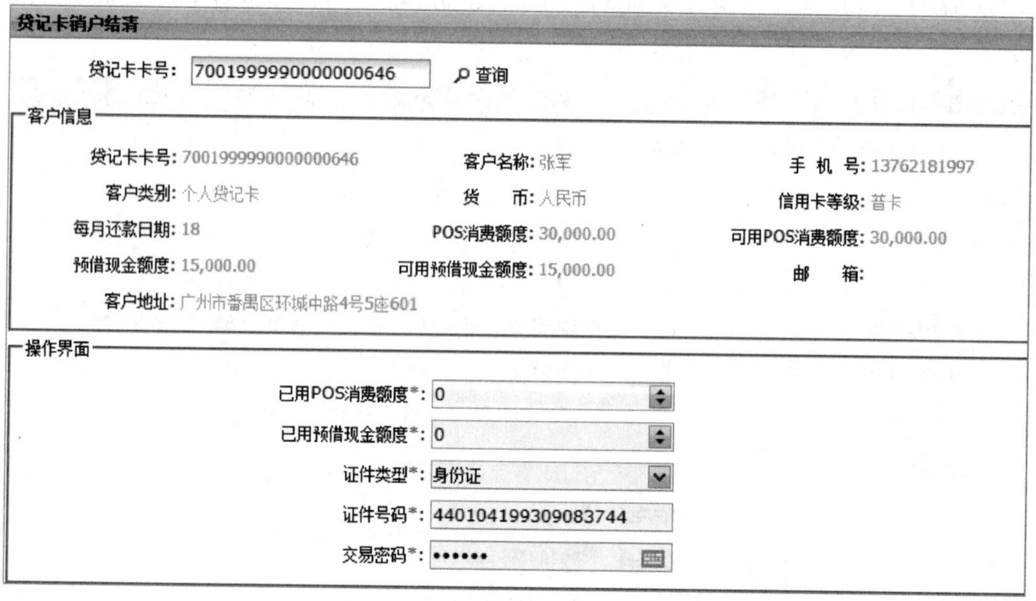

图95 贷记卡销户结清

项目六　支付结算业务实训与练习参考答案

【习题】

一、单选题

1. 【答案】B。【解析】同城票据交换由当地人民银行统一组织实施和管理，通过交换票据方式并按照人行相关规定在同一票据交换区域办理各商业银行和金融机构之间各种款项的票据资金清算。

2. 【答案】B。【解析】进账单第一联是开户银行交给持票人的回单，应加盖业务受理专用章。

3. 【答案】D。【解析】根据1996年1月1日起施行的《中华人民共和国票据法》、1996年6月17日财政部颁发的《会计基础工作规范》以及中国人民银行制定的《正确填写票据和结算凭证》等法规文件，票据的出票日期必须使用中文大写。

4. 【答案】D。【解析】开户银行必须严格审核企业存款人支取现金用途，其中货款不属于能够支取现金的用途范围。

5. 【答案】C。【解析】申请人和收款人均为个人需要支取现金的，应在“支付金额”栏填写“现金”字样，后填写支付金额。申请人或收款人为单位的，不得申请签发现金银行本票。

6. 【答案】A。【解析】银行汇票的提示付款期限自出票日起1个月。

7. 【答案】A。【解析】柜员输入挂失种类，如为客户挂失止付的，“挂失种类”应选择“挂失止付”；如为人民法院要求停止支付的，“挂失种类”应选择“公示催告止付”。

8. 【答案】B。【解析】提示付款期为自票据到期日起十日内，最后一日遇法定节假日、大额支付系统非营业日、电子商业汇票系统非营业日顺延。

9. 【答案】C。【解析】纸质商业汇票的最长付款期限为6个月，而电子商业汇票的最长付款期限为1年。

10. 【答案】B。【解析】从2022年1月22日起，大额支付系统实行5×21小时运行，受理开始时间从原来每天（T日）上午8：00提前至前一天（T-1）23：30，截止时间由每个法定工作日17：00延长至17：15。

11. 【答案】C。【解析】电汇凭证日期可以使用小写，本票、支票、汇票的出票日期都必须大写。

12. 【答案】B。【解析】第一联邮划或电划委托收款凭证加盖“业务受理章”后退收款人；第二联委托收款凭证专夹保管作贷方凭证，并登记“发出托收承付（委托收款）登记簿”；第三联收款凭证作借方凭证，加盖“结算专用章”，第四、五联无需加盖章戳；将托收凭证第一联及业务收费凭客户留底联交还给客户，第三、四、五联与汇票原件及证明文件一起邮寄到付款人开户行。

二、多选题

1. 【答案】BCD。【解析】出票人可以签发普通支票、现金支票、转账支票，但不得签发空头支票、支付密码错误的支票、签章与银行预留银行印鉴不符的支票。

2.【答案】BD。【解析】出票人可以签发普通支票、现金支票、转账支票，转账支票只能用于转账，不能支取现金。

3.【答案】ABCD。【解析】签发银行汇票必须记载下列事项：表明“银行汇票”的字样；无条件支付的承诺；出票金额；付款人名称；收款人名称；出票日期；出票人签章。

4.【答案】ABD。【解析】出票日期不符、密押不符、超过提示付款期都不能受理兑付业务。银行汇票的实际结算金额可以小于出票金额，兑付时按照实际结算金额无条件付给收款人或持票人。

5.【答案】AD。【解析】持票人持汇票和解讫通知联至代理兑付行提示付款时，应填写一式三联的进账单，并在汇票联背面“持票人向银行提示付款签章”处签章，将汇票、解讫通知联、进账单一并交代理兑付行。银行审核无误后办理转账。

6.【答案】ABD。【解析】商业承兑汇票的承兑人是银行以外的机构，到期不一定兑付，如果承兑人余额不足就会存在兑付不了的情况。

7.【答案】ABCD。【解析】电子商业汇票系统是经中国人民银行批准建立，依托网络和计算机技术，接收、存储、发送电子商业汇票数据电文，提供与电子商业汇票货币给付、资金清算行为相关服务的业务处理平台。以数据电文形式代替实物票据，以电子签名取代实体签章，以网络传输代替人工传递，以计算机录入代手工书写。

8.【答案】ABD。【解析】小额支付系统主要用于处理异地、同城每笔金额在规定金额以下的贷记业务及借记业务等。小额支付系统实行7×24小时运行，借贷记业务均能处理，主要面向消费性支付（借贷记）业务，既支持汇款等贷记业务又支持收款等借记业务，其中小额贷记业务金额有限制，目前小额贷记业务金额上限为5万元，中国人民银行决定自2015年7月11日起，将周末（周六、周日）及法定节假日期间小额支付系统普通贷记业务的限额调整为50万元/笔。

三、判断题

1.【答案】√。【解析】票据交换必须贯彻“先付后收、收妥抵用、银行不垫款”的原则。“先付后收、收妥抵用”是指收、付款人之间受理票据（一般指支票、本票），在提交开户银行以后要等银行通过内部账务处理（或票据清算）将款项从付款单位账户付出，并收入收款单位账户后，才能支用。

2.【答案】×。【解析】既指狭义的同城，即同一城市。也指广义的同城，即规定的区域，如长三角、珠三角区域，具体由各地人民银行根据结算业务的需要规定。

3.【答案】×。【解析】客户购买支票时，柜员审核单据是否填写完整、正确，对单位签章进行电子验印，并要求出示购买人员身份证件，核对是否该单位的日常结算人员。审核无误后，为客户办理支票出售业务。

4.【答案】×。【解析】企业客户购买支票时，需对账户性质进行审核。根《人民币结算账户管理办法》，基本账户、临时账户和专用账户可提取现金，对于大额现金支取还需进行审批。

5.【答案】√。

6.【答案】√。

7.【答案】√。【解析】银行汇票的出票和付款限于中国人民银行和参加“大额支付系统”的各商业银行等银行机构办理。跨系统银行签发的转账银行汇票的解付，应通过同城票据交换将银行汇票和解讫通知提交同城的有关银行审核支付后抵用。

8.【答案】×。【解析】申请人因银行汇票超过付款提示期限或其他原因要求退款时，应将银行汇票和解讫通知同时提交到出票银行，并提供本人身份证件或单位证明。申请人缺少解讫通知要求退款的，出票银行应于银行汇票提示付款期满 1 个月后办理。

9.【答案】×。【解析】商业承兑汇票和银行承兑汇票的区别在于承兑人不同，决定了商业承兑汇票是商业信用，银行承兑汇票是银行信用，商业承兑汇票在信用等级和流通性上低于银行承兑汇票，在银行办理贴现的票据一般都是银行承兑汇票。

10.【答案】×。【解析】电子商业汇票承兑在交付收款人之前，处于“出票已登记”或“提示承兑已签收”状态下，出票人可以申请对该笔电子商业汇票撤票。

11.【答案】×。【解析】持票人在提示付款期内提示付款的，承兑人应在收到提示付款请求的当日至迟次日（遇法定休假日、大额支付系统非营业日、电子商业汇票系统非营业日顺延）付款或拒绝付款。持票人超过提示付款期提示付款的，接入机构不得拒绝受理。

12.【答案】√。

【实训】

【实训 1】提出借方经办、提出借方复核、提出借方退票见图 96 至图 98。

图 96 提出借方经办

图 97 提出借方复核

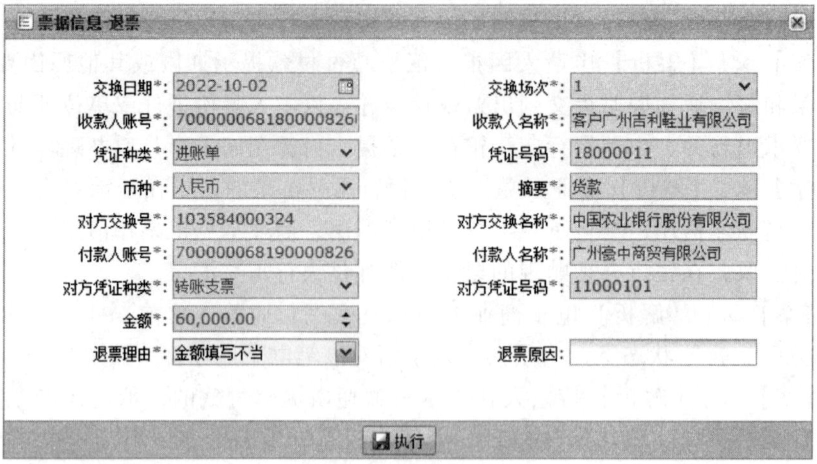

图98　提出借方退票

【实训2】提出贷方经办、提出贷方复核、提出贷方退票见图99至图101。

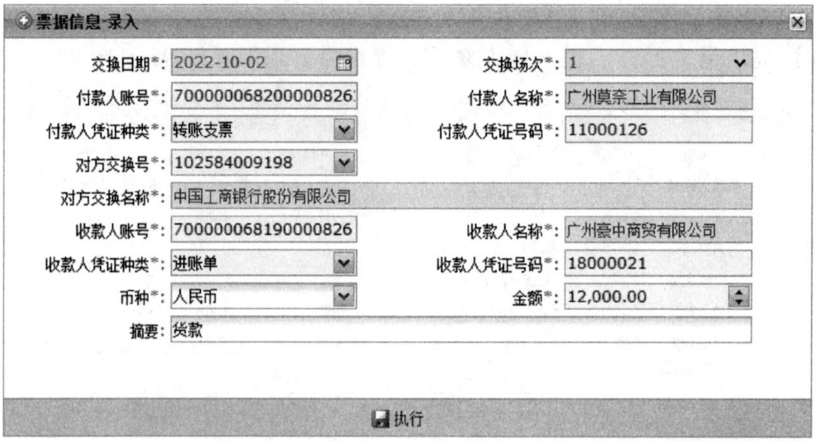

图99　提出贷方经办

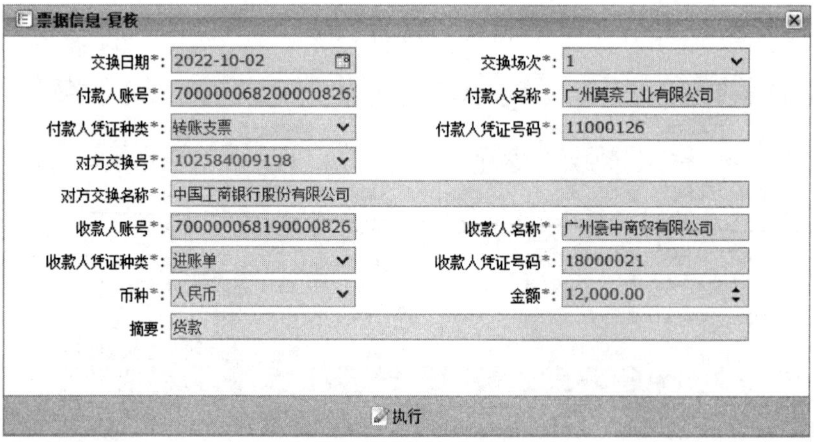

图100　提出贷方复核

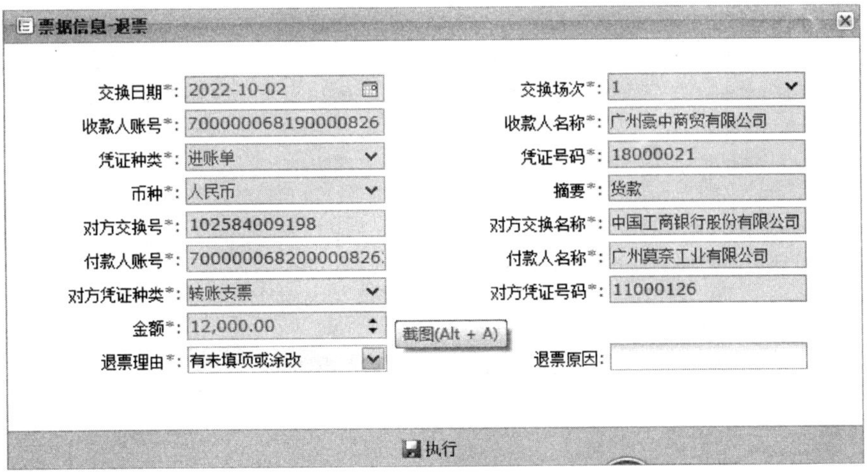

图 101　提出贷方退票

【实训 3】提入借方经办、提入借方复核、提入借方退票见图 102 至图 104。

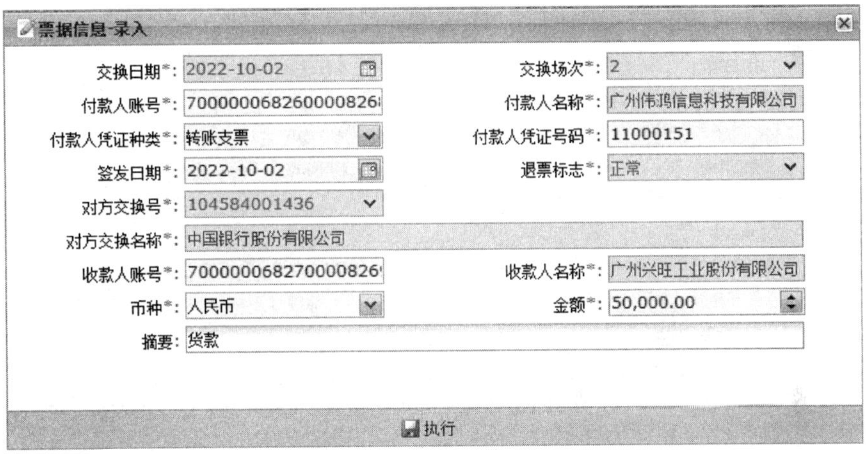

图 102　提入借方经办

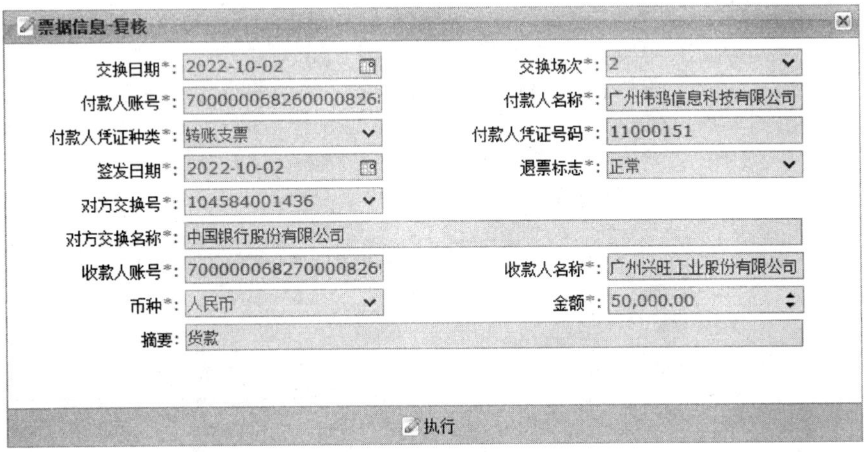

图 103　提入借方复核

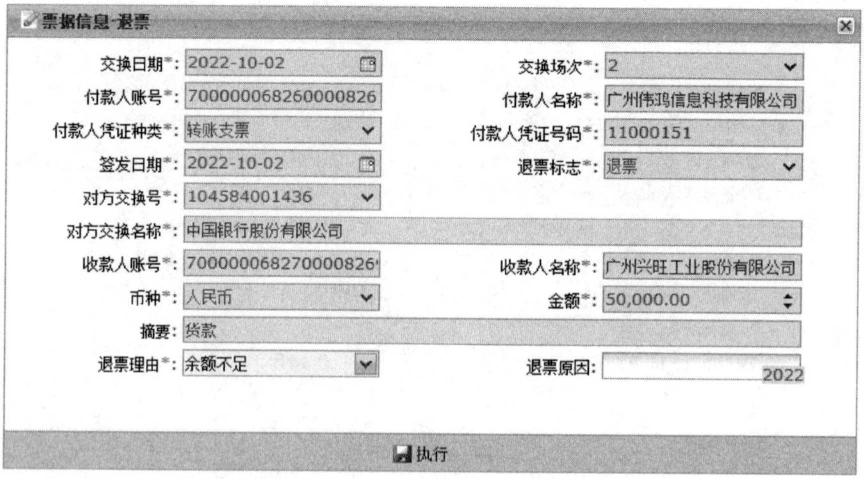

图 104　提入借方退票

【实训 4】提入贷方经办、提入贷方复核、提入贷方退票见图 105 至图 107。

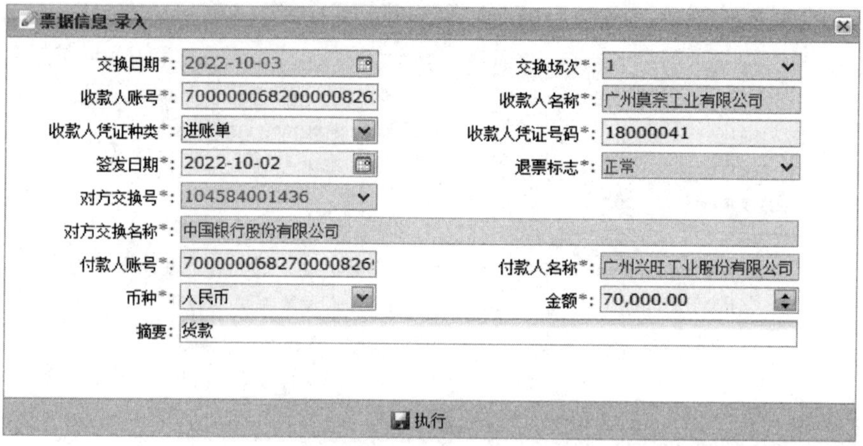

图 105　提入贷方经办

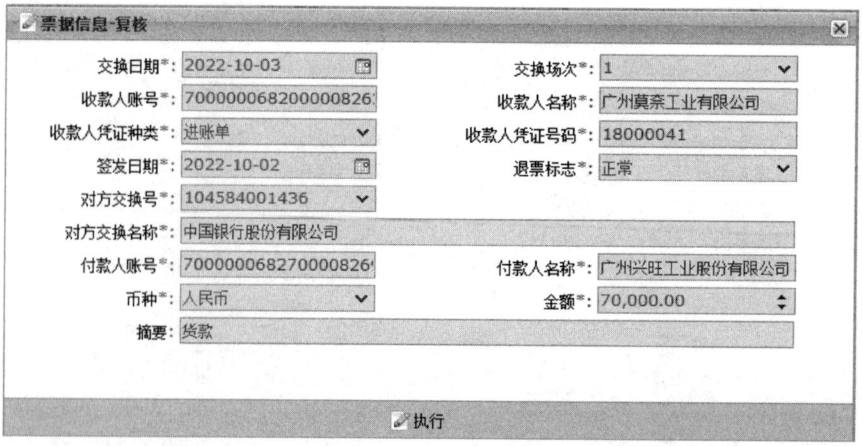

图 106　提入贷方复核

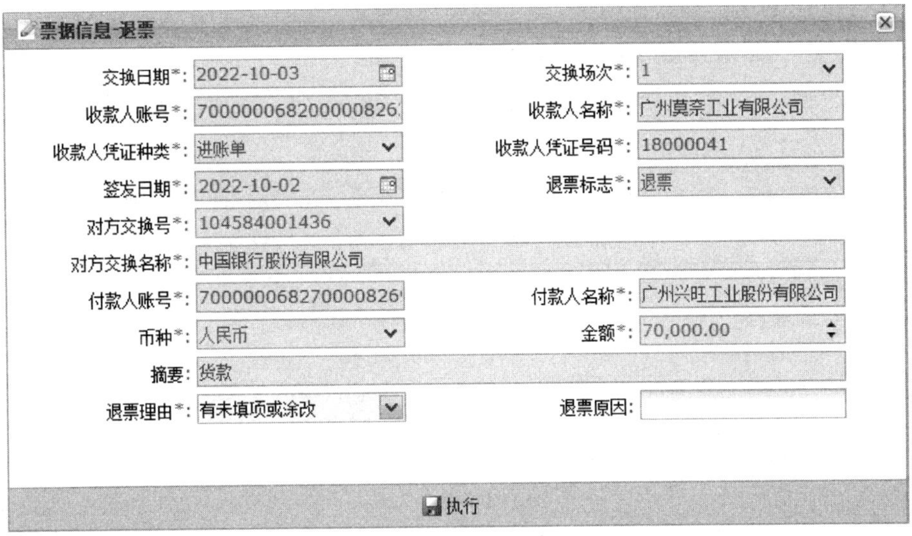

图 107　提入贷方退票

【实训 5】支票出库、支票出售、现金取款、支票挂失见图 108 至图 111。

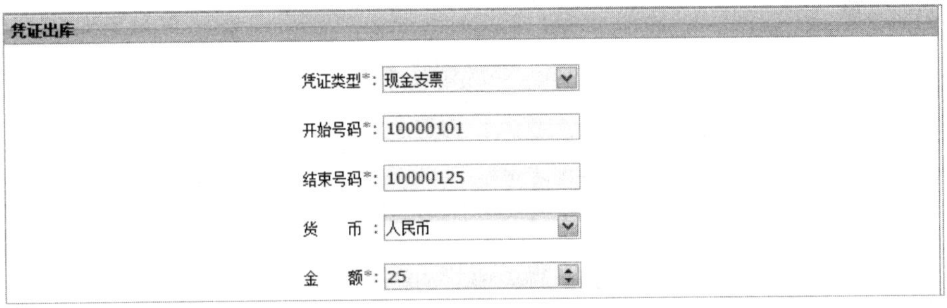

图 108　凭证出库

图 109　支票出售

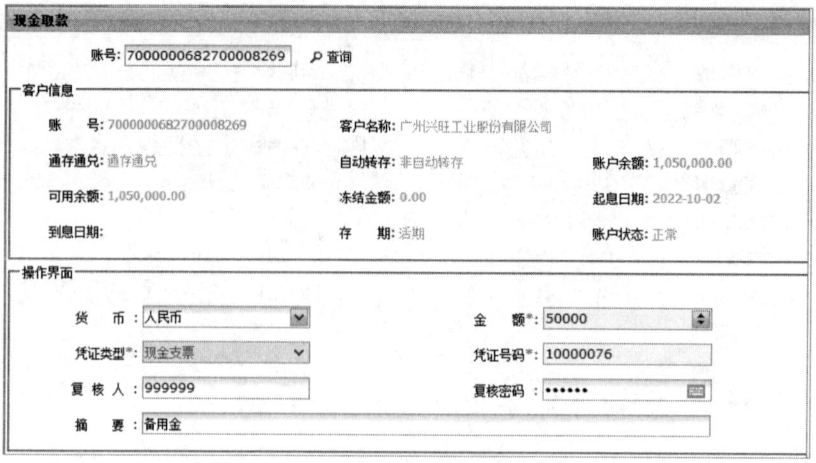

图 110 现金取款

图 111 支票挂失

【实训 6】本票签发、本票兑付、本票挂失见图 112 至图 114。

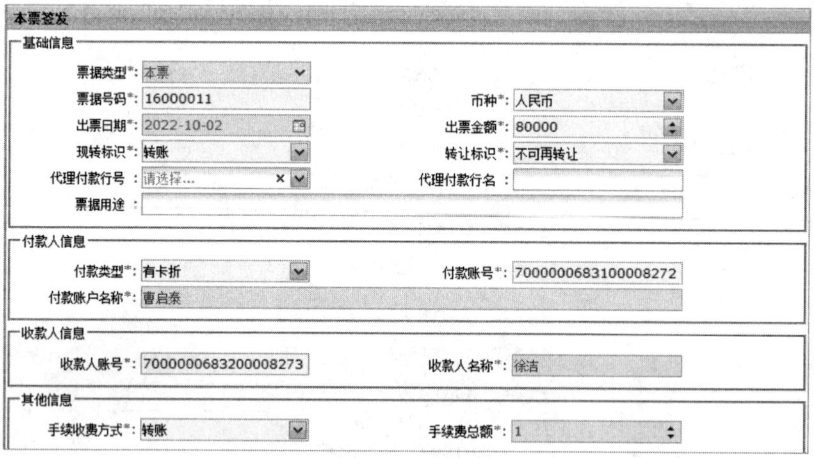

图 112 本票签发

图 113　本票兑付

图 114　本票挂失

【实训 7】银行汇票签发、银行汇票兑付、银行汇票挂失见图 115 至图 117。

图 115　银行汇票签发

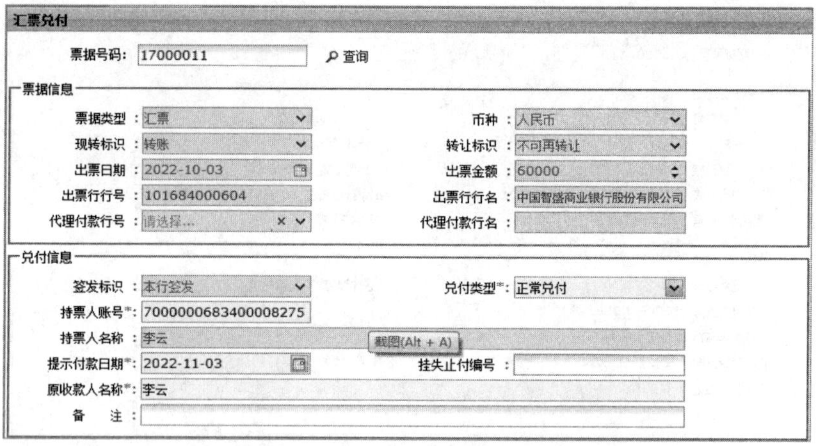
汇票兑付
票据号码：17000011 查询
票据信息
票据类型：汇票 币种：人民币
现转标识：转账 转让标识：不可再转让
出票日期：2022-10-03 出票金额：60000
出票行行号：101684000604 出票行行名：中国智盛商业银行股份有限公司
代理付款行号：请选择… 代理付款行名：
兑付信息
签发标识：本行签发 兑付类型*：正常兑付
持票人账号*：7000000683400008275
持票人名称：李云
提示付款日期*：2022-11-03 挂失止付编号：
原收款人名称*：李云
备 注：

图116　银行汇票兑付

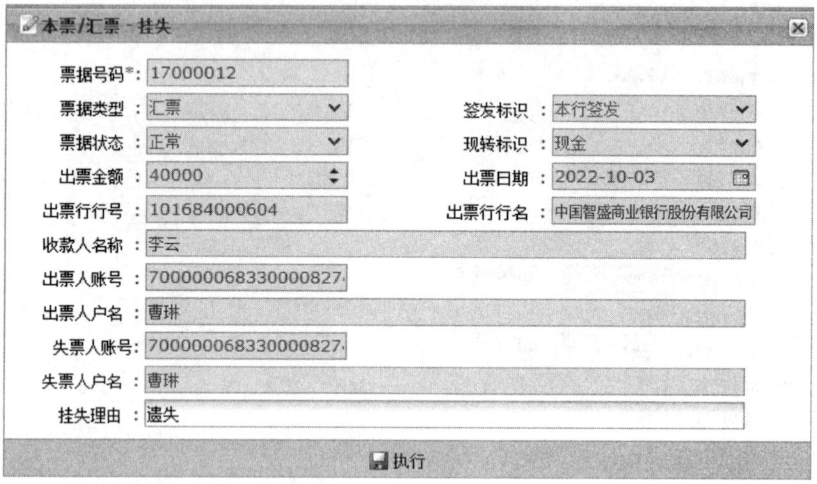
本票/汇票－挂失
票据号码*：17000012
票据类型：汇票 签发标识：本行签发
票据状态：正常 现转标识：现金
出票金额：40000 出票日期：2022-10-03
出票行行号：101684000604 出票行行名：中国智盛商业银行股份有限公司
收款人名称：李云
出票人账号：700000068330000827
出票人户名：曹琳
失票人账号：700000068330000827
失票人户名：曹琳
挂失理由：遗失
执行

图117　银行汇票挂失

【实训8】纸质银行承兑汇票承兑登记、银行承兑汇票挂失、银行承兑汇票解挂、委托收款登记、结算登记见图118至图122。

纸票承兑登记－登记
票据种类*：银行承兑汇票 票据号码*：13000011
票据金额*：80000 出票日期*：2022-10-03
到期日期*：2023-04-03 承兑日期*：2022-10-03
合同号*：202210038919220 发票号码*：42109022
承兑协议编号： 承兑人类型*：银行
承兑人账号*：6226558620171225236 承兑人名称：智盛模拟商业银行股份有限公司
承兑人开户行号：101684000604
承兑人开户行名：智盛模拟商业银行股份有限公司
出票人账号*：7000000681800008260 出票人名称：客户广州吉利鞋业有限公司
收款人账号*：7000000681900008261 收款人名称：广州豪中商贸有限公司
备 注：货款
执行

图118　承兑登记

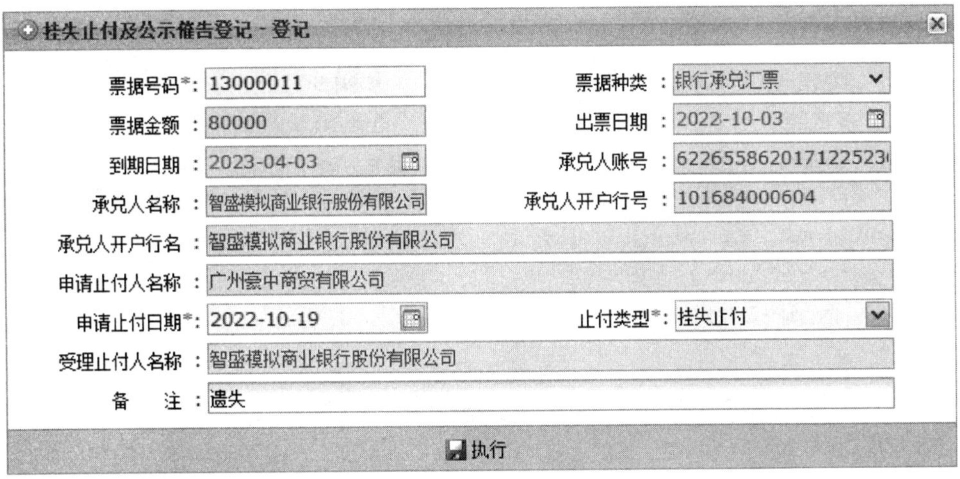

图 119 银行承兑汇票挂失

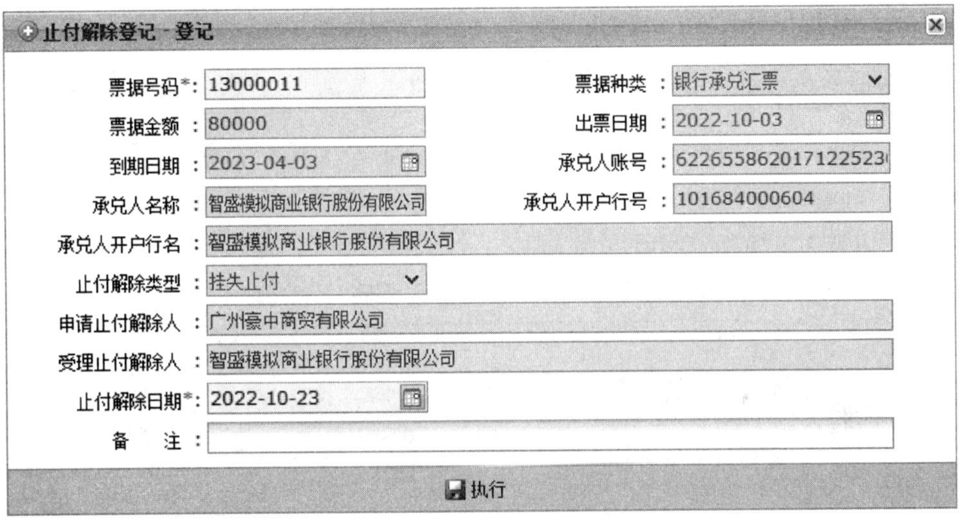

图 120 银行承兑汇票解挂

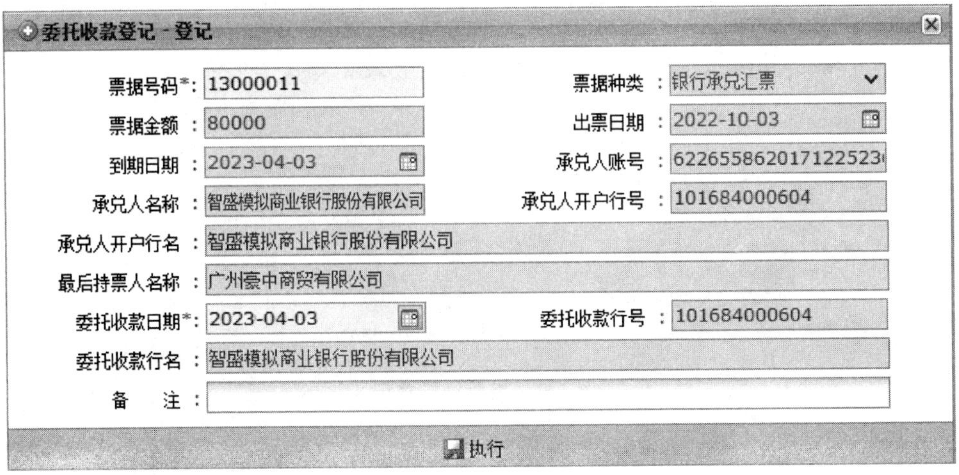

图 121 委托收款登记

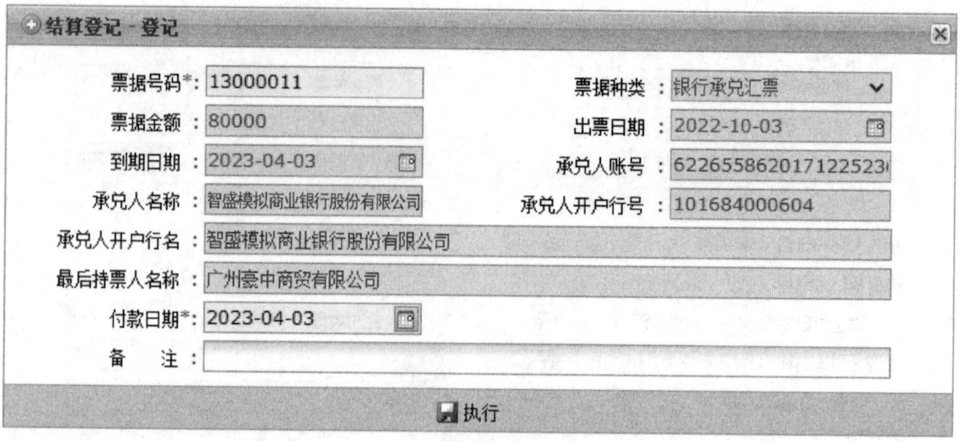

图 122　结算登记

【实训 9】电子商业汇票客户签约、出票信息登记、提示承兑、提示收票、提示付款申请见图 123 至图 127。

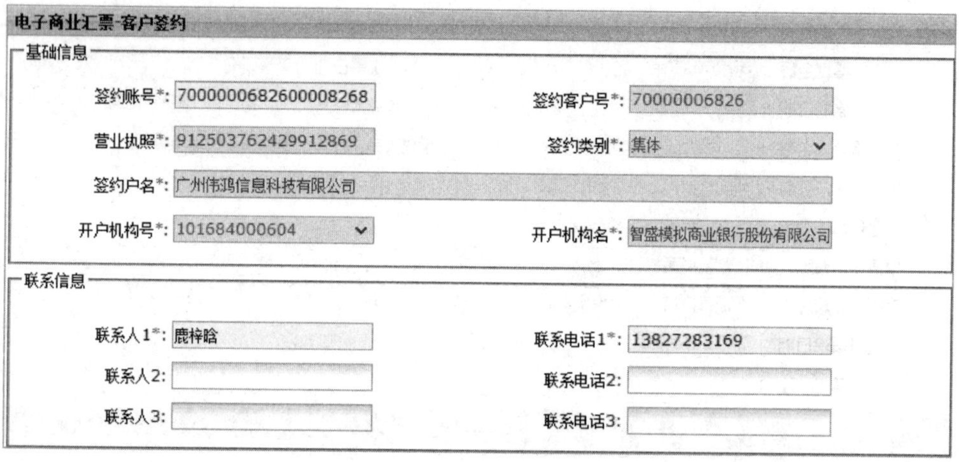

图 123　电子商业汇票客户签约

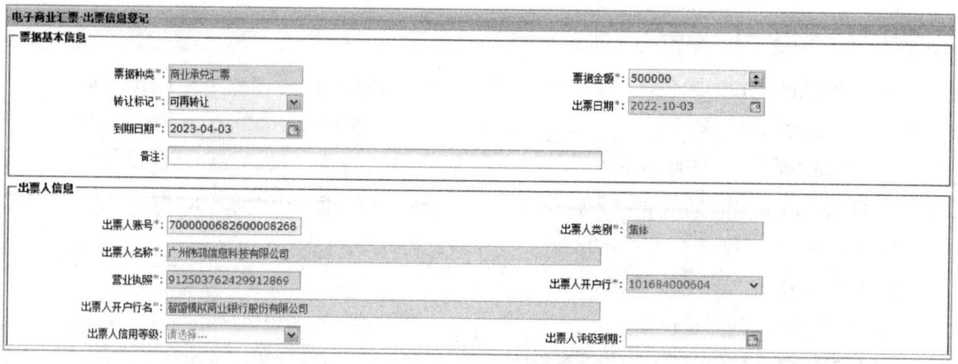

图 124　出票信息登记

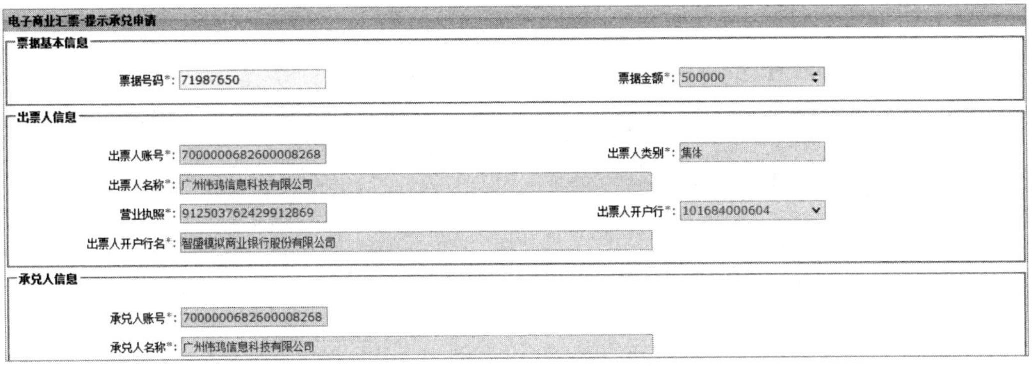

图 125　提示承兑

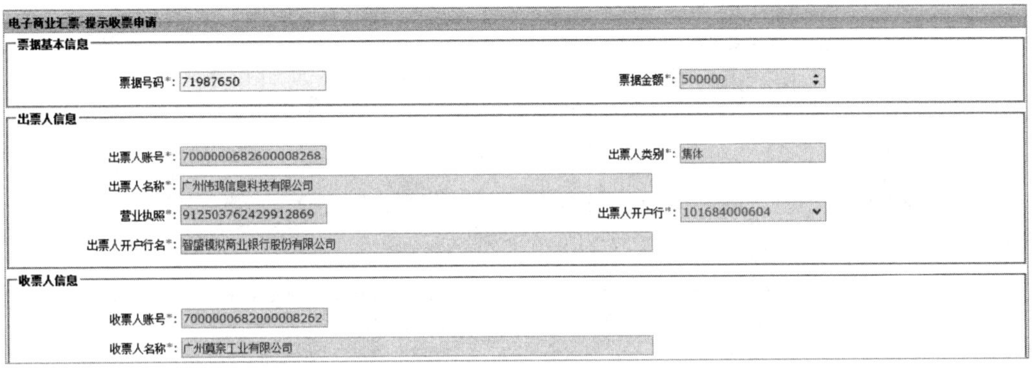

图 126　提示收票

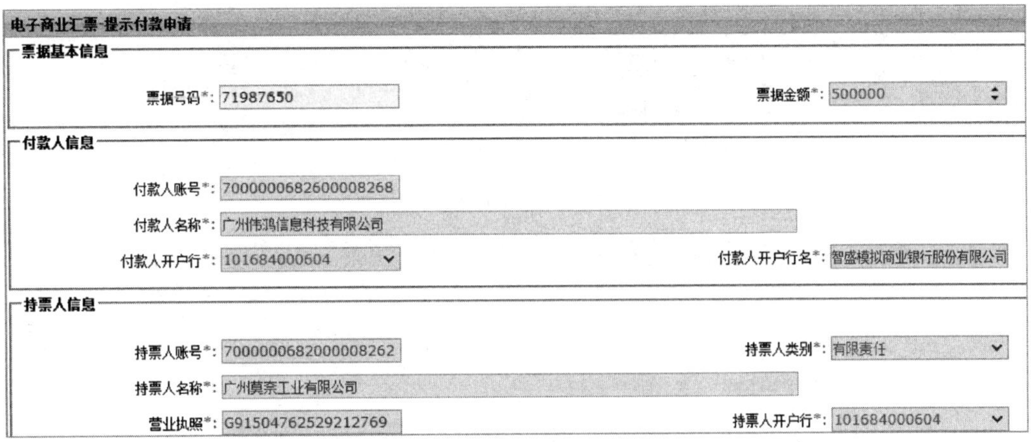

图 127　提示付款

【实训 10】跨行汇款、查询业务、查复业务见图 128 至图 130。

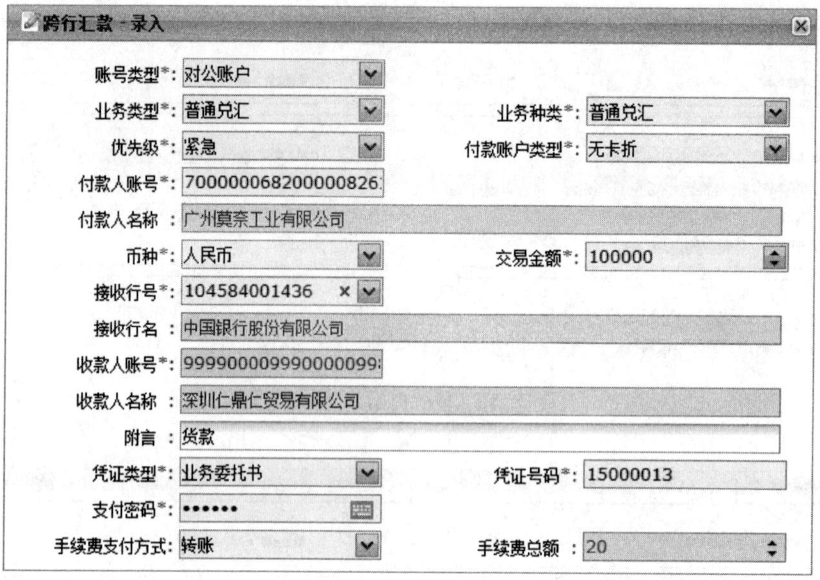

图 128　跨行汇款

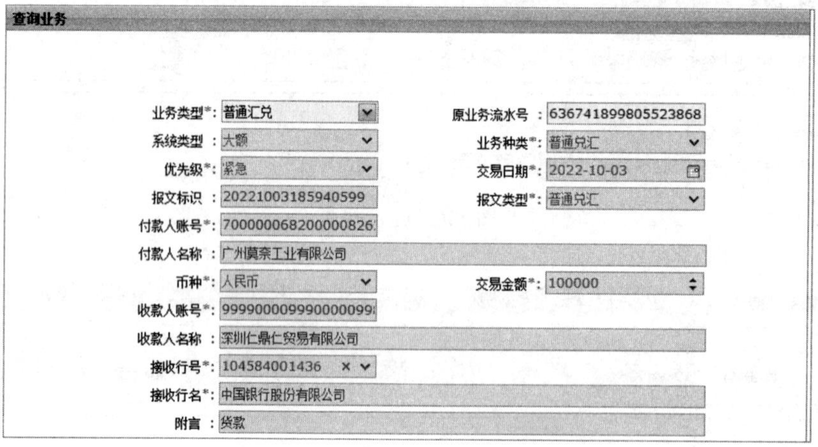

图 129　查询业务

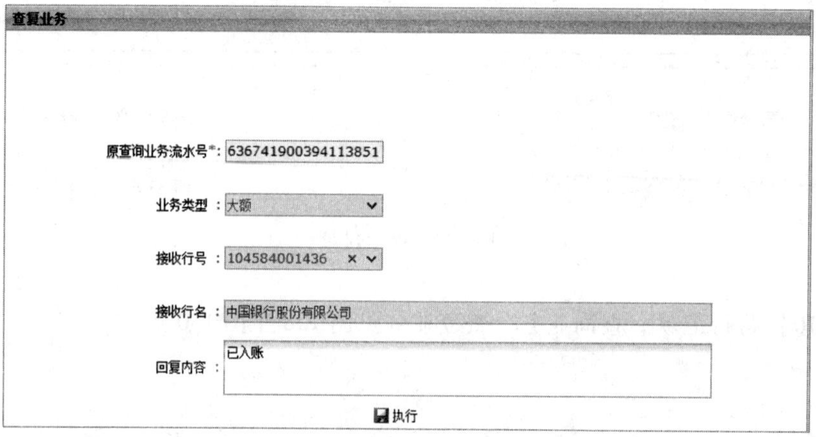

图 130　查复业务

【实训 11】委托收款登记、委托收款付款、委托收款复核、委托收款划回见图 131 至图 134。

图 131　委托收款登记

图 132　委托收款付款

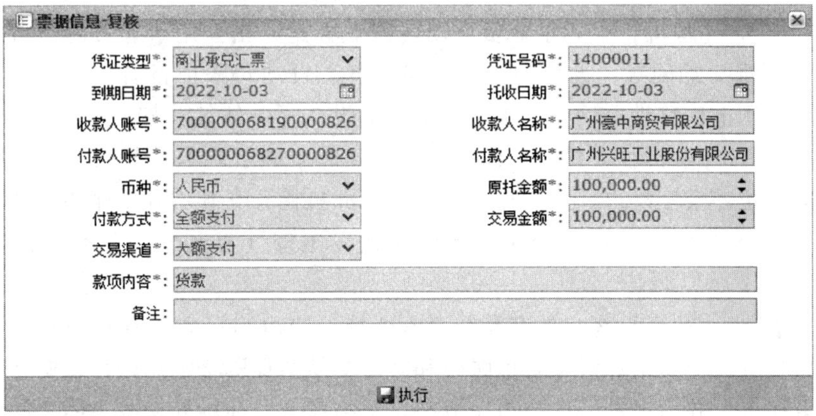

图 133　委托收款复核

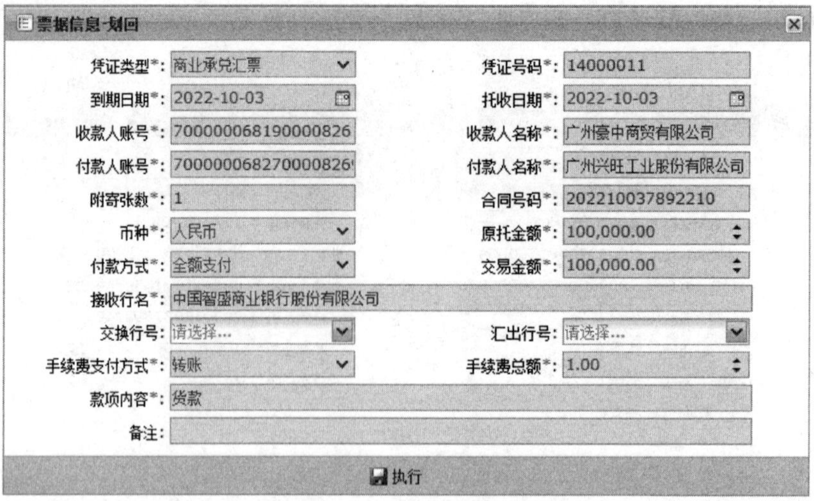

图134　委托收款划回

项目七　柜面代理业务实训与练习参考答案

【习题】

一、单选题

1.【答案】C。【解析】银行代收代付业务主要包括代理各项公用事业收费、代理行政事业性收费和财政性收费、代发工资、代扣住房按揭消费贷款等。代理财政性存款是商业银行代理中央银行的业务。

2.【答案】D。【解析】代理业务指商业银行接受客户委托，代为办理客户指定的经济事务、提供金融服务并收取一定费用的业务，是商业银行中间业务的一类。

3.【答案】E。【解析】公用事业费自动转账业务是开拓公用事业费的缴费方式，免除广大市民“缴费难”的困扰，推出的一项全民服务。自动转账项目有：市内电话费、联通移动电话费、中国电信移动电话费、水费、电费、煤气（天然气）费。

4.【答案】A。【解析】委托单位代发工资款项应来源于基本存款账户或经财政部门批准设立的预算单位零余额账户。如委托单位未在经办机构开立基本存款账户，从其他银行或我行其他网点转入的代发款项，用途应当注明代发工资（福利费、劳动保护费、养老金等）。

5.【答案】A。【解析】客户的交易结算资金统一交由第三方存管机构－商业银行。存管银行负责管理客户交易结算资金管理账户和客户交易结算资金汇总账户，向客户提供交易结算资金存取服务，并为证券经纪公司完成与登记结算公司和场外交收主体之间的法人资金交收提供结算支持，而定期存款账户是以获取利息而开立的账户。

6.【答案】B。【解析】《代理付款协议书》中规定代付业务按笔收取手续费。

7. 【答案】C。【解析】凭证式国债可以记名挂失，但不能上市交易，可提前兑取。

8. 【答案】C。【解析】国债的起存金额为 100 元。

9. 【答案】D。【解析】个人委托其直系亲属代为办理年度总额内的购汇、结汇，应分别提供委托人和受托人的有效身份证件、委托人的授权书、直系亲属关系证明。

10. 【答案】A。【解析】对于境外个人姓名太长，无法完全录入姓名栏的情况，银行可在“姓名”栏录入姓名简称。在信息录入页面“备注”栏中录入命名。

二、多选题

1. 【答案】BCDE。【解析】银行的代理业务包括代收代付业务、代理银行业务、代理证券业务、代理保险业务、其他代理业务。

2. 【答案】ABC。【解析】需批量录入的各项代理业务，必须坚持“双人办理、打印清单、换人复核”的原则。

3. 【答案】AC。【解析】办理代发工资业务，须与委托单位签订协议，约定委托事项，明确各方权责。代发工资业务采取按笔收费的方式，收费减免参照银行中间业务减免相关规定执行。

4. 【答案】ABCD。【解析】对公批量付款提供行内汇划、同城交换、大额实时、小额批量等不同支付渠道，收款不受地区、行别的限制。

5. 【答案】ACD。【解析】每次批量付款笔数的上限 50 笔。

6. 【答案】AC。【解析】证券投资基金是指通过发售基金份额，将众多投资者的资金集中起来，形成独立财产，由基金托管人托管，基金管理人管理，以投资组合的方式进行证券投资的一种利益共享、风险共担的集合投资方式。

7. 【答案】ABC。【解析】凭证式国债的正式挂失、挂失补发、司法冻结，必须到原开户网点办理。

8. 【答案】ABD。【解析】居民个人和居民机构办理结汇按外汇资金来源；办理售汇按外汇资金用途，并根据指标解释确定统计项目的具体归属。非居民个人和非居民机构办理结汇按人民币资金用途；办理售汇按人民币资金来源，并根据指标解释确定统计项目的具体归属。

三、判断题

1. 【答案】√。【解析】代收费业务的范围是指受各代收费委托单位的委托，在受委托范围内，我行各代理机构为委托机构办理代理收取委托单位客户应缴纳的各项费用。包括但不限于水、电、煤气、电话、有线电视、公交 IC 卡、热力费等，以及代理用户缴纳其他各项公用事业缴费的业务。

2. 【答案】√。【解析】代理收付业务是银行接受收费单位和付款人（用户）的委托，在银行账户的约定时间一次或分次划付给收费单位的资金结算业务，是银行的一项中间业务。

3. 【答案】√。【解析】“批量开户制盘文件清单”及客户申请资料等作为当日会计凭证的附件。

4. 【答案】√。

5. 【答案】√。【解析】对于证券公司在存管银行开设的客户交易结算资金专用存款账户中属于所有客户共有的资金，法院不得冻结、扣划。

6. 【答案】×。【解析】储蓄国债（电子式）发行对象为个人投资者。企事业单位、行政机关和社会团体等机构客户不得购买。且仅限境内中国公民购买。

7.【答案】×。【解析】现汇账户视为可自由支配的外汇账户，可直接用于汇出，收付政策宽松。此种账户的本息可以汇往境外，可经银行汇买钞卖后支取外币现钞，也可按外汇买入价折算兑取人民币。不能立即付款的外币票据，则需经银行办理托收，收妥后方可存入外汇账户。

8.【答案】√。【解析】个人年度总额内购汇、结汇，可以委托其直系亲属代为办理；超过年度总额的购汇、结汇以及境外个人购汇，可以按本细则规定，凭相关证明材料委托他人办理。

【实训】

【实训1】

（1）为陆永航先生开立个人客户号、开立个人Ⅰ类借记卡，见图135、图136。

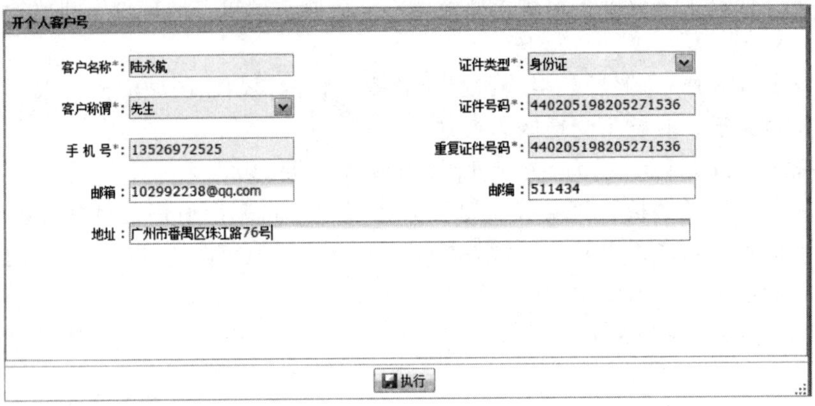

图135 开立客户号

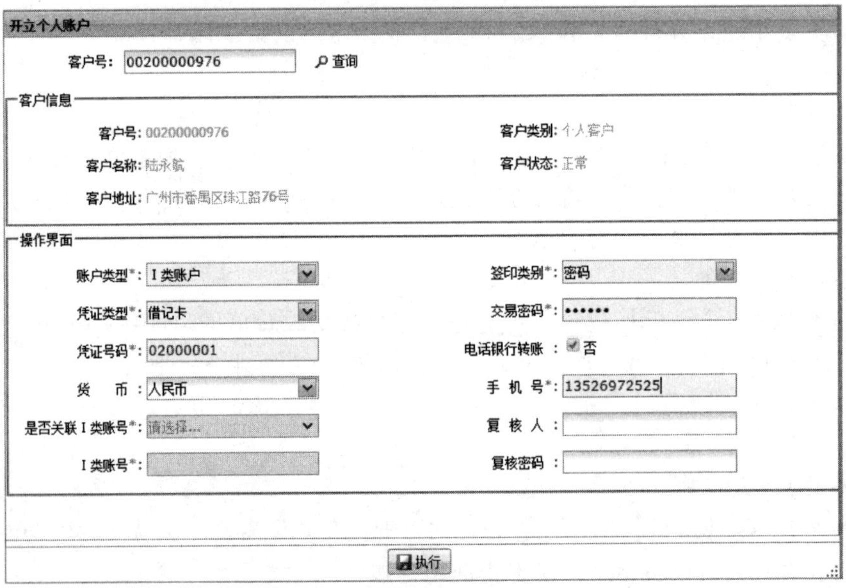

图136 开立Ⅰ类账户

（2）广州自来水有限公司开立对公客户号、开立对公存款账户、存款，见图 137 至图 139。

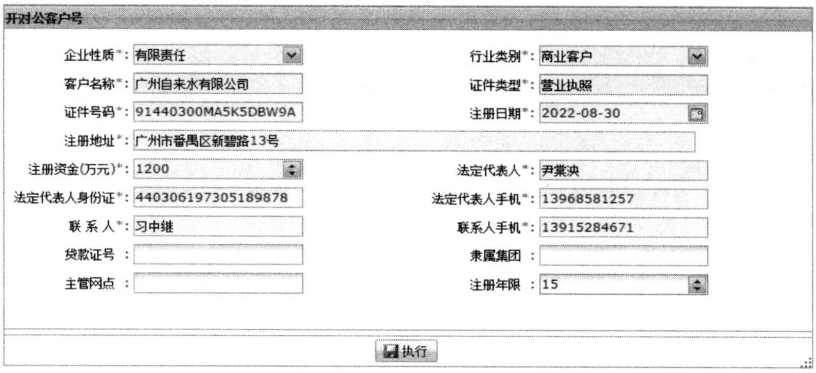

图 137　开对公客户号

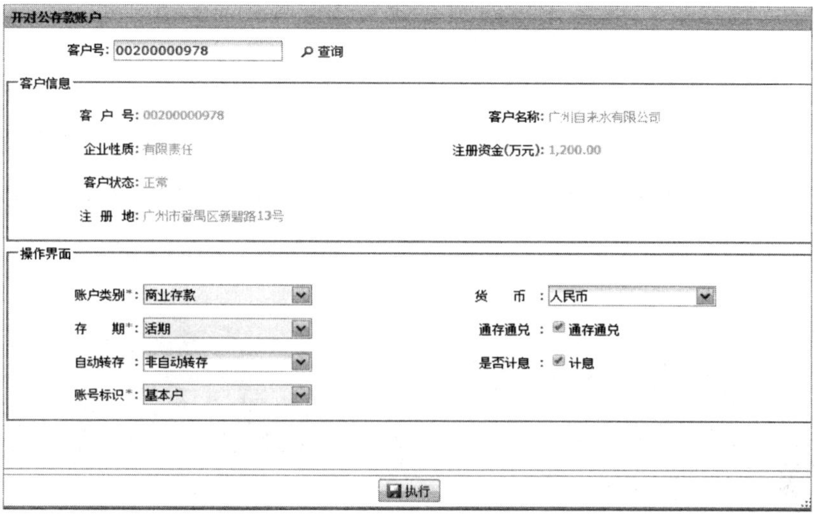

图 138　开立对公账户

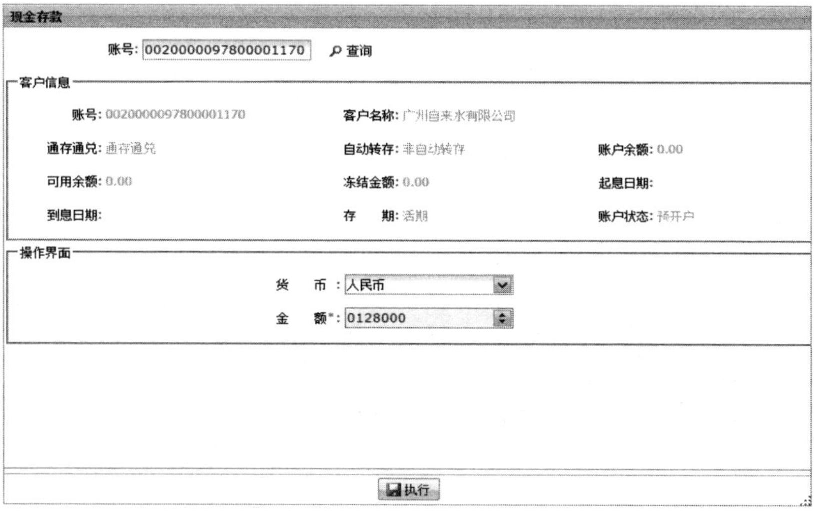

图 139　存款

（3）建立合同——水费代收、合同批量管理、合同批量明细管理、逐笔代收（有代理清单），见图140至图144。

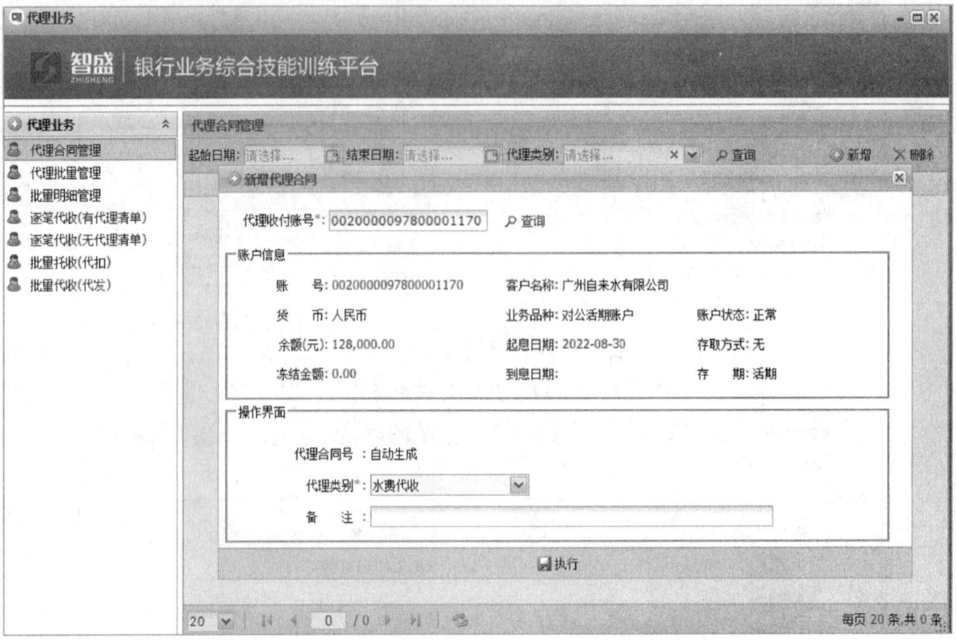

图140 代理合同——水费代收

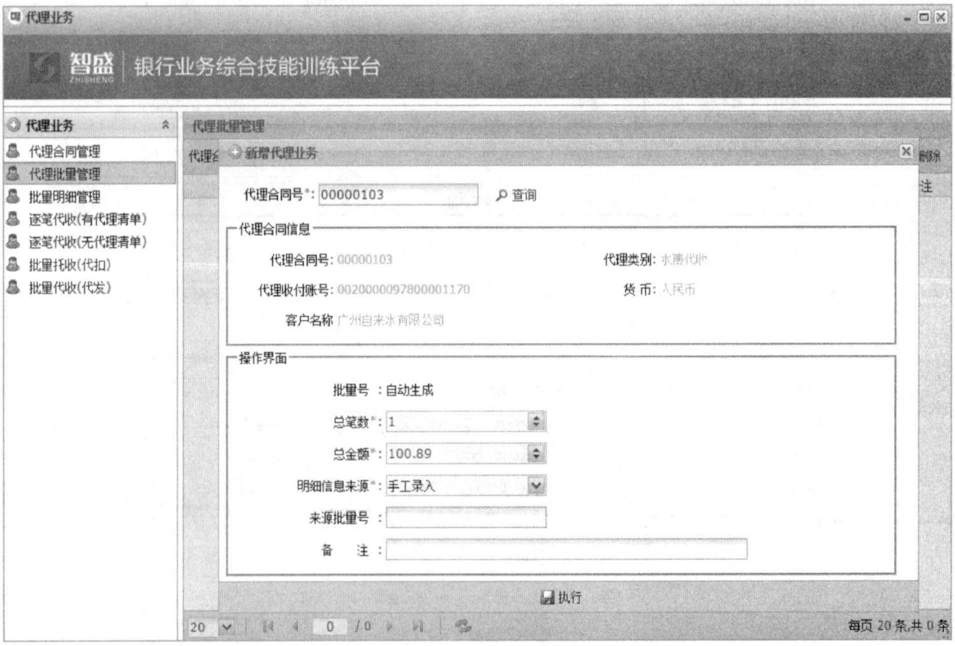

图141 代理批量管理

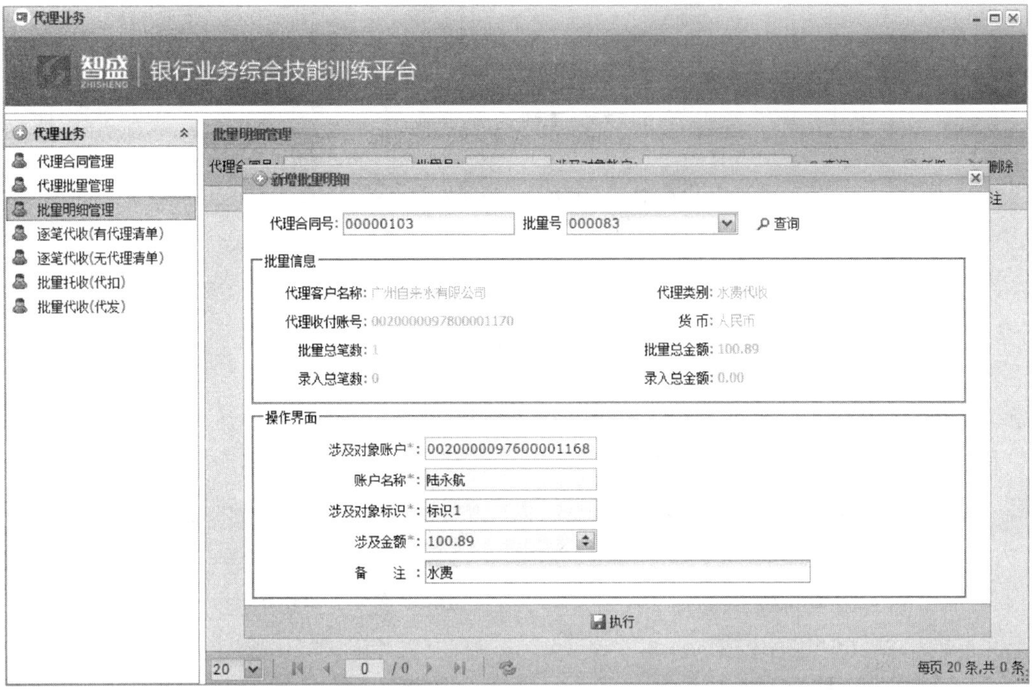

图 142 批量明细管理

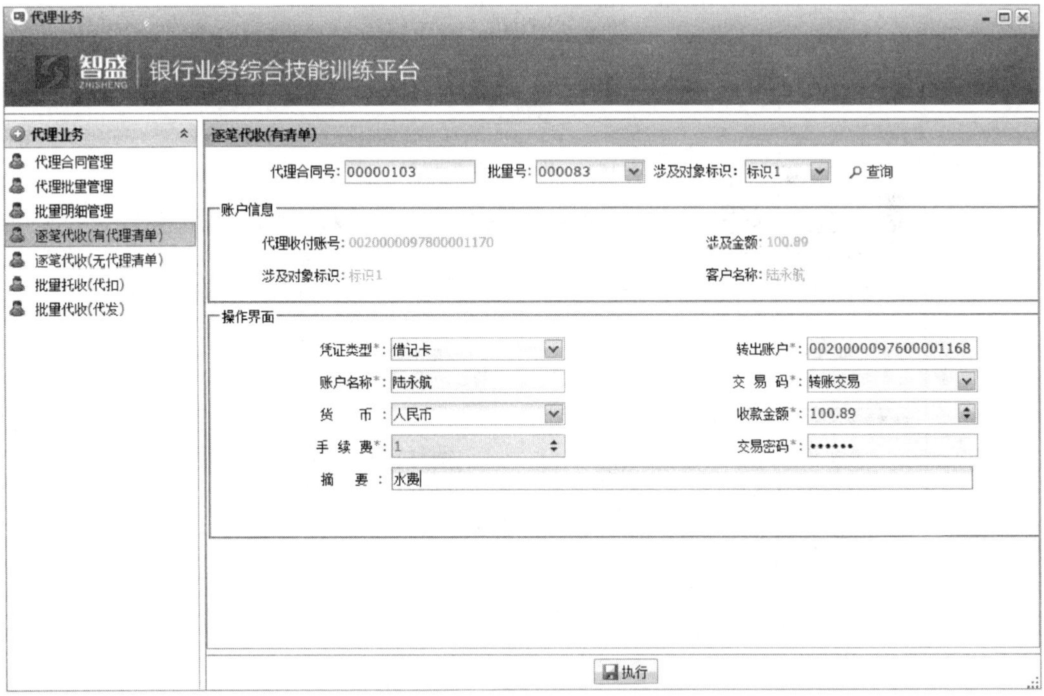

图 143 逐笔代收（有代理清单）

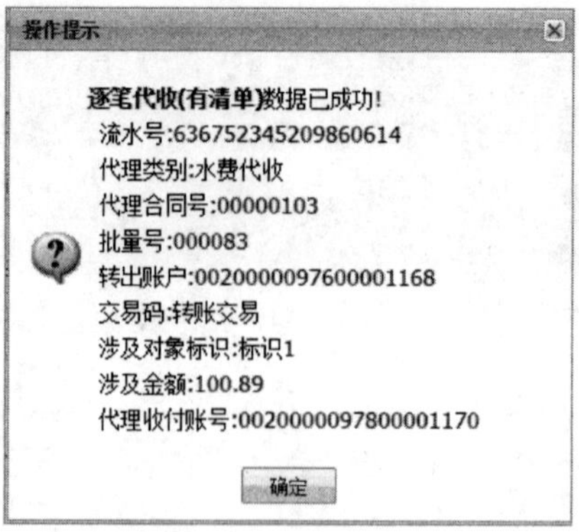

图144　操作成功

【实训2】系统操作见图145至图152。

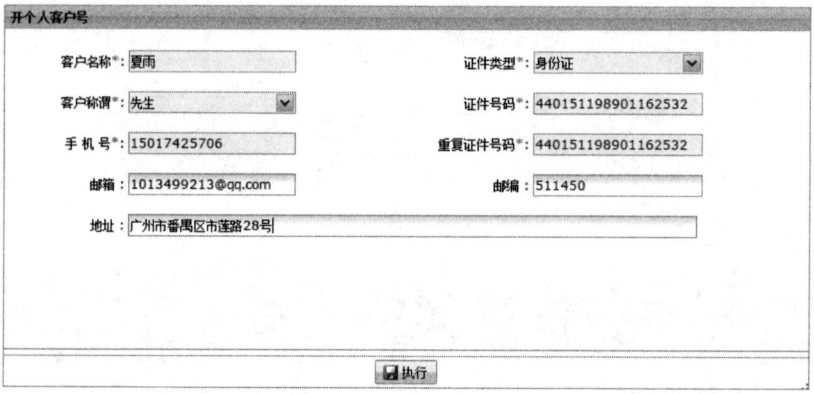

图145　开立个人客户号

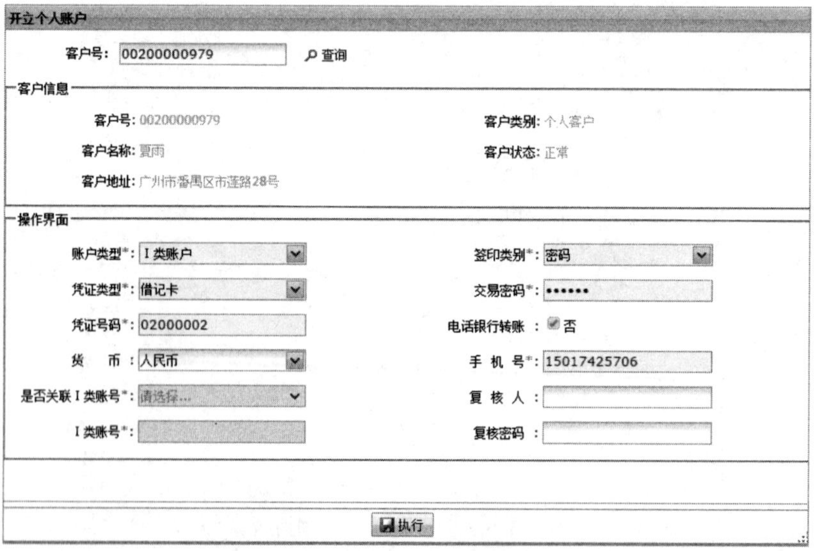

图146　开立个人I类借记卡

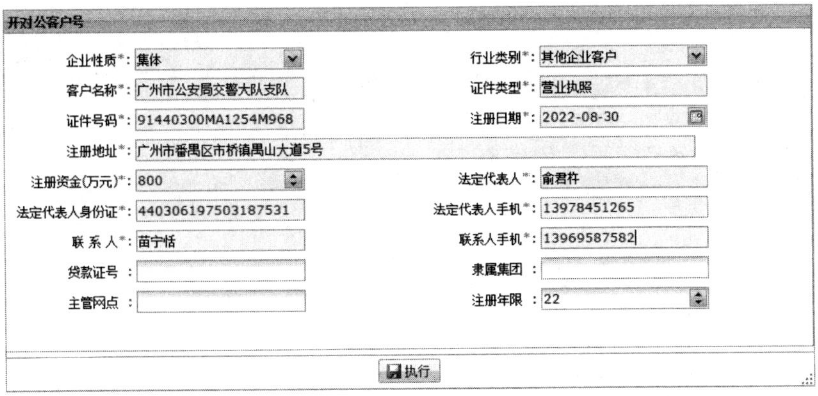

图 147　开立对公客户号

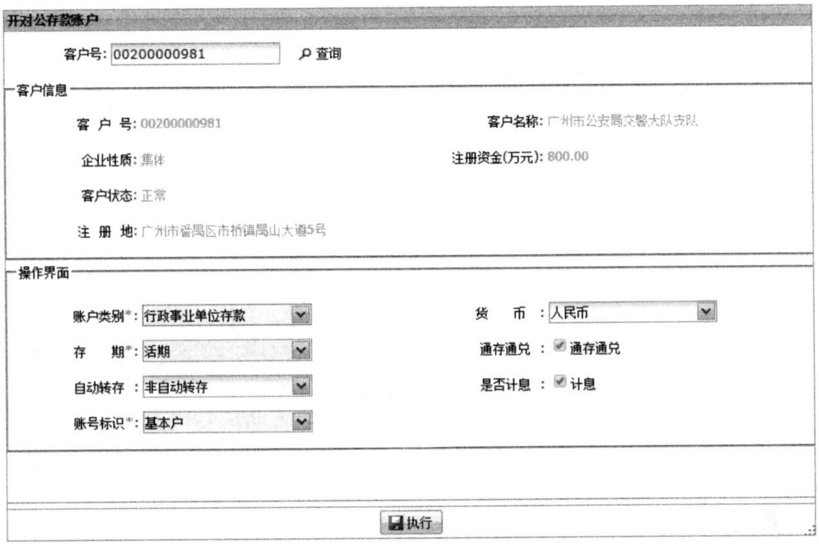

图 148　开立对公存款账户

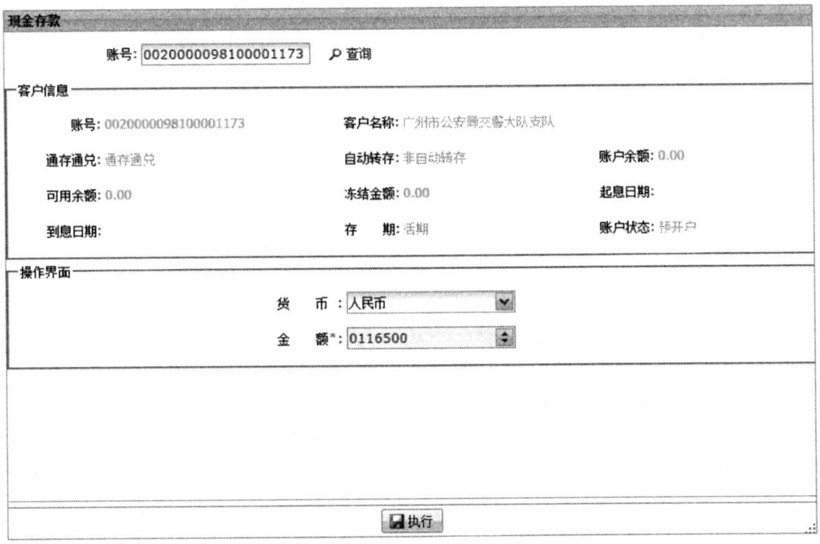

图 149　开立对公存款账户

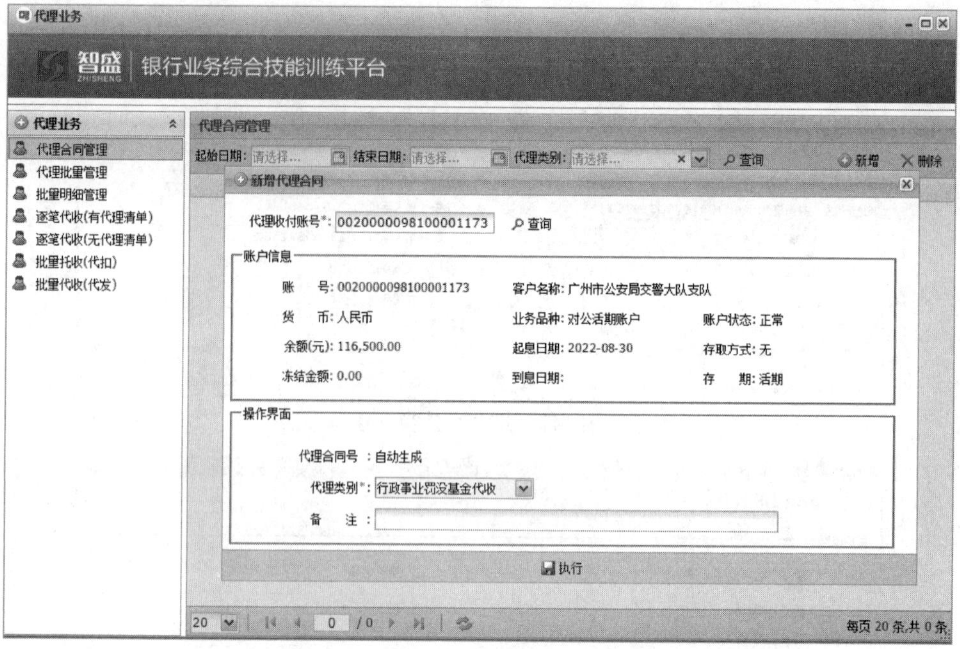

图 150　建立合同——行政事业罚没基金代收

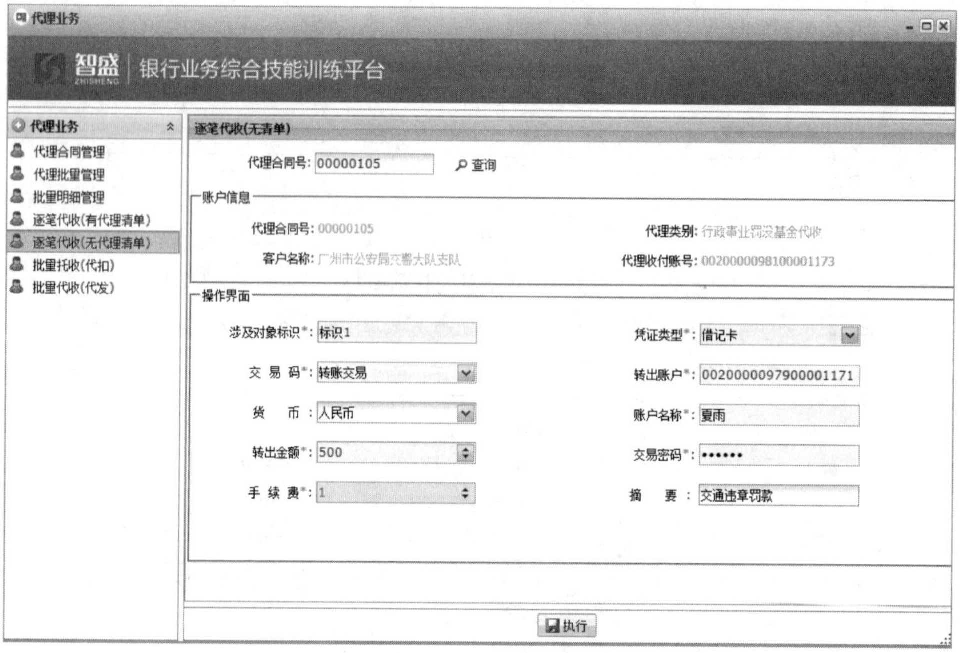

图 151　逐笔代收（无代理清单）

（逐笔代收中无代理清单无需做合同批量以及合同批量明细管理）

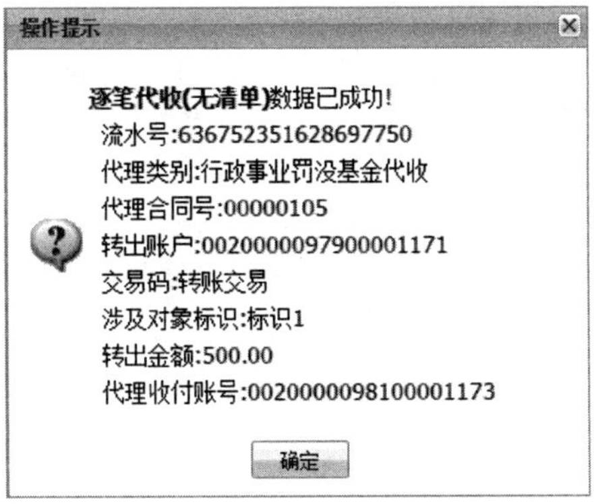

图 152 操作成功

【实训 3】系统操作见图 153 至图 162。

图 153 开立个人客户号

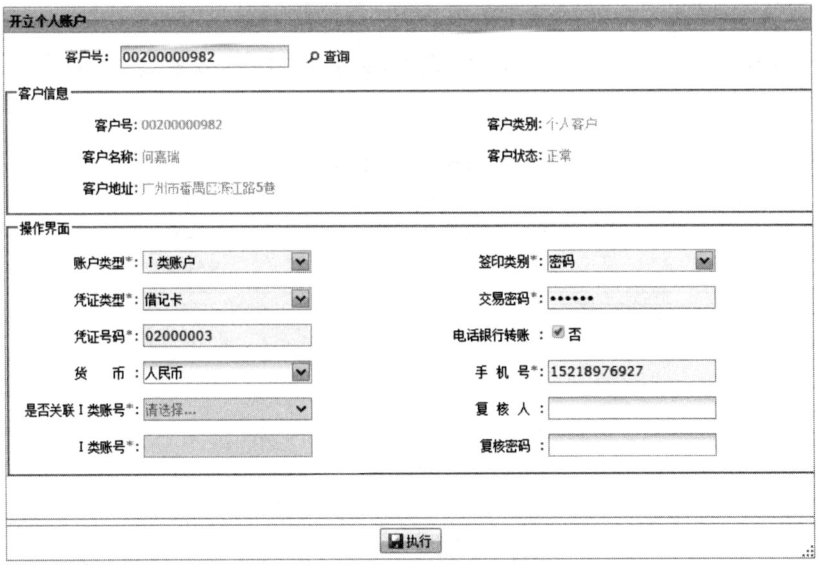

图 154 开立个人 I 类借记卡

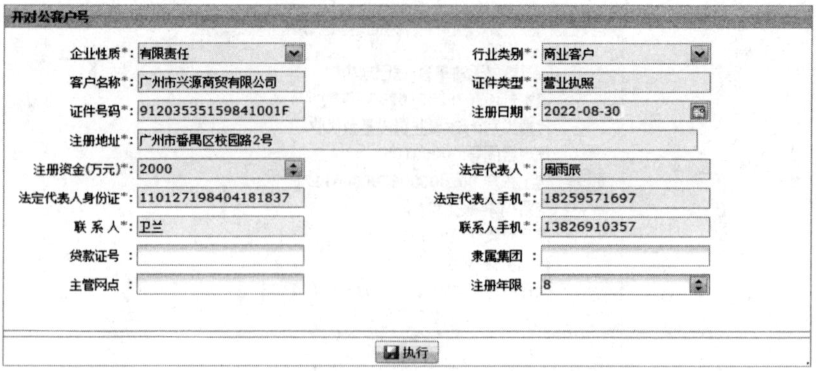

图155　开立对公客户号

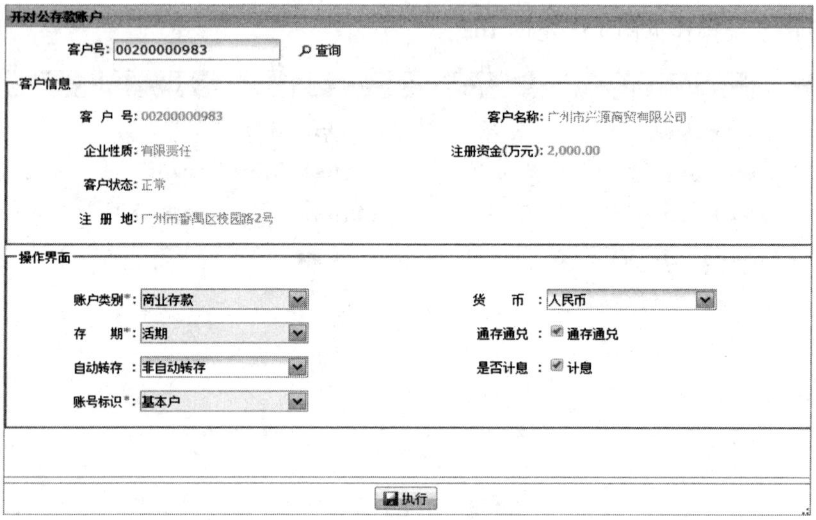

图156　开立对公存款账户

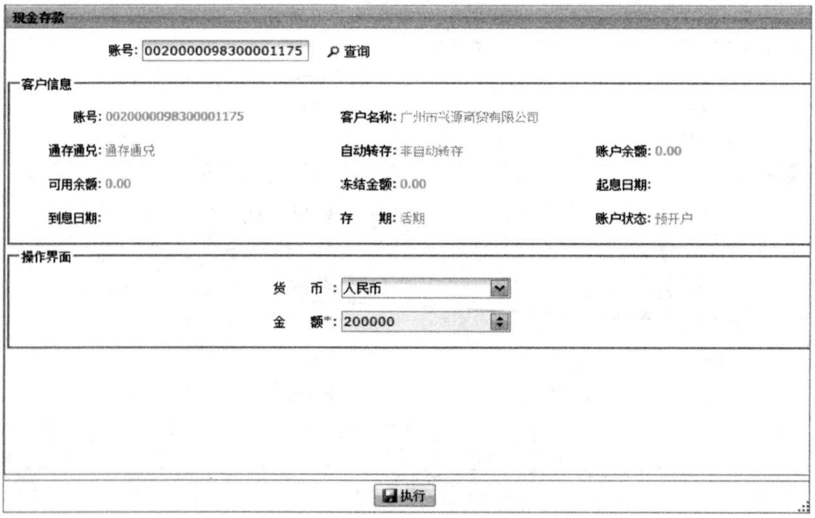

图157　公司存款

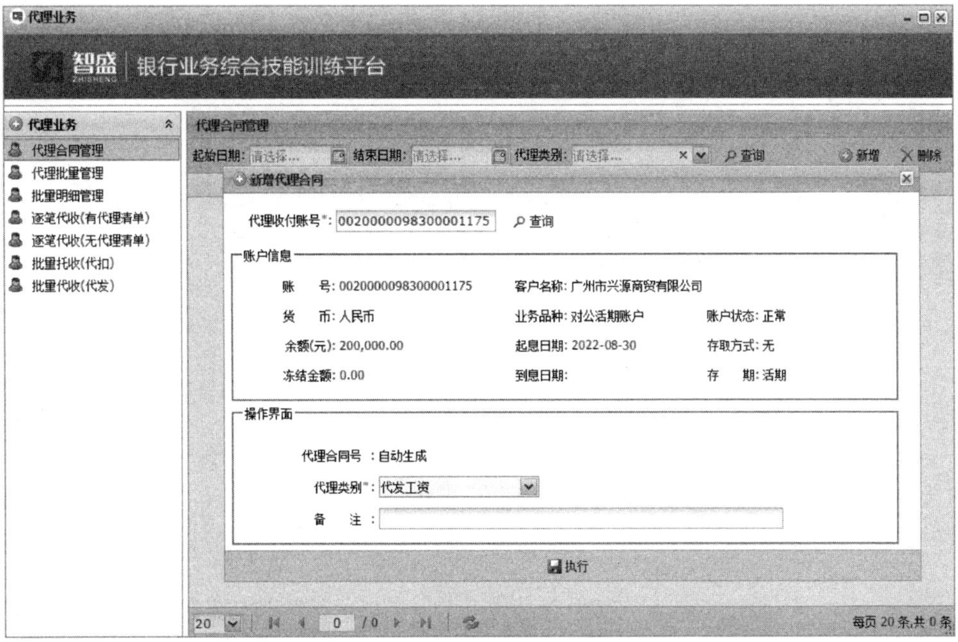

图 158 建立合同——代发工资

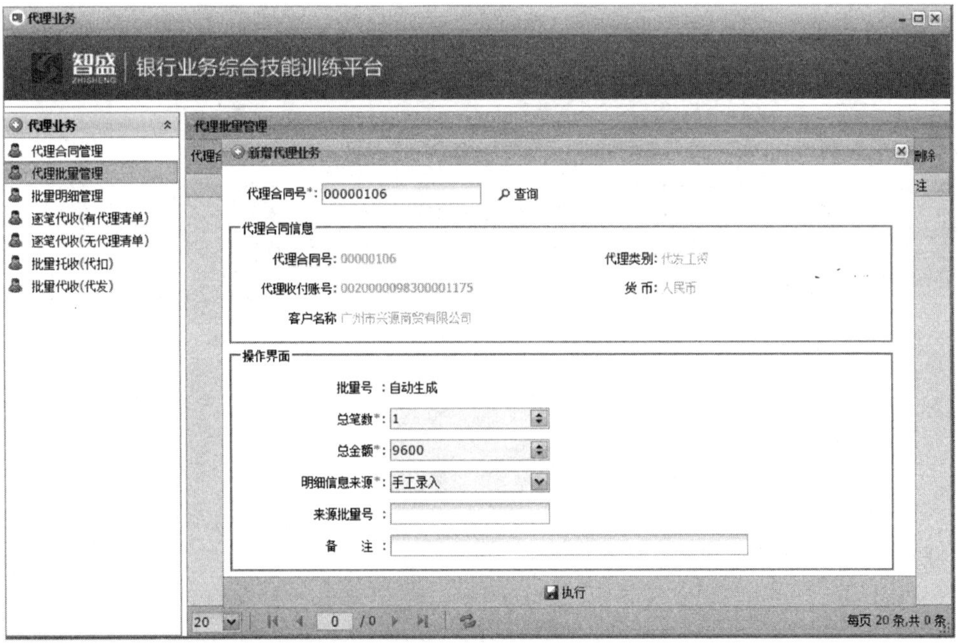

图 159 合同批量管理

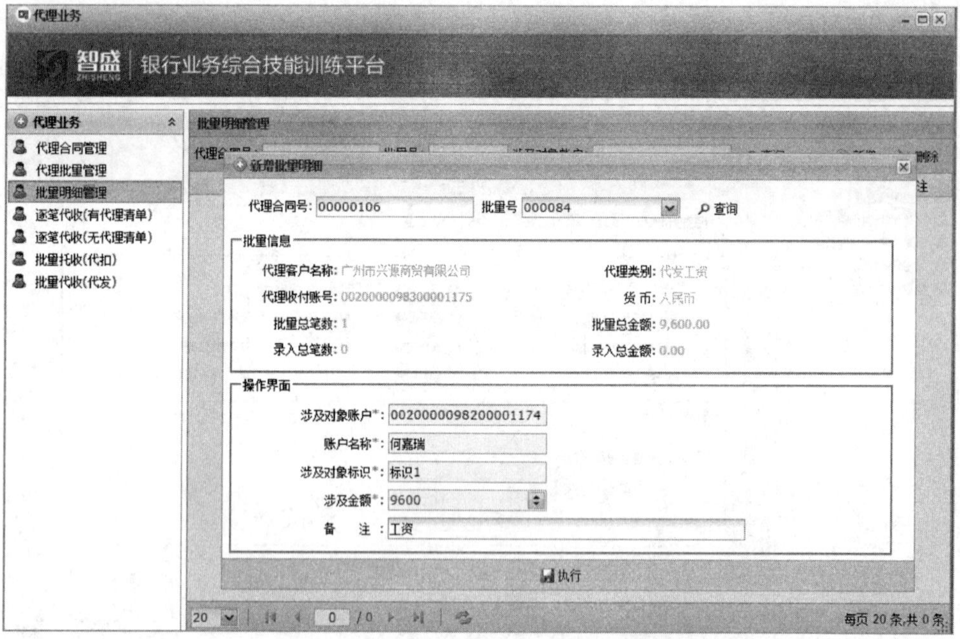

图 160 合同批量明细管理

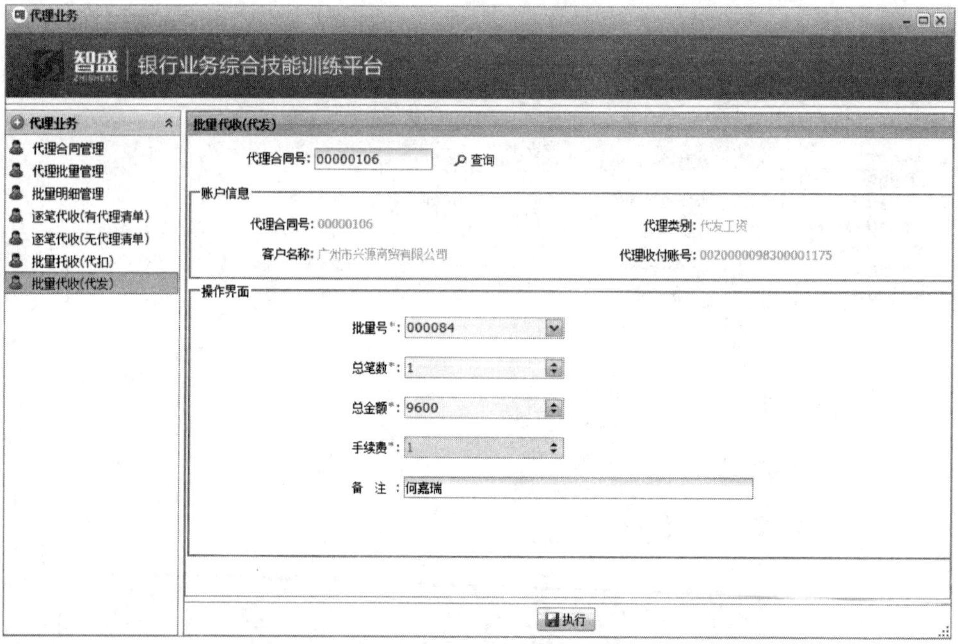

图 161 批量代收（代发）

图 162　代发工资成功

【实训 4】操作方法与前面同，此处略。

项目八　日终处理实训与练习参考答案

【习题】

一、单选题

1.【答案】A。【解析】柜员需先清点无误后，方可与库管员再进行现金交接，若交接时发现差错，应如数退还给柜员重新清点款项。

2.【答案】C。【解析】营业终了，柜员对当日无法核销的过渡账项，经运营主管审批，登记运营主管工作日志后，作挂账处理。

3.【答案】A。【解析】原始凭证是柜员办理业务的依据，柜员签退前必须做好自身传票与原始凭证的核对工作。

4.【答案】B。【解析】营业终了网点签退时，由二级（含）以上主管办理营业机构的行所签退。

5.【答案】C。【解析】柜员日终平账报告表是柜员日终正式签退时必须要打印留底的表。

6.【答案】E。【解析】柜员每日必须自查的内容有：现金、原始凭证、传票、重要空白凭证。

二、多选题

1.【答案】AC。【解析】整理核对交易清单时要注意：①交易清单的数量与“柜员平账报告表”上交易清单数是否相符，交易清单上的序号（传票号）是否保持连续；②按传票号从小到大的顺序整理、排列交易清单，原始凭证应作为交易清单的附件；③由系统直接打印出来的业务凭证需重点核对该笔业务的真实性；④由客户（或柜员）手工填写的原始业务凭证需重点核对发生额、账号等要素是否一致。

2.【答案】ABC。【解析】柜员日终处理的主要工作是核对现金、重空、有价单据，做到账实、账账、账证相符。

3.【答案】ABCD。【解析】同多选题1。

4.【答案】ABCD。【解析】柜员离开时，操作系统、私人印章、重空、现金均应做好风险防范工作。

5.【答案】ABCD。

三、判断题

1.【答案】√。【解析】柜员轧账后不可以再进行业务操作，如果尚有业务需要处理，必须进行柜员平账解除，才可以继续做业务。

2.【答案】×。【解析】柜员或机构签退时，若出现警告信息，需先查明原因，处理后方可签退。

3.【答案】√。

4.【答案】×。【解析】柜员日终上交给库管的现金尾数袋，必须要上锁和封包。

5.【答案】×。【解析】柜员清点当日结存的空白重要凭证，换人复点后，将其与空白重要凭证核对凭条核对，确保账实相符后，方可上交。

6.【答案】√。

【实训】

柜员日终结平现金的操作见图163、图164。

（1）图163为钱箱轧账，核对系统的现金余额与实物现金的余额是否一致。

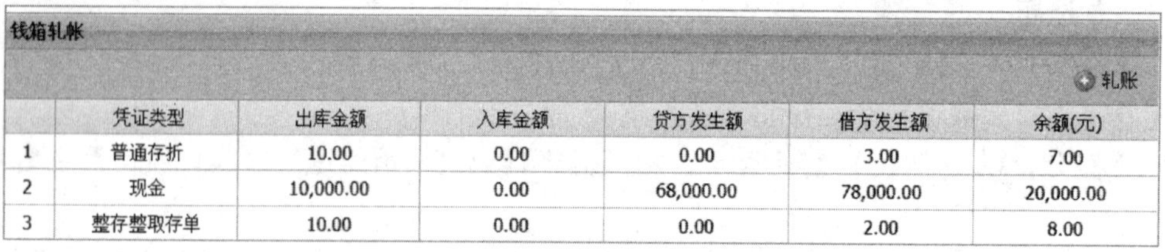

	凭证类型	出库金额	入库金额	贷方发生额	借方发生额	余额(元)
1	普通存折	10.00	0.00	0.00	3.00	7.00
2	现金	10,000.00	0.00	68,000.00	78,000.00	20,000.00
3	整存整取存单	10.00	0.00	0.00	2.00	8.00

图163　钱箱轧账

（2）系统现金余额与实物现金数一致，进行现金入库操作见图164。

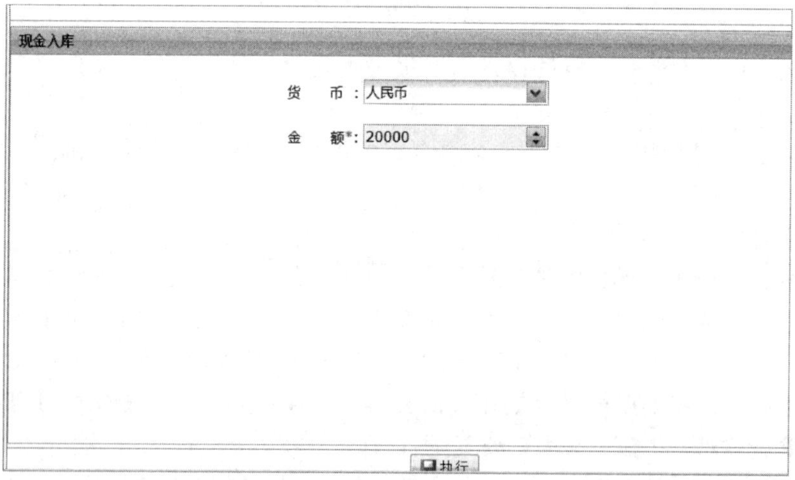

图164　现金入库